基于社会生态视角的失地农民之幸福感研究

A Study on the Happiness of Landless Farmers from the Perspective of Social Ecology

吴丽 / 著

中国社会科学出版社

图书在版编目(CIP)数据

基于社会生态视角的失地农民之幸福感研究／吴丽著．—北京：中国社会科学出版社，2019.11
ISBN 978-7-5203-5657-2

Ⅰ.①基… Ⅱ.①吴… Ⅲ.①土地征用—农民—幸福—研究—中国 Ⅳ.①D422.7

中国版本图书馆 CIP 数据核字（2019）第 259143 号

出 版 人	赵剑英
责任编辑	王莎莎
责任校对	张爱华
责任印制	张雪娇

出　　版	中国社会科学出版社
社　　址	北京鼓楼西大街甲 158 号
邮　　编	100720
网　　址	http://www.csspw.cn
发 行 部	010-84083685
门 市 部	010-84029450
经　　销	新华书店及其他书店
印　　刷	北京君升印刷有限公司
装　　订	廊坊市广阳区广增装订厂
版　　次	2019 年 11 月第 1 版
印　　次	2019 年 11 月第 1 次印刷
开　　本	710×1000　1/16
印　　张	15.75
插　　页	2
字　　数	256 千字
定　　价	79.00 元

凡购买中国社会科学出版社图书，如有质量问题请与本社营销中心联系调换
电话：010-84083683
版权所有　侵权必究

目 录

第一章 绪论 …………………………………………………（1）
  第一节 研究背景和意义 …………………………………（1）
  第二节 研究内容和方法 …………………………………（4）
    一 主要内容 ……………………………………………（4）
    二 方法和技术路线 ……………………………………（6）
第二章 社会生态学和幸福感 ………………………………（8）
  第一节 社会生态学 ………………………………………（8）
    一 社会生态学基础概念 ………………………………（8）
    二 社会生态学学科体系 ………………………………（11）
    三 社会生态学应用研究进展 …………………………（17）
  第二节 幸福感 ……………………………………………（26）
    一 幸福感相关概念和内涵 ……………………………（26）
    二 幸福感研究的理论学派 ……………………………（30）
    三 幸福感相似概念的辨析 ……………………………（33）
第三章 国内外幸福感研究进展 ……………………………（36）
  第一节 国外幸福感研究进展 ……………………………（36）
    一 国外幸福感研究涉及内容 …………………………（36）
    二 国外幸福感测量方法研究 …………………………（52）
  第二节 国内幸福感研究进展 ……………………………（54）
    一 经济学对幸福感的研究 ……………………………（55）
    二 心理学对幸福感的研究 ……………………………（57）
    三 社会学对幸福感的研究 ……………………………（64）
    四 幸福感测量方法的研究 ……………………………（66）

第三节　失地农民幸福感研究进展 …………………………（68）
第四章　社会生态学研究失地农民幸福感理论论证 ………………（72）
　第一节　幸福感研究的相关理论 …………………………………（72）
　　一　目标层次理论 ………………………………………………（72）
　　二　判断和期望值理论 …………………………………………（73）
　　三　活动理论 ……………………………………………………（73）
　　四　特质理论 ……………………………………………………（74）
　　五　动力平衡理论 ………………………………………………（75）
　第二节　社会生态学的理论发展阶段 ……………………………（76）
　　一　古典社会生态学理论 ………………………………………（77）
　　二　新正统社会生态学理论 ……………………………………（77）
　第三节　社会生态学研究失地农民幸福感理论可行性 …………（79）
第五章　幸福感测量方法与研究数据准备 …………………………（82）
　第一节　幸福感测量方法 …………………………………………（82）
　　一　幸福感的可测性 ……………………………………………（82）
　　二　幸福感的一般测量方法 ……………………………………（83）
　　三　国际幸福感测量研究启示 …………………………………（85）
　　四　本书对幸福感的测量 ………………………………………（88）
　第二节　幸福感研究数据准备 ……………………………………（89）
　　一　调查问卷的设计和获取 ……………………………………（89）
　　二　调查问卷的信度、效度检验 ………………………………（92）
　　三　原始数据统计特征分析 ……………………………………（100）
第六章　典型区域失地农民幸福感测量结果分析 …………………（104）
　第一节　研究区域概况 ……………………………………………（104）
　　一　杭州市选定的研究区域 ……………………………………（104）
　　二　贵州省选定的研究区域 ……………………………………（105）
　　三　南昌市选定的研究区域 ……………………………………（105）
　第二节　典型区域失地农民幸福感特征及其变化 ………………（106）
　　一　总体幸福感和生活满意度 …………………………………（106）
　　二　生活质量指数 ………………………………………………（108）
　　三　典型区域失地农民幸福感变化情况 ………………………（113）

第三节　特别关注——女性失地农民幸福感 …………………（114）
　　　　一　男、女失地农民幸福感水平差异对比分析 ……………（114）
　　　　二　男、女失地农民幸福感水平变化规律分析 ……………（117）
　　第四节　本章小结 ……………………………………………（118）
第七章　失地农民幸福感函数构建及影响因素 ……………………（120）
　　第一节　失地农民幸福感函数的初步构建 …………………（120）
　　第二节　幸福感函数的影响因素分析 ………………………（132）
　　　　一　基础统计变量与幸福感关系研究 ……………………（132）
　　　　二　社会资本变量与幸福感关系研究 ……………………（136）
　　　　三　环境态度变量与幸福感关系研究 ……………………（141）
　　　　四　健康变量与幸福感关系研究 …………………………（146）
　　　　五　文化变量与幸福感关系研究 …………………………（150）
　　　　六　政策变量与幸福感关系研究 …………………………（154）
　　第三节　失地农民幸福感函数确定 …………………………（159）
　　第四节　本章小结 ……………………………………………（164）
第八章　失地农民幸福感变迁的社会生态学论证 …………………（166）
　　第一节　失地农民幸福感变迁的社会生态理论思考 ………（166）
　　第二节　失地农民幸福感变迁的社会生态实证研究 ………（170）
　　　　一　失地农民幸福感变化的动力系统分析 ………………（170）
　　　　二　失地农民幸福感变化的冲突演变分析 ………………（173）
　　　　三　失地农民幸福感变化的适应特征分析 ………………（181）
　　　　四　失地农民幸福感变化的系统调控手段 ………………（185）
　　第三节　本章小结 ……………………………………………（188）
第九章　失地农民幸福感研究的未来发展 …………………………（190）
　　第一节　本书基本结论 ………………………………………（190）
　　第二节　下一步研究展望 ……………………………………（192）
参考文献 …………………………………………………………（194）
附录　调查问卷 …………………………………………………（234）

图表目录

图 1　研究技术路线图 …………………………………………（ 7 ）
表 2.1　几个常用概念的辨析 …………………………………（ 34 ）
表 5.1　各国民众幸福感水平比较表 …………………………（ 87 ）
表 5.2　几种常见的幸福感、生活满意度调查表 ……………（ 91 ）
表 5.3　幸福感评价的 KMO and Bartlett 检验 ………………（ 93 ）
表 5.4　角色适应的 KMO and Bartlett 检验 …………………（ 94 ）
表 5.5　幸福感单项目评价公因子解释度 ……………………（ 94 ）
图 2　幸福感单项目评价碎石图 ………………………………（ 95 ）
表 5.6　幸福感单项目评价公因子提取 ………………………（ 95 ）
表 5.7　幸福感单项目评价问卷信度检验表 …………………（ 96 ）
表 5.8　失地农民角色适应公因子解释度 ……………………（ 97 ）
表 5.9　失地农民角色适应公因子提取 ………………………（ 98 ）
图 3　失地农民角色适应碎石图 ………………………………（ 99 ）
表 5.10　幸福感单项目评价效度检验结果 ……………………（100）
表 5.11　角色适应效度检验结果表 ……………………………（100）
表 5.12　数据的基本统计特征描述 ……………………………（102）
表 6.1　典型区域幸福感评价结果比较 ………………………（106）
表 6.2　失地农民生活质量指标体系 …………………………（109）
表 6.3　生活质量各指标值权重 ………………………………（112）
表 6.4　杭州市和南昌市失地农民生活质量指数表 …………（112）
表 6.5　各区域失地农民幸福感变化情况对比表 ……………（113）
表 6.6　各区域男、女失地农民总体幸福感、生活满意度对
　　　　比表 ……………………………………………………（115）

表6.7	各区域男、女失地农民总体幸福感水平变化情况对比表	(117)
表7.1	向量的内容定义及定量化	(122)
表7.2	SPSS序次逻辑分析参数检验结果	(123)
表7.3	回归模型拟合的似然比检验表	(126)
表7.4	拟合优度检验表	(126)
表7.5	经济、社会、人口统计变量与幸福感关系分析结果	(132)
表7.6	回归模型拟合的似然比检验表	(134)
表7.7	拟合优度检验表	(134)
表7.8	意识型社会资本因子设计	(137)
表7.9	模型1、模型2回归拟合的似然比检验表	(137)
表7.10	模型1、模型2拟合优度检验表	(138)
表7.11	社会资本与幸福感关系模型1分析结果	(138)
表7.12	社会资本与幸福感关系模型2分析结果	(139)
表7.13	模型1、模型2回归拟合的似然比检验表	(142)
表7.14	模型1、模型2拟合优度检验表	(142)
表7.15	环境态度与幸福感关系模型1分析结果	(143)
表7.16	环境态度与幸福感关系模型2分析结果	(144)
表7.17	模型1、模型2回归拟合的似然比检验表	(146)
表7.18	模型1、模型2拟合优度检验表	(146)
表7.19	健康变量与幸福感关系模型1分析结果	(147)
表7.20	健康变量与幸福感关系模型2分析结果	(148)
表7.21	模型1、模型2回归拟合的似然比检验表	(150)
表7.22	模型1、模型2拟合优度检验表	(151)
表7.23	文化变量与幸福感关系模型1分析结果	(151)
表7.24	文化变量与幸福感关系模型2分析结果	(152)
表7.25	模型1、模型2回归拟合的似然比检验表	(155)
表7.26	模型1、模型2拟合优度检验表	(155)
表7.27	政策变量与幸福感关系模型1分析结果	(156)
表7.28	政策变量与幸福感关系模型2分析结果	(157)
表7.29	回归模型拟合的似然比检验表	(159)

表 7.30 拟合优度检验表 …………………………………………（159）
表 7.31 幸福感函数参数估测表 …………………………………（159）
表 8.1 社会生态学对幸福感变化研究的理论框架………………（170）
表 8.2 不同类型的失地农民安置模式……………………………（172）
表 8.3 典型区域失地农民职业类型、社会保障情况……………（175）
表 8.4 失地农民对政策公平性判断………………………………（176）
表 8.5 不同区域失地农民行为规范比较…………………………（178）
表 8.6 失地农民适应情况分析……………………………………（182）

第一章 绪 论

第一节 研究背景和意义

城市化和工业化进程的日益加剧是推动中国经济社会快速发展的重要动力之一。据世界主要国家城市化发展历史来看，城市化率超过 30% 而未达 60% 的时期，城市化进程将持续加速，而我国当前正处于这一阶段。在此过程中，农村集体土地将被大量征收，失地农民①数量继续增加。依据这一城市化速度推算，今后我国每年将会有约 1200 万的农民脱离土地进入城市。由于我国二元经济社会结构的现状以及法律法规不完善等现实条件的制约，导致城市化过程中农民不仅失去土地，还失去了附着于土地之上的一系列权益，诸如经济权利、政治权利和社会权利等。而随着政府对于"和谐社会"建设的逐步推进，其必定会将保护失地农民——"一个特殊时期的特殊群体"的各项权益放在重要位置。因此，选择对失地农民个体进行研究有着十分重要的现实意义。

本书试图从一个全新的视角来审视失地农民离开土生土长的农村、土地（进入城市生活）后，他们的心理、行为、文化等到底会发生怎样的变化？他们是否会感到幸福？他们能否真正地适应现在的生活或者融入城市生活中？这些都会成为决策者和广大的学者们亟待关注的重点。同时，对于失地农民幸福感的研究，探讨的不仅是失地农民个体的心理感受，更加涉及在各种政策制定过程中，对不同利益群体在空间上的正义性、公平

---

① 笔者认为，失地农民是指在城市化进程中使农民自愿或非自愿地失去集体土地的所有权和经营权。一方面其仍是户籍意义上的"非农民"；另一方面又是思想观念、行为方式等"农民化"的农民。

性，因为土地征收对于农民而言，最直接的就是其生存空间的转移。失地农民被征地后失去了赖以生存的土地资源，这不仅仅是一种生产资料的丧失，更是一种情感归属感的丧失，因此，土地所具有的空间象征功能、文化属性等都将会影响失地农民幸福感相关问题的研究。

其中，土地象征功能对失地农民幸福感的研究具有重要意义，其能极大地影响失地农民的心理状况，同时，在行为适应方面，土地的象征功能可在一定程度上起到协调和引导作用。在国外，很早就开始了土地象征方面的研究，主要体现在居住区空间类型差异的影响上。P. 马库斯（Marcuse, 1993）认为城市居住区存在五种不同的土地空间象征：（1）豪华住宅（luxury housing）区：不是城市的主体组成部分，是指由上层经济、社会、政治阶层所占有的土地空间；（2）绅士住宅（gentrified city）区：中上阶层的住宅区，主要由专业管理性的、技术性的工作居住团体所占有的土地空间；（3）郊区住宅（suburban city）区：有的指郊区的单亲家庭住宅，有的指靠近市中心的公务员所占有的土地空间；（4）租地住宅（tenement city）区：指大量社会性房屋，一般由低薪水工人、蓝领或白领阶层所占有的土地空间；（5）遗弃住宅（abandoned city）区：指城市住宅剩余的被贫穷者、失业者、非法移民所占有的土地空间。

而在我国，土地象征的概念也出现得较早。在中国古代社会里，家族观念相当深刻，往往一个村落就生活着一个姓氏、一个家族或者几个家族，并建立自己的家庙祭祀祖先。祠堂是乡土文化的根，是家族的象征和中心。祠堂具有教化功能，以祠堂为核心的传统文化可以对族众进行教育和感化；祠堂还有规范功能，对族众中每个成员的行为方式起到约束作用；祠堂也具有一定的维系功能，起着统一族众的行为与思想的作用，使社会生活保持稳定，使族众群体内所有成员保持向心力与凝聚力。费孝通先生在云南中部的禄村进行调查研究后写就的《禄村农田》，也表明了村落土地具有空间象征意义。禄村的特色是在众多人口挤在一狭小的土地上，用简单的农业技术，靠土地的生产来维持很低的生计。在这里土地被分割得很细小，村中住着的不是大量佃户而是大量小土地所有者。他们因为有便宜的劳工可以雇用，所以可以不必自己劳动，于是可以见到这种农村中特别发达的是雇工自营的农田经营方式。这种方式的基础是农村劳力的供过于求，也可以说是因为没有其他生产事业来和农业争取劳力的结果。这是现代工商业发达前期农村土地利用的一般空间象征。张宏明（2005）对禄村的再研究也表明，禄村在自明清以来几百年的变迁过程中，土地利用模式和土地制度变迁始终占主导地位。围绕地方社会中的公产，村落中的公共仪式得以开展，地方社会的认同以及地方社会与国家的关系得以表述。

　　这些土地及居住空间的象征功能对于失地农民幸福感的研究有着重要意义，特别是失地农民脱离原有的土地，被安置在新建的社区里，丧失了那种对于土地的归属感和原有的土地文化情结，这一切都将极大地影响失地农民的幸福感水平。在城市中，大家对于被安置的农民集中居住区会具有一种特定印象，这也会影响到失地农民无法迅速完成从农民到市民的转变。在深入挖掘不同区域失地农民幸福感的空间分异特征之后，可以清晰地看到失地农民幸福感的空间差异，可为不同区域的政府相关部门制定政策提供一定的参考。

　　当前，在大量针对失地农民的学术研究成果中，对失地农民幸福感相关内容进行实证研究的较为鲜见；而从社会生态学的视角来研究失地农民幸福感则更为少见。其中，社会生态学作为20世纪20年代兴起的一门学科，在解释竞争、适度竞争、环境的私密性、基础结构与群落优势，以及城市与人类生活环境关系、空间关系等方面做出了重要贡献。而农民失地的过程实际上可看作是农民空间"生态场"的改变，即由农村社区变化到城市社区，其所涉及的农民的心理、行为、文化等内容的改变都可看成是社会生态系统中各个要素的变化。社会生态学所涉及的空间的概念，也能为失地农民幸福感研究提供空间的参考意义。因此，采用社会生态学的理论和方法对失地农民幸福感进行研究具有理论上的可行性。同时，以社会生态学视角来研究失地农民幸福感，是一个全新的学术研究切入点，具有十分广阔的继续深入研究的空间，这也成为笔者探究的出发点之一。

　　笔者将以典型地区的案例研究为基础，从社会生态学的视角对失地农民幸福感函数进行分析。这在一定程度上系统地对失地农民精神层面及物质层面进行互相结合研究，弥补了以往研究中单一考虑失地农民非物质层面或物质层面的不足。将失地农民的幸福感水平进行量化，并对其与社会经济、人口统计变量、健康变量、环境变量、社会资本变量等各因素变量之间的关系进行研究，是对特定领域幸福感研究的创新。同时，从社会生态学的角度出发，将失地农民问题引入这一理论概念体系中，试图寻找一种新的、合适的解决失地农民精神层面问题的理论皈依。

其次，从现实的角度来看，当前失地农民的各项问题正日益复杂化，特别是有关失地农民精神层面的问题，即便是有了物质保障，他们也不一定会感到幸福，由此便可能会衍生出更多其他的问题。因此，从心理、行为、文化的角度出发来研究失地农民的生活现状，是一种从更高层面来保障失地农民利益的有效手段，这样有利于失地农民真正地融入新的城市生活，完成由农民向市民的转变。从幸福感的角度去探讨失地农民精神层面的问题，也符合我国当前的主流思想体系，以文化和思想引领社会的建设和发展是一种未来的主要趋势，这不仅关系着失地农民群体自身的利益，更关系着我国社会经济发展能否顺利进行，这一点与国家所提出的创建和谐社会的目标相一致，具有重要的实践意义。

此外，对失地农民幸福感的研究还将从土地征收的不同用途角度来进行研究。从理论上来讲，土地被征收后的用途类型不同，失地农民的幸福感程度也不会同。对于土地被征收于基础设施建设（如高速公路、水库），或者建立自然保护区时，与土地征收后用于社会经济发展，如城市开发、城市经营等时，其结果存在明显差异。本书也将选取不同特征类型的失地农民来进行研究，试图从实证研究的角度来证明这一理论上的逻辑推理。

最后，选择不同区域内的失地农民样本进行研究，不仅能够探讨在经济水平和地理条件约束下失地农民幸福感的变化规律，还能通过对比研究，对其他区域的失地农民幸福感研究提供一定的参考。

第二节 研究内容和方法

一 主要内容

本书的主要内容可以分为九个部分，各部分的内容如下：

第一章为绪论。本章对该研究的宏观社会经济背景和学术背景作了阐述，并探讨了研究的理论和现实意义。同时，本章还介绍了本书所采用的具体研究方法，主要包括社会学的问卷调查方法、人类学的参与观察方法及计量经济学的分析方法等，对该研究的技术路线及主要的研究内容也作了简要阐述。最后，对研究的可能创新点作了简要阐述。

第二章为基本概念和理论体系的介绍。本章主要介绍了社会生态学的相关概念、学科体系以及社会生态学的应用研究进展。同时，对幸福感的相关概念和内涵进行了简要介绍，总结归纳了幸福感研究的理论学派以及对幸福感相似概念的辨析。

第三章为对幸福感的相关研究进行了综述。具体包括国内外的幸福感研究内容，以及失地农民幸福感的研究进展。

第四章为社会生态学视角下失地农民幸福感的理论架构。本章总结概括了当前几种幸福感研究的主要理论，包括目标层次理论、判断和期望值理论、活动理论、特质理论、动力平衡理论；同时，从社会生态学理论出发，对失地农民幸福感研究的理论前提、理论可行性进行了具体论证。

第五章为幸福感相关概念、测量方法及研究数据准备。本章首先对幸福感的相关概念进行界定和辨析；其次，在对幸福感测量方法系统介绍的基础上，提出研究所选择的对幸福感的测量方法；最后，对失地农民幸福感研究的数据准备进行阐述，详细介绍了调查问卷设计的内容和过程，并进行问卷的信度、效度检验，在此基础上，对原始数据的基本统计特征进行了初步分析。

第六章为对我国典型区域失地农民幸福感的测量及结果分析。具体内容包括研究区域概况，不同区域（杭州市、贵州省荔波县、南昌市）失地农民的幸福感测量结果及其变化特征，所采用的指标包括总体幸福感、生活满意度及生活质量指数等。其中，特别对女性失地农民的幸福感水平进行了研究，并提出要关注这一特定弱势群体。

第七章为失地农民幸福感函数构建及影响因素探析。本章在已有理论框架分析的基础上，以计量经济学方法为手段，构建失地农民的幸福感函数；并通过利用计量经济模型（回归分析模型）对幸福感函数的影响因子进行研究，具体包括对失地农民幸福感和社会、经济、人口等统计变量进行分析，对幸福感与健康关系、环境态度变化关系、社会资本变化关系等进行研究，探讨失地农民幸福感变化的原因，为抓住问题的主要矛盾提供参考建议。

第八章为失地农民幸福感变化的社会生态学论证。本章首先从社会生态学的角度出发，深入论述了失地农民幸福感变化的理论根基；在此基础上，通过对失地农民幸福感变化的实证研究来论证其社会生态意义，具体包括失地农民幸福感变化的系统动力、冲突演变、文化适应以及调控手段等内容。

第九章为研究结论和未来展望。本章总结各项研究结论，并针对其中的结论做出相应的讨论，寻找不足之处。同时，基于已有研究成果展望下一步可行的研究方向。

二 方法和技术路线

本书对失地农民幸福感的探讨，既需考虑到幸福感研究的内在心理属性，又需考虑到幸福感体验的外在社会属性，因此，在选取研究方法时，笔者依据研究的可行性和科学性的要求，将首先采用社会学的问卷调查法和人类学的参与观察法来进行资料收集工作，通过深入社区进行深度问卷调查和访谈，尝试利用事件史的分析方法对失地农民的幸福感变迁等进行研究，如通过对年长失地农民的访谈，其追忆对比征地前后的幸福场景、文化特征等的分析解读，从而实现幸福感的时间序列对比研究。同时，在空间研究上，笔者将基于不同区域幸福感研究的结果，试图进行空间分异规律的探讨。

其次，在定性分析的基础上，笔者将结合定量方法来度量失地农民的幸福感水平，并通过计量经济学模型，进行幸福感与社会统计变量、经济变量等相关变量相互关系的研究，为科学地探求幸福感变化原因提供依据。

总体上，本书主要是通过典型区域的实证研究，对失地农民幸福感相关问题进行探讨，其中既有对幸福感问题研究的理论探讨，又有针对具体案例所进行的实证研究，兼具理论和实证的特性。在研究方法上也相对多样化，既有文献资料的搜集整理，也有实证数据的调研分析；既有定性的理论研究和探讨，又有定量的模型构建。

本书将按照理论分析—案例探讨—模型构建的研究路径来进行论证，具体见图1所示。

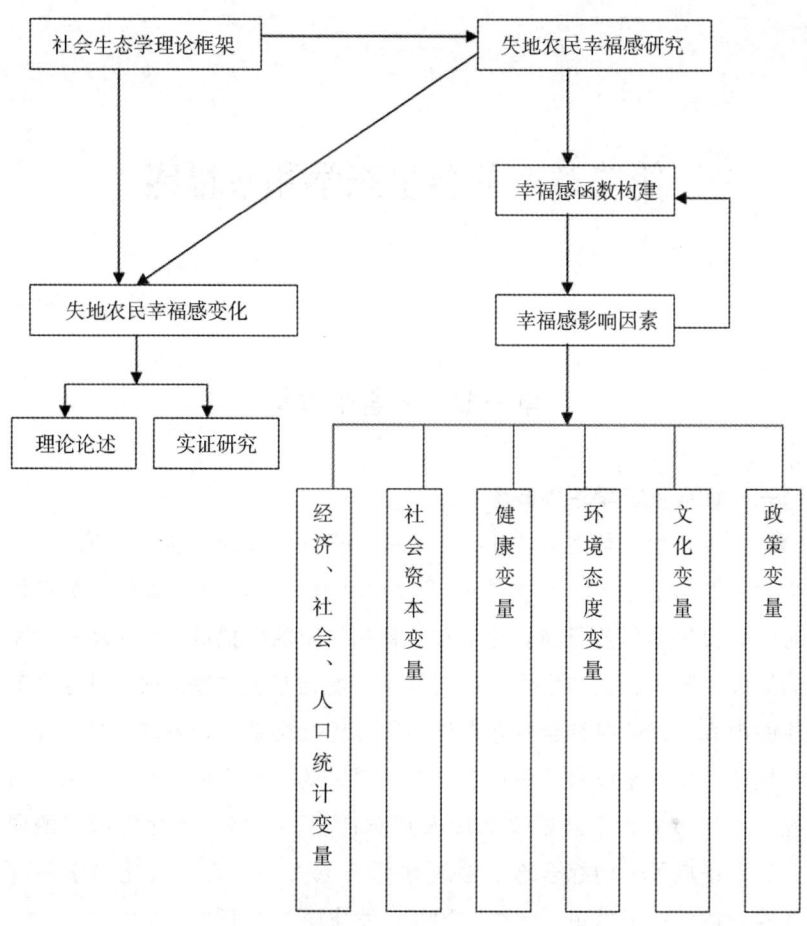

图 1　研究技术路线图

第二章　社会生态学和幸福感

第一节　社会生态学

一　社会生态学基础概念

社会生态学，英文为"Human Ecology"，直译为"人类生态学"，由社会学家 R. 帕克和 E. 伯吉斯最先提出，其主要源自期望从人类群体的行为中寻找生物群落所固有的生态关系和规律的模拟量，解决生物学所特有的任务。随后，人与生物圈中其他成员的相互关系逐渐成为社会生态学关注的内容，但此时社会生态学仍不曾考虑社会系统的发展和功能作用的特殊规律，特别是没有考虑社会—经济因素的主导作用。在接下来的发展过程中，社会生态学开始逐渐深入到对社会、经济、文化等因素的研究中，其真正成了一门综合地、系统地研究人类、生态、文化的学科（丁鸿富等，1987；王兰川、阮红，2006；罗康隆，2007）。

因此，基于社会生态学的起源，我们必须明确其所涉及的几个基础概念，才能更好地理解本书的理论视角。

（一）生物体

生物体是最基础的定义，是所有与生态学相关的学科都必须明确的概念，其被定义为：凡具有生长、发育、繁殖等能力，能通过新陈代谢作用与周围环境进行物质交换，有生命的物体，包括动物、植物、微生物等，都是生物体。

人作为个体是生物体，人体中的各类细胞、器官等都是生物体；种群是生物体，作为人的群体组织，公司及民族也是生物体。公司、民族要生存，对外实行竞争和扩张。生物群落（在一定时间和自然区域内，相互之间有直接或间接关系的各种生物个体的总和）也是生物体。国家也是生物体，这里主要指国家作为一个整体，对外竞争、扩张、宣示或维护主权、进行战争等。生物体也可以是一个集合的概念，例如植物、昆虫、草食动物、肉食动物、微生物等。

生物体与其他生命物质和非生命物质进行交换和转换，或者相互借助和依托，实现自身的新陈代谢和繁衍生息。生物体依据自然生物体法则行为，是生态资源论体系中的一个基本概念。

（二）生态体

生态体[①]是社会生态理论的核心概念，是指在一定空间范围内，所有生命物质和非生命物质，通过能量流动和物质循环过程形成彼此关联、相互作用的统一整体。其依托在"生态"的概念中，通常"生态"是生物体赖以生存的一种自然环境，是一个完整的自然体系。随着其学科发展及概念的衍生，发现只要能提供给生物一个相对独立的生存环境，具有相对独立的物质和能量循环流动过程，具有一定的空间范围和时间延续，按照特定规律和法则运行的开放或半开放系统，都可以看成是一个"生态体"。

人作为个体是"生物体"，但作为人体组织中的细胞、器官、寄生细菌、寄生虫等而言，人又是一个"生态体"，是这些微生物赖以生存的独立环境。相类似的，作为人的群体组织的公司而言，其既是"生物体"，又是公司中的员工所赖以生存的"生态体"，公司为其员工创造了独立的生存环境。国家既是"生物体"，又是国家中各个组织、个人、社团等生存的"生态体"。到目前为止，最大的生态体是地球，人类都依赖其生存和发展。

因此，按照这样的理论进行推理，人类目前应该有三个层次的生态体，且不同层次的生态体互为子母生态体，即"子生态体"为次一级生态体，自成体系，但也要与外界联系，依赖于外界的生态资源；"母生态体"是包括各个子生态体在内的高一级别的生态体，也必须依赖于外界的生态资源。第一层次是人体生态体，其是最基本的生态体；人类社会中的各种组织、民族、国家之类的生态体，包括人类本身，均属于第二层次的生态体。而自然生态体和地球生态体是第三层次的生态体，是上述各类

[①] 金建方：《社会生态通论》，南开大学出版社2012年版，第10—14页。

其他生态体的母生态体。

此外，在各类生态体中进行的物质循环、能量流动和信息传递是整个生态体的平衡命脉，当这些要素处于稳定和通畅的状态时，便称为生态体平衡。如自然生态体的食物链系统，平衡表现为食物链的封闭式循环，昆虫给植物授粉，草食动物食用植物，肉食动物捕食草食动物，微生物食用粪便和分解尸体，植物吸收有机物质，物种数量相对稳定等。生态体有维持这种平衡稳定状态的自动调节能力或自我恢复能力，但有一定的限度，超过这一限度，或者由于内部机制失效、部分组织功能衰退，就会引起生态平衡破坏，表现为结构失调或结构破坏、病态症状、灾难性后果，甚至生态体的崩溃。

自然生态体中，导致生态平衡破坏的原因包括新物种的入侵、大范围的疾病传播、自然灾害、不适当的人类活动带来的植被和生物种群的灭绝等。而人类社会的国家生态体中，市场调节机制不健全或失灵、司法和执政机关腐败、国家机器衰败、外敌的入侵、重大政策的失误等，也会打破社会生态体的平衡，引起社会动乱、政府更迭，甚至国体的崩溃。

因此，生态体的平衡理论可用来解释各种社会经济现象，对现有的一些社会生态体系的类型有着很强的解释力。如一些相对稳定的生态体，其运行缓慢，运行的时间周期长，内在机制完善，这样的生态体就相对稳定，平衡状况良好，不易被外界环境的变动所打乱；而另一些非稳定的生态体，存在较大的扩张性动力，运行速度快、运行周期短，经常会出现失衡的状态，这样的生态体经常会面临各类远离平衡状态的危机。

（三）社会生态

社会生态的概念是由自然生态演进而来，因而在许多方面社会生态的研究方法借助了自然生态研究的成果。一般来讲，社会生态无论从社会学角度还是从人与自然关系的角度，指的都是人类同其所处环境之间所形成的生态关系或者组成的生态系统。而从社会生态常用的研究领域来看，社会生态指构成社会生活形态的各方面要素组合，它包括社会发展指导原则、社会阶层结构、社会生活组织方式、管理方式等。

社会生态作为一种客观存在，其包含三个方面的属性，即自然属性、社会属性和经济属性，其也包含两个分析向度：社会向度和生态向度。所谓社会向度，是指社会生态学分析生态问题和寻求构建理性生态社会的社会视角；所谓生态学向度，是指社会生态学运用生态学的观点、思维方式和价值观启示和指导人与自然关系的重建。

其中，社会生态的自然属性指的是人类所生存、活动的环境，自然环境虽在自然生态中居于主体地位，但在社会生态中却非核心元素，因此在社会生态的相关研究中，通常会淡化对社会生态自然属性的分析，而突出其核心元素对社会文化的影响，即需要调整人与自然关系，分析社会生态问题的根源需要以社会向度揭示出不同的个人、阶层、民族和国家对环境的影响是有差别的；社会向度主张包括自然科学、人文社会科学的各个学科的融合。而生态学向度则因其提供的原则、方法和价值观使得现代科学的目的不局限于人类社会的福利，而同时关注自然与生态，即实现现代科学的生态化。

在社会生态中的核心元素应当是其社会性和经济性两大特征，对于前者而言，其所涵盖的内容比较广泛，诸如文化、政治、法律、艺术等反映人类思维方式以及思想意识的成果都可以被视为社会性的主要内容。社会生态的经济性内容相对简单一些，但却是社会形态性质和状况的决定性要素，其经济性特征中主要包含了生产力、生产关系、经济基础、资源状况等内容。

此外，从社会生态的研究尺度来看，其是强调人与社会各要素的相互作用及对人类社会行为产生的影响。因此，从人与社会相互作用的角度，可将社会生态分为宏观、中观和微观三个层面：宏观上，主要体现为国家的意志，即指国家的政策和法律法规；中观上，是指社会组织，也即为人们所从事共同活动的群体形式；微观上，表现为个人与个人之间的关系，其中生物因素、心理因素和社会因素的互动，是评估人类行为的一个重要方面。系统模式状况全面反映了各系统间的互动关系。

二 社会生态学学科体系

社会生态学是一个包含广阔的学科，又是一个目标价值明确的学科。它包含有文学、历史、管理、经济、地理、艺术等。它又指向一个人类发展的共同目标：人与自然的和谐共进。因此，"社会生态学是人类社会的生态科学"，它专门研究人类社会客观存在着的各种现实的生态问题、生态关系、生态经济、生态文化等①，即研究人类社会与其环境（包括自然环境和社会环境）相互关系和相互作用的科学，是从社会角度对生态问题进行考察的生态学理论。

社会生态学的研究目的是为了减少和消灭人类已经或可能发生的、对人类自身赖以生存与发展的人类社会生态环境（系统）的种种不利甚至有害的行为，从而逐步自觉地建立和维护有利于人类生存与发展的生态平衡。这就是说，社会生态学的研究对象是人类社会生态，简称社会生态；或者说，社会生态学以社会生态作为自己的研究对象或对象客体。特别是其中对社会生态危机的研究，被认为实质是社会哲学和政治哲学问题，是社会生活模式的弊端。"人类统治自然界的观念直接源于人统治人的实在"。② 正是人统治人的压迫性社会结构派生和强化了与一切统治形式（包括人对自然界的统治）相应的思考方式和生活方式。因此，社会生态学主张必须破除社会的压迫制度，否则就不能从根本上解决生态危机。

尽管社会生态学在历史上已经诞生许久，但是由于诸多学者各持己见，对社会生态学也就没有统一的概念，其中相对近似的概念，包括管理生态学、心理生态学等。当前社会生态的学科方向主要包括三个方面：①从社会学的角度，社会文化与生态环境的关系，着重研究土地利用、土地利用模式变化和空间组合，这是社会生态学的社会学研究方向；②从社会生物学的角度，主要指人的社会行为，包括人在社会群体中的行为模式，这是其行为科学的研究方向；③从人与自然关系的角度，社会与自然界相互作用，这是其人类生态学研究方向。

（一）管理社会生态学

管理社会生态学的代表人物是德鲁克，他在《大变革时代的管理》中首次提到了管理中的社会生态学观念。而后他在《功能社会》中进行了进一步的解释，提出了功能社会的思想。他这样说道，只有当社会能够给予其个体成员以社会身份和社会功能，并且社会的决定性权力具有合法性时，社会才能够成为社会。前者建立了社会生活的基本骨架，社会的宗

---

① 叶峻：《从自然生态学到社会生态学》，《西安交通大学学报》2006 年第 3 期。
② 马尔科夫：《社会生态学》，雒启珂、刘志明、张耀平译，中国环境科学出版社 1989 年版。

旨和意义；而后者则为这一骨架丰满血肉，给社会赋形并创造社会制度。如果个人都被剥夺了社会身份和社会功能，那就不会有社会，有的只是一堆杂乱无章的社会原子，在社会空间中毫无目标地飘游浮荡。而且，那些决定性的权力本身必须具有合法性，否则就无以形成社会结构，有的只是一个空白虚置的社会，仅靠奴役和惰性而勉强聚合在一起。个人的社会身份和社会功能，可以看作群体与个体成员之间的关系方程式。它符号化了个人与群体之间的相互交融整合。它表达了根据社会话语言说的个人意志以及根据个人话语言说的社会意志。这样，它就使群体视角中的个人存在和个人视角中的群体存在变得可以理解，并且将其合理化。[①]

德鲁克[②]认为，社会生态学研究的首要主题是保守与变革之间的平衡以及各类组织。虽然具体内涵不同，但自由、尊严、现代社会中人的地位、组织的角色和功能、人类的发展和自我实现、个人对共同体和社会的需要等，则无疑是这两大主题的共同要素。德鲁克认为，社会生态学是一门"学科"，而不是"科学"，社会生态学绝不是未来学，而是"已经发生的未来"，即发掘已经发生的变革，从中探究走向未来的机制和脉络，为发展提供高瞻远瞩的思考。其次，"社会生态学家通常采用定性方法发现和评估质变"。"对于社会生态学出现的现象，定量化会有误导，用处不大"。相反，定性方法没有这种弊端，人们运用明智的理性，有能力准确"观察、鉴别、测试事件"。社会生态学家的另一项工作是关注事物的影响。

我们每个人在社会中都处于一个位置，并在这个位置上发挥着各自的作用，而所谓的社会生态学，正是要将这种作用更加明显地发挥出来，要想和谐地管理好一个国家所在地区所有人与自然环境这个大社会，或者是一个公司、学校、社会组织这样的小型社会，我们需要做到的是明确每一个人的定位，发挥其功能，这就是管理社会生态学的精髓所在。

（二）自然—社会生态学

社会生态学又包含了另外一层基本含义，即涉及自然和人类天然的生态环境协调的内容。当高楼不断拔地而起，城市化的进程一点点吞噬着土

---

① [美] 彼得·德鲁克：《大变革时代的管理》，赵干城译，上海译文出版社1999年版。
② [美] 彼得·德鲁克：《功能社会》，曾琳译，机械工业出版社2009年版。

地，绿化面积不断减少，天然自然生态系统不断被侵占，生物种群逐渐消失，部分物种非正常繁衍增殖，逐渐打破自然生态环境的平衡。当厄尔尼诺现象、温室效应等不断发生，我们正在为过度索取生态导致的后果还债。人应该怎样对待自然生态系统，实际上是怎样对待自己。人是社会人，经济社会发展，是建立在对自然资源利用（索取）的基础之上的，这是人类史与自然史的基本关系。科学发展应该有一个重要标准，就是保护自然生态系统处于平衡状态，不平衡就是破坏的过程，几年、几十年就会造成恶果。这便是传统的生态学的缘起，其是脱胎于自然学科中的生物学，由德国生物学家赫克尔最早提出了生态学这一名词。1962年美国海洋生物学家卡尔逊女士发表的《寂静的春天》则标志着环境生态学的诞生。

目前大部分的生态类学科研究的重点仍属自然学科内容。而这种以自然学科的理论解决社会问题（环境污染、生态破坏、城市规划）的方式显然并不适合作为景观设计这样一个操作性很强的学科。所以我们有必要从社会的角度去审视生态问题。人类发展到今天已具有了空前的能力，越来越多地影响到周围的一切，如果把人类看成一个生态因子，那么人类无疑是最为活跃的生态因子。人类可以轻而易举地将一个充满生机的湖泊变成一潭死水，只要他们愿意。但光、空气、温度显然没有那么大的变数。人具有自然和社会双重属性，这是人类区别于其他生物的重要所在。人类社会发展到今天，人的社会属性更多地体现在人的生活中，而自然属性随着历史的车轮已离人类越来越远，有的也只是一些在社会伦理道德下的本能行为。因此，区别于传统生态学的主要研究方向——将生物放在自然状态下进行研究，社会生态学研究的是作为社会主体的人与周围环境及各种事物之间的关系的学科。这也是社会生态学研究的最古老的研究方向——自然社会生态学。

（三）心理社会生态学

基于社会生态的独特理论视角，心理学家们也试图去探讨社会生态学在心理学中的应用，提出了生活空间和心理空间的概念。代表人物有心理学家勒温，其认为所有的心理事件都是生活空间的函数，而生活空间或心理空间则是由自然、社会与经济因素综合构成的社会生态环境。由此，他将自己的这种研究称之为心理生态学。其后他的学生又提出了生态心理学或环境心理学的概念。

巴克尔（Barker）指出，现代生态心理学的核心问题是，应当检验非心理学输入即自然生态环境的行为背景输入，对于人类行为的影响与作用。为此，必须抛弃人类行为的实验室研究这种简单的因果模式，从而回到自然环境的真实世界中去，才能多维地观察和研究人类的行为背景及其社会意义。他还提出生态心理学的两个基本原则：其一，必须在环境背景中研究有机体的心理过程；其二，必须同等重视环境和心理过程。这就为生态学取向的心理学研究者提供了一种研究思路，即应当重视自然或真实条件下的心理问题，并将心理问题与环境摆在同等重要的地位上。此外，他还提出了"生态效度"这一概念，并将"生态效度"定义为"个体的自然或习惯居住地的刺激变量的发生及其特性"。由于生态效度弥补了实验室研究的不足，减少了人们对实验室研究的批评，因此被看作实证研究必须遵守的外部效度。显然，生态学取向的心理学研究是以生态的或共生的观点、手段和技术来考察、探讨、干预心理过程和心理内容，要求尽量保持心理和行为发生的自然性。①

（四）其他社会生态学体系

除了上述相关的学术概念体系之外，在社会生态学学科体系的发展过程中又出现了几种不同的观点。

1. 认为社会生态学、人类生态学和生物圈生态学三者是全球生态学的分支。C. H. 索洛明娜（1982）认为社会生态学研究的重要问题是整个人类发展的全球性问题，比如能源问题、环境保护问题、消灭大规模饥饿和危险疾病的问题等；生物圈生态学则研究考虑了人为挤压条件的三个问题：地球"生命层"内所发生的全球性过程及控制条件，地球上水及控制条件，地球上气候可能出现的变化及其控制；人类生态学则主要包括社会卫生和遗传医学问题。

2. 认为社会生态学、人类生态学和全球生态学是同一内容。C. C. 施瓦茨（1984）、A. B. 卡楚拉（1980）是这一观点的典型代表人物。A. B. 卡楚拉将生态关系分为三个层次：社会生态学（高层次）、生物生态学和无机界生态学（低层次），此时，全球生态学和社会生态学合二为一。

3. 认为社会生态学和全球生态学并存。H. M. 马梅多夫（1983）认

---

① 叶浩生：《生态心理学》，上海教育出版社 2006 年版。

为二者仅仅在研究社会与生物圈的相互生态作用这一点上一致，社会生态学不研究生物圈与其他无机界间的相互作用，而全球生态学则不研究社会与无机界的相互作用。

4. 认为社会生态学和全球生态学是人类生态学的组成部分。Н. П. 费多连科和 Н. ф. 赖莫尔斯（1983）将社会生态学看作一门研究人们的社会—生物共同体与供养环境的相互作用，并与人种学乃至人类学和考古学有着相似特点。

生态人类学，英文为"Ecological Anthropology"，最早是在1968年由 A. 维达（Andres P. Vayda）和 R. 帕克（Roy A. Rappaport）使用的。生态人类学主要研究人类与环境之间的关系，既包括自然环境，也包括人造环境。从其产生的时间先后顺序看，生态人类学晚于社会生态学，可看作是社会生态学进一步的发展。

通常，大多数学者又把生态人类学俗称为文化生态学，这两种不同的称谓反映了学者们对人类进行生态学研究的不同取向：一种认为人是生物的一种，可以完全用研究生物生态学的理论和方法来研究人类，主张从"食物网""能量流动"等角度来研究社区人口和其他生物甚至和其他社区人口之间的关系，这些学者通常都具有营养学、植物学、动物学等相关专业知识和受过相关的训练，以 A. 维达、R. 帕克以及理查德·李（Richard Lee）等人为代表；而以文化生态学指代生态人类学的学者则强调人类文化有异于其他生物的独特性，主张采用一般生态学中的生态系统、区位、生态人口、适应、自然选择等观念来分析人类社会之外，还提倡使用一些仅用于人类的观念和方法来分析人类生态系统中的独特现象，以斯图尔德（Julian Steward）、内亭（Robert Mcc. Netting）、沃尔夫（Eric Wolf）、贝内特（John W. Bennett）等人为主。[①]

从另一个角度来讲，文化生态学又属于生态人类学研究的部分之一，其侧重于研究人类的社会文化特质与环境之间的关系。人类与其他动物的区别之一就是文化的高度发展，人类社会和其他动物社会的不同在于人类适应其环境变化时会有文化面貌的调整，同时，文化较少受遗传和生物体

---

① 罗康隆：《文化适应与文化制衡——基于人类文化生态的思考》，民族出版社2007年版，第2页。

本能的限制。与之相比，生态人类学的范围则要广泛得多，其主题是研究生态环境与区域群体之间的关系，可以细分为种群生态学、系统生态学、地理人类学等诸多内容。

三　社会生态学应用研究进展

利用社会生态学的理论来解释人类社会的各种现象，成为推动社会生态学发展的巨大动力。在此过程中，形成了基于社会生态视角的不同研究领域和内容，其中包括对社会生态学理论本身的研究，以及社会生态学的各种应用研究。笔者仅就目前研究相对集中的内容进行了论述，不尽之处有待进一步考证。具体内容如下：

（一）社会生态学相关理论内容探讨

在国内学者对社会生态学的理论探讨中，涉及的内容繁多，包括理论内容构成、技术体系等。张忠伦（1996）对社会生态系统研究中的系统仿真理论进行思考。金盛华（1997）对微观社会生态学进行研究，主要是针对人际空间与人际交往内容进行的理论探讨，并指出微观社会生态学的研究将会成为一个富有理论价值与实用意义的新兴研究领域。李万古（1997）论述了社会生态意识的相关理论问题，认为社会生态意识主要包括生态伦理观、生态价值观、生态法制观和生态审美观。叶峻（1998、2004）分别就社会生态系统的结构功能和人类社会的社会生态系统进行了分析和阐述，内容主要包括社会生态系统的结构功能的层次分析以及人类社会生态系统的构成与规律研究。罗俊明（1999）对国际社会生态法学进行研究，试图建立国际社会生态法学，以探索国际社会生态健康、持续发展的途径。李兵（2000）论述了社会生态学理论中的社会生态平衡问题，并阐释了人类社会生态系统的理论内容。刘文（2001）以全新的观点诠释环境作用的社会生态学和强调生物作用的现代生物学，从不同角度对人的个性和社会性发展提出了崭新观点，同时对生态学理论、人类行为学和行为生物学、行为遗传学等现代生物学理论和生态系统论、群体社会化理论等社会生态学理论进行述评。张忠伦（2005）对社会生态系统的矛盾运动及其调控进行研究，指出社会生态矛盾是社会生态系统存在与发展的制约力量和重要动力。王正平（2004）对社会生态学的环境哲学理念进行探讨，认为社会生态学的根本价值目标就是寻求经济制度、政治制度和精神文化的生态化，建设一个生态组合。王纲（2004）对社会生态与自然生态的尺度对称性进行理论探讨，为社会生态学构建理论框架提供基础。侯凤友（2005）述评了以布朗芬·布伦纳为代表的研究者从生态学的角度对人的个性和社会性的发展提出的崭新观点，由此对社会生态系统论产生的背景和理论观点加以介绍和评价，以引起更多研究者的关注。叶平（2003）对21世纪协同进化的社会生态学进行论证，指出在工业社会阶段，人们没有处理好经济子系统、管理子系统和社会子系统以及环境子系统的关系。要摆脱或改变这种忽视生态的社会生态结构，有必要实现三方面的观念扩展。

谭江涛、章仁俊、王群（2010）对奥斯特罗姆开发的社会生态系统可持续发展的总体框架进行介绍，以此来鉴别影响公共资源自主治理的可能性，并基于新的动态模型，对社会生态系统的框架进行修正，其建立的社会生态系统研究框架能有效指导相关领域的研究工作。王琦妍（2011）在社会—生态系统的概念性框架下，对社会—生态系统的动态运行机制和属性进行了详细综述。社会—生态系统是复杂适应性系统，受自身和外界干扰的影响，具有不可预期性、自组织、非线性、多样性、多稳态等特点。适应性循环是一个启发性模型，有助于理解复杂系统的动态运行机制。恢复力、适应力和转化力是社会—生态系统的三个主要属性，并对社会—生态系统理论研究中面临的问题进行了展望，提出了在以后研究中可以适用的研究方法。叶峻（2001、2013）又以社会生态为研究对象，将环境资源、人口问题、城市生态、生态文化、社会生态系统等作为研究内容，以实现社会生态平衡与优化，促进社会生态经济协调统一与可持续发展为其研究的任务与目的。社会生态学丰富与深化了马克思主义关于社会运动与发展的物质基本原理，并促成了两个世界、两类科学和两种文化的交叉整合，具有重要的科学理论与社会现实意义。马道明、李海强（2011）探讨了社会生态系统与自然生态系统既存在相似性又存在差异性，其从概念抽象与方法论上看两者有相互交叉的理论基础和内涵，无论是个体层面还是群体层面，社会生态系统与自然生态系统均具有强烈的有机相关性与可类比性，系统"阈值"理论研究也印证了这一点。由于社会生态系统中的人所体现出来的主体性与能动性，以及赋有社会环境特质的政治、经济和文化等因素存在，使两个系统在结构与功能上又表现出了显著的差异性。通过对两个生态系统的比较研究，阐述了社会生态学未来发展塑造其学科独立的必要性与可行性。

在对国外著作的译作中也有很多对社会生态学的研究内容，包括约翰·克拉克著，林桦译的《社会生态学》（1997），默里·布克金著，郇庆治、周娜译的《社会生态学导论》（2007），P. 雅诺夫斯基、K. 舍林著，由之译的《社会生态学》（1997）等分别对"社会生态学"概念的解译和研究。

（二）社会生态学在政治领域的应用研究

社会生态的定义和学科方向决定了研究学者们会更多地倾向对其核心元素，如政治、阶级等内容进行研究。

郑也夫（1994）利用社会生态学中的腐败理论来深刻剖析社会转轨时期的政党、官员腐败问题。韩莹莹、张强（2000）对推行行政文化变革的社会生态环境进行分析，包括政治生态环境、经济生态环境、文化生态环境的分析；刘志雄（2001）通过社会生态学理论，将意识形态这一生态单位作为生态分析中的生命系统，把意识形态所处的变化发展的社会、经济、政治和文化条件作为其环境系统，分析人类社会与意识形态之间互动关系，并就如何完善执政党的意识形态，使之保持对社会环境变迁必要的适应性进行了论证。曹顺仙、王国聘（2005）基于对南京市江宁区社会、经济和生态问题的调查研究，认为应用全球化定位战略、生态优化和效率超越战略、科教先行、自律民主等思想可指导社会的可持续发展、和谐进步。熊絮茸（2005）对中国政治制度是社会生态各系统适应环境变迁的结果进行论证，提出和谐社会建设是中国政治制度的社会生态环境变迁背景下的理论总结和价值目标。赵理富（2007）认为政党所处环境的改变不仅影响政党组织的嬗变，而且会导致政党文化的嬗变和转型。政党政治研究中的"群众性政党模式""全方位政党模式"和"卡特尔政党模式"等三种研究模式表明了随着社会生态环境的变化政党文化变迁的过程。崔维（2007）探讨了在我国目前城乡社会生态环境呈现二元化趋势的前提下，对公务员制度众多方面的影响，包括公务员素质、薪酬、晋升机制等。李晶（2011）从里格斯的行政生态学角度出发，从经济、社会、符号系统、政治架构四个方面比较中日两国公务员考试社会生态环境的异同。杨婷婷、董冠良（2013）研究发现地方行政文化同社会生态环境之间存在着密切的关系，从分析社会生态的基本概念着手，在厘清社会生态定义中的关键点的基础上梳理两者之间的互动影响关系，探讨并提出促使两者共同发展的建议，为政府部门在此方向上的研究提供有益借鉴。叶进、王郡（2012）认为高校行政管理不仅是高校社会生态的政治生态环境因子，还是一个完整的高校行政管理社会生态系统，并基于社会生态的视角，立足社会生态的核心理念，以全新的生态学视角对高校行政管理进行"去行政化"探索。练庆伟、林楠（2012）将思想政治教育生态看成是与各种社会生态环境之间的总体关联，并侧重研究各种社会生态环境及构成要素对思想政治教育生态系统和教育主体的影响，提出优化思想政治教育社会生态要重视政府主导性的充分发挥、社会核心价值观的培植和学校角色的合理定位。

（三）社会生态学在城市社区规划中的应用研究

梁平、滕琦、董宇翔（2008）认为统筹城乡社会保障是社会大系统中的一个子系统，必然和其他系统进行连续不断的能量交换，以保持系统的动态平衡。基于社会生态环境视角，笔者从政治、经济和文化等几个方面进行分析，探讨统筹城乡社会保障的影响和制约效应，为我国统筹城乡社会保障的进一步发展探寻理论支撑。杨恢武（2012）基于我国农村的发展历程，指出城镇化的推进与社会主义新农村的建设导致农村人口的大量迁移，传统社区遭到破坏，农村社会迅速分层，农村地域也出现了居住空间布局的贫富分异现象，社会隔离已经产生。随着人口的迁移，旧村庄农用地大面积抛荒与新农村农用地大面积流失并存。针对社会主义新农村建设中出现的社会隔离、土地资源浪费和农业凋敝等问题，认为城乡规划在农村地域上不应盲目采用城市建设模式的误区，而应从农村发展与农民地位出发，重构农村社会生态，引入非物质形态领域规划，使物质形态规划拥有坚实的基础，以期引导城乡协调发展。郑卫、范凌云、郑立琼（2012）将社区看成是城市社会生态系统的重要组成部分，以此为基础提出针对现代城市中的社会生态失衡问题，社区规划应高度重视社会规划内容、关注弱势社群、促进不同社群的交往、激发社区居民的参与热情和积极推动社区组织参与社区规划。城市规划应该关注和研究空间中的社会生态关系，并以此指导空间的规划和设计，必须从形式空间的科学走向社会空间的科学，促进和谐社会的构建。斯图亚特·T. A. 彼克特等（2012）

对人文都市里的社会生态学进行研究，认为人文都市是相互联系的社会生态体系，城市、郊区以及城市远郊的繁华地区凸显出不少负面特征。人文都市可归纳为：（1）保护与保存城市与郊区的生态服务；（2）提升居民的身体素质、心理健康与安全水平；（3）保护能源、物质、水资源与时间以提高效率；（4）以包容性促进公平以及社会和环境的公正性、合理性；（5）保留社区感与场所感。笔者提出社会生态在实现人文都市目标方面所扮演的角色，运用了环保历史、河涌的功能与复原、环境公平性、巴尔的摩生态系统和长期生态研究项目等行动案例。邵志东、王建民（2013）提出为了促进农村劳动力有效转移，提高农民收入和整体素质，加快城乡一体化进程，有必要建立高效的农村转移人力资源开发与评价体系，并借鉴社会生态系统理论，创造性地构建了包括宏观政策法规、外部支撑保障、中间开发模式和微观开发实施四个子系统在内的中国农村转移人力资源高效开发体系。刘江军（2012）从社会生态的视角，从政治、经济和文化三个方面对制约统筹城乡社会保障的因素进行分析，并在此基础上提出了相应的对策。余中元（2013）通过对开发区土地集约利用研究背景和进展的综述，从社会生态系统视角阐述了开发区土地集约利用的内涵、机制和驱动因素，分析了研究中存在的问题。认为开发区是多个子系统和内部变量构成的复杂的社会生态系统，各尺度系统相互作用形成压力因素、管理因素、发展因素、文化因素四大驱动力，影响着土地集约利用的治理和效益。目前存在评价指标和评价方法单一；没有重点考虑人、社会、制度、社区和文化作用和群众参与作用，以及没有考虑开发区各个要素之间、跨尺度之间的相互作用；重视当前状态，轻视演变过程或发展趋势；重视区内因素，忽略区外影响；重视经济效益，忽视社会生态效益，忽略用户的主观能动性等诸多问题。因此，研究工作应与土地利用规划、城市功能区衔接，促进区域协调可持续发展；重视生态效益、社会效益，增强开发区土地集约利用的内驱力；加强过程评价，体现集约节约利用的驱动因素和演变趋势；调动群众和社区的积极参与性；加强客观性和标准的统一性，重视区域和个体差异性。毛蒋兴、郑雄彬（2012）应用社会生态系统理论探索基于城市社会生态系统的城市发展道路，识别社会生态结构中不合理的部分并提出改进方案，引导未来城市发展与社会生态环境协调共生具有非常重要的意义，并提出城乡规划工作需要加强对社会生态系统的研究，将社会生态平衡理念引入城乡规划各项内容的编制过程中，引导城市和谐、健康发展。

（四）社会生态学在教育和犯罪问题中的应用研究

社会生态学研究的核心元素还包括法律、教育等内容，因此，其应用研究的重要领域还应包括以上这两点。

宋振韶、詹朝杰（2000）通过分析当前我国教育改革所面临的问题，以及对学业不良成因研究概况和存在的不足的总结，提出以生态学取向的研究思路：教育社会生态学模式，并提出具体可操作的实施方案。白中军（2005）对区域农村教育发展进行社会生态学思考，教育与社会的协调互动问题，包括教育与社会、功能与结构、反馈与前馈三个层面的内容。孙奎立、时涛、范立军（2013）认为社会生态系统理论强调个人与社会环境的互动关系，因此可为农村隔代留守家庭的社会工作介入提供良好视角，笔者根据对农村隔代留守家庭的实际调查，分析了社会生态系统各个组成部分的独特特点，并提出了如何利用社会生态系统理论对此类家庭进行社会工作介入。杰克·卡茨、柯蒂斯·杰克森（Jack Katz, Curtis Jackson，2002）对街头问题少年的暴力倾向进行社会生态学研究，并认为街头问题少年被人们识别是通过社会生态关系网络才得以实现的，这种社会生态关系网络将各种当地社会的社会组织联结成一个整体。张鸿巍、黎定锋（2005）早期的生态犯罪学思想源自对生态环境关系与犯罪互动关系的思考，将社会生态作为犯罪系统研究标志着社会生态犯罪学的诞生。20世纪社会生态犯罪学经历了从思想萌芽到学科体系形成的重要发展时期：从芝加哥学派的人类生态学研究到所谓的新生态犯罪学理论和副文化理论。他们研究了生态犯罪学的主要研究方向，概括其理论成就及政策应用，评价其不足与最新研究进展。张鸿巍、顾青（2005）对犯罪与生态环境关系的思考孕育了早期的生态犯罪学思想，对社会生态犯罪系统研究标志着社会生态犯罪学的诞生。20世纪社会生态犯罪学经历了从思想萌芽到学科体系形成的重要发展时期，其形成过程衬托出了深刻的城市化与工业化背景。郭强、陈斌（2011）将社会生态学与犯罪学加以整合，提出了社会生态论。并基于此理论对农民工犯罪问题进行研究，研究发现农民工犯罪是在社会生态转入过程中不适应的结果，同时社会生态的失衡也诱发了农民工犯罪。农民工既是社会生态适应的失败者，也是社会生态失衡的受害人，要从此角度出发去解决相关问题。吴少里（2012）剖析了社会生态环境的改变对我国"80后""90后"青年个人主义价值观的影响，提出要正确认识我国"80后""90后"青年的心理机制，防止青年一代损人利己，自我膨胀，不顾社会秩序、社会公德和他人利益等思想的极端发展，并由此而带来相关犯罪问题。李科生、罗旭、邓巍（2013）从社会生态视野下解读留守儿童暴力行为产生的根源，亲子教育的缺位、老师教育的力不从心、社区家长的不接纳以及网吧监管的不到位，直接导致留守儿童的活动场所被压缩到网吧之中，网络中暴力倾向的网络游戏与网络媒体中暴力事件交织出现，形成具有网吧特色的暴力亚文化，暴力亚文化促使留守儿童暴力行为的发生。王宇红、吴迪茵（2013）将儿童托管服务项目作为一个有机体，从社会生态角度分析了其微观系统、中观系统、宏观系统三个层级的社会生态系统构成，以及这三个层级中各子系统之间相互影响、相互作用的机制，为避免因托管不当带来儿童的教育问题，从而引发相关社会不稳定事件。

（五）社会生态学其他领域的应用研究

随着社会生态学的发展，在其他领域的研究日益增多和繁荣。具体包括在文化领域的应用和发展，在移民问题上（包括大型工程移民及农民工）的应用，对资源问题（土地资源及其他各种资源）的解释，对企业组织的应用研究（民营企业研究、组织行为研究），对经济发展生态位思考，如广告生态位、低碳经济发展社会生态的探讨等方面。

朱厚泽（2001）精辟地论述了民营企业发展与社会生态环境建设之间的关系。李宝梁（2009）从社会生态的角度研究民营企业家的地位获得、阶层流动以及社会政治属性，将当代中国的民营经济及民营企业家的存在和发展作为一个生态单位加以考察，确证了这一经济成分和阶层的存在所具有的社会根源，阐述了社会变革对该阶层的形成、走势所具有的决定性作用，不仅揭示了环境与制度变迁对社会阶层研究具有重要意义，同时也为进一步开展相关研究提供了认识上的路径和方法。李宝梁、王欢（2010）又从阶层分化以及随之产生的阶层意识与不同阶层特征的显现对中国社会变迁进行观察，研究基于社会生态视域，对私营企业主阶层的总体性特征展开研究，以求透视这一阶层思想意识形态的形成演化特点，为总体上把握这一阶层的性质、地位和发展走势提供前瞻性分析。黄宝忠

(2013）研究中国近代民营出版业的历史，发现其成功与出版企业制度、内部管理、经营者出版理念等内生条件有密切关系，但同样不可忽视中国近代自鸦片战争以来的时局变化、近代市场经济的发育和商业氛围的浓郁、启蒙和新文化运动、新教育改革以及出版法规、同业公会等外在社会生态环境的支撑效应。钟贞山、姚萍（2013）认为社会生态人是指为顺应生态发展规律，与自然环境和社会环境和谐共生并协同进化的人，社会生态人的生态之维根植于人性之中，主要表现为人的生态品质，凸显社会生态人的生态之维，有助于缓解和消除人的发展过程中面临的"生态危机"和"心态危机"。齐建（2011）研究发现我国医院模式出现了从生物模式向全人照顾模式发展的新要求，医务社会工作的发展也崭露头角。笔者以社会生态系统理论为视角进行分析，发现我国存在着医务科、工会、宣传科等部门和医生等都有承担医务社会工作服务的职能，但并没有满足病患的需求。李宝元（2005）对基于赫斯特组织生态循环周期模型的组织学习内容进行研究，主要包括由情境激发的自发性组织学习、基于经验和专业化知识的常规性组织学习以及回归价值理性的创新性组织学习等基本类型。周良发（2013）对当代中国知识分子面临的严峻挑战和生存危机进行探讨，基于社会生态系统相关理论，提出社会结构的深度转型不仅消解了知识分子的权威，还淡化了他们的批判意识。

克里斯·安德森、艾雷斯托门德斯、苏姗·兰格里奇（Chirs Bacon, ErnestoMendez, Suzanne Langridge, 2001）利用社会生态关系对拉丁美洲的咖啡产业所形成的咖啡景观进行解释。裴晓明（2002）以社会生态学理论论证了工作场所健康促进问题研究的概念、理论、条件和原因。汤姆·安克森尔、格伦维尔·巴恩斯（Tom Ankersenl, Grenville Barnes, 2001）对危地马拉、巴西和墨西哥的土地使用权限问题进行研究时，指出三种不同的土地使用权限方式：社区租界、土地利用储备、墨西哥合作农场，其对当地的社会生态关系起着至关重要的作用。

张本效（2006）对当前农民工的社会生态进行探讨，指出优化农民工的城市社会生态、构建城市和谐社会是城市管理者的职责所在。罗伯特·斯纳尔（Robert Snower, 1996）对男性至上主义的进化进行研究，指出许多社会形态可能在压力下消亡，或发生转化，或形成一个独裁体，或衰落成几种简单的社会生态关系。吴鼎福（2000）以社会生态位来论述老年社会的生态平衡问题,对老龄化社会的建设提供建议参考。邢忠(2001)认为经济发展与体制改革牵动复杂的社会生态结构的重构,社会中各层级生态位将发生深刻变化,并试图探寻特有的规划来改善社会生态位质量,拓展生态位互动环境,发掘新型经济增长点中的有效生态位,以期规划工作更好地适应城市发展进程的需要。肖陆军(2008)对社会生态平衡进行定义,其是指国家社会管理职能的确定、社会管理机构的设置、社会管理人员的素质和能力、社会管理系统运行的机制和方式等与社会环境相适应,它具有相对性、综合性、宏观性、暂时性等特征。习裕军、宋国春(2012)对当今中国社会的经济体制、社会结构和文化观念等构成的社会生态系统的改变进行论述,这样的改变对政府社会管理工作提出了新的要求,成为社会管理创新的直接依据。当前中国社会管理创新,应包含社会管理理念创新、社会管理技术创新和社会管理制度创新等三方面基本内容。

闵文义、戴正、才让加(2005)对民族地区的多元宗教生态文化进行研究,探讨了其形成特性不仅根源于宗教伦理观的不同,还在于其具有很强的生态环境特征和经济文化适应性特征,并构建了生态文化与社会生态经济系统的互动关系模式,得出正是由于少数民族地区社会生态经济系统的多样性产生了多元的少数民族生态文化的结论,并从两者互动关系分析出传统生态文化有效发挥功能的条件。江道源(2000)对中英16—18世纪的社会生态进行研究,发现社会生态的差异造成了社会运转的差异,中国由强而弱,英国由弱而强。张大超(2008)阐述中国传统文化是一种单一性文化结构,易于形成平衡态势;西方文化造就了西方文明的同时,也造成社会生态系统、文化系统等方面的不平衡。

李鹤鸣(1994)从社会生态学角度出发,对长江三峡库区移民的迁移类型进行划分,并针对不同的类型进行移民规划及操作。朱玉坤(2002)对江河源地区"生态难民"问题进行社会生态学分析,探索当代草原难民的自然演变与社会发展变化的关系,揭示变迁的深层次社会动因。王建革(1997)以社会生态学理论分析资源限制与发展停滞问题,对农业生态系统的资源限制、人口压力和生态危机下的技术进步等内容进行探讨。黄雅戈(1999)对德国从能源利用、物质闭合循环、与环境协调的交通、生物技术等多个方面来进行社会生态型市场经济的发展进行论述。孟令尧、张岱平、张丽珍等（1999）建立了城市社会生态环境质量评价体系，并对石家庄市城市社会生态环境质量进行单因素和综合评价。沈清基、石岩（2003）在阐述了生态住区、生态关系、城市生态关系、社会生态关系的概念和内涵后，论述了生态住区社会生态关系的组成类型。张连国（2005）论述了生态文明既是社会主义和谐社会的本质内涵，也是其历史定位，要建设以生态文明为内涵的现代化必须建设生态文化。李桂芹（2010）从社会生态视阈考察"虚假广告"，将社会环境视为有机生态系统，将"虚假广告"理解成因系统失衡而招致破坏的信息资源。信息是社会生态系统得以形成的重要资源。当信息资源受到破坏并被有机体吸噬，有机体内在系统的平衡就会被打破，严重者会导致有机体的死亡，而这又反过来进一步强化社会生态系统的不平衡，长此以往，有机体与社会生态系统陷入恶性循环之中。徐飞亮（2011）认为当前社会生态危机频发的背景下，需要通过发展低碳经济的途径来解决社会生态系统矛盾，并基于社会生态系统的理论视角探析了低碳经济体系的构建，对可持续发展具有一定的理论和实践意义。柳兰芳（2013）对马克思的生态思想进行研究，发现当前学术界对马克思生态思想的研究更多地局限于自然维度的考察，缺乏全面性，笔者从自然、人文和社会三个生态维度对《手稿》的生态伦理思想进行考量，力求为当代中国特色社会主义生态文明建设寻找理论依托。

第二节 幸福感

一 幸福感相关概念和内涵

幸福是个古老的话题，也是人类发展的终极目标。人们对幸福概念和内涵的理解，从古至今、从中到外都不尽相同，而对于幸福到底是什么，至今都难以给它下一个准确的定义。康德将幸福定义为："幸福即乃是尘世间一个所有的存在者一生中所遇到事情都称心合意的那种状况。"而在我国传统的幸福研究中，将其与"福""喜""乐"等进行等同；波兰哲学家亚当·沙夫则认为不可能给幸福下任何定义。虽然每个人幸福的原因可能不同，但在所有文化中，人们都把追求幸福视为最珍贵的生活目标之一。

"幸福"和"幸福感"常被人们通用，但二者之间也有着一定的区别。从一定程度上来说，"幸福"在用来评价个体自身感受时即可等同为"幸福感"，而用来评价其他个体的生活状态时，则可理解为"幸福"。而在本书中，未将"幸福"和"幸福感"的概念加以特别的区分。

"幸福"一词，起源自希腊语，其在发展过程中形成了一系列的概念演绎，包括快乐（hedonic）、幸福（happiness）、满意（satisfaction）、功利（utility）、效用（utility）、偏好（preference）、生活质量（quality of life）等。最初对于"幸福"的研究来自于哲学，古希腊哲学家赫拉克利特、伊壁鸠鲁最先阐述快乐思想，认为幸福生活是我们天生和最高的善，人的天性就是趋乐避苦，一切取舍服从快乐原则，这样的天性使人们追求快乐和幸福。[1]

在《美国传统词典》（American Heritage Dictionary）中，对"幸福"（well-being）的定义为（1）the state of being healthy, happy, or prosperous（主观幸福感，即 subjective well-being 或 happiness）；（2）welfare（生存境况）。也就是说，幸福由"快乐"或"主观幸福感"和"生存境况"构成。"生存境况"既有客观的"处境"之意，也有受到客观处境影响的主观"心境"之意。简言之，幸福是对生活的客观条件和所处状态的一种事实判断。从而，可将"幸福"划分为两个维度：良好的生存条件、良好的生存状态。而在很多的英文文献中，多数实证分析则常常使用"生活满意度"（life satisfaction）来代表"幸福水平"。

目前学术界广泛引用的主观幸福感（subjective well-being）概念是由迪纳（Diener）[2]提出的，他总结了主观幸福感所具备的三个特征：一是存在于个体的体验之中，具有主观性；二是主体要能体验到积极的情绪；三是个体对其整个生活进行评价后总的体验。因此，主观幸福感通常被分为生活满意度和情感体验两个部分：其中生活满意度是个体对生活总体质量的认知评价，是独立于积极情感和消极情感的一个因素；而情感体验则包括积极情感（愉快、轻松等）和消极情感（抑郁、焦虑、紧张等）

---

[1] 周辅成：《西方伦理学名著选辑》（上卷），商务印书馆1987年版，第103页。
[2] 邢占军、黄立清：《西方哲学史上的两种主要幸福感与当代主观幸福感研究》，《理论》2004年第1期。

两个方面。这两者相互独立，各有其独特的影响因素。这是一种快乐论主义取向的主观幸福感，主要关注个人对自己整体生活的满意和幸福的评估。

沃特曼（Waterman, A. S.）认为幸福感涉及人们与真实自我协调一致，幸福发生在人们从事与深层价值最匹配的活动中，是一种全身心的投入。而瑞夫（Ryff, C. D.）[①]则认为幸福不能等于快乐，批评了主观幸福感对于情感的过度关注，认为情感的评估不能明确地回答主观幸福感的含义，幸福感应该定义为努力表现完美的真实的潜力。目前，对于心理幸福感的结构，就连心理学家们也并未达成一致，比较认可的观点是Ryff[②]等人提出的心理幸福感六维度模型，即自我接受（self-acceptance）、个人成长（personal growth）、生活目标（purpose in life）、良好关系（positive relation with others）、环境控制（environment master）和独立自主（autonomy）。

而在中国古代文化中，"幸"和"福"是两个分开使用的概念。"幸"，本义为意外地得到好处或免去灾害。"福"，在甲骨文中，意为报答神之赐福或求福于神。传统上，"幸"与"福"虽有并用的案例，却不是现代的意义。早在晋代《嵇中散集》卷九中就出现了"幸福"的用例，是"祈望得福"的意思，和现今所使用的"幸福"含义亦不相同。[③] 资料显示，在19世纪末之前，中文并未出现现代意义上的"幸福"一词。"幸福"的出现不过百余年的历史，时间大约在19世纪末到20世纪初。因此，追本溯源地了解幸福的内涵，可以从我国古代几个相近的概念表述入手，即"福""喜""乐"。

（一）"福"

"福"，其甲骨文中的形象好似人双手捧着酒杯供奉祭台。可见，福字有祭祀、求福之意。《尚书·洪范》中曾有"五福"之说。所谓"五

[①] Ryff, C. D., "Happiness is Everything, or is it? Explorations on the Meaning of Psychological Well-being", *Journal of Personality and Social Psychology*, Vol. 57, 1989.

[②] Ryff, C. D., Keyes, C. L. M., "The Structure of Psychological Well-being Revisited", *Journal of Personality and Social Psychology*, Vol. 69, 1995.

[③] 刘正山：《幸福与幸福指数：理论构建与计量分析》，上海远东出版社2014年版，第2页。

福",一曰寿、二曰富、三曰康宁、四曰攸好德、五曰考终命。《韩非子·解老篇》则言之"全身富贵之谓福"。而《礼记·祭统》对福的解释则为:"福者,备也。备者,百顺之名也,无所不顺者谓之备。"至汉代,桓谭在《新论》中提出:"寿、富、贵、安乐、子孙众多"即是福的观点。而在我国民间则有所谓的"福、禄、寿、喜、财"之"五福"的说法。这些对"福"的理解形成了中国社会源远流长的"福"文化,透显出了人们对于"福"的条件性说明。"富""贵""长寿""康宁""安乐"等都是人们获得"福"的一种条件。这样的文化底蕴代表的是中国人对个体获得"福"的一种美好的期冀和描绘,其并未显示出对个体心理感受的一种说明。

(二)"喜"

"喜",其甲骨文中的形态为上"壴"下口,表现的是人们在面对具有浓烈的喜庆场面时,听着击鼓声所发出的欢乐呼喊声。《说文·喜部》:"喜,乐也。从壴从口。"① "喜"字具有快乐、欢悦之意。《周礼·秋官·大行人》篇说:"贺庆以赞诸侯之喜",是说乔迁可谓之"喜",其他诸如庆寿、婚嫁等事情都可以"喜事"称之。民间有所谓"八喜"之说,即"久旱逢甘霖""他乡遇故知""洞房花烛夜""金榜题名时""升官又晋爵""财源纷纷至""家和体魄健""共享天伦日"。这些喜事都带给人们无限的快乐和欢愉。

在中国文化对"喜"的解释中,彰显着人们对引发个体情绪感受的"喜"事的关注。从某种程度上而言,强调了个体对情绪的感受,与"幸福感"有着相近的内涵。但从其程度表述而言,似乎只是强调了幸福感的表层意义,对其深层次的理解并未涉及。

(三)"乐"

"乐"在甲骨文中指用丝和木制作的乐器。《说文》:"乐,五音八声之名。"由此可见,"乐"之本意是指各种乐器和乐音的总称。有"乐"(yue)自然有"乐"(le),自己就会有发自内心的"愉悦"和"愉快"。在中国传统哲学儒、释、道三家的思想中,都用"乐"表示达到一种美学境界后的内心感受,其是各家思想中的一个核心范畴。儒家的"孔颜

---

① (汉)许慎:《说文解字》,中华书局1963年版。

之乐"、道家庄子的"至乐"、佛家的"涅槃之乐",都用"乐"来表明一种人生最美好的生存状态和心理体验。因此,现代学者对于"幸福"一词的定义多遵循这一内涵。如苗元江就认为"幸福"和"乐"的概念最为接近,既可以指称情感化的,也可指称超情感的,更可指称一种超乎经验的心灵的美好感受,同时也涉及人格成长与人生意义等多样化的内容。① 由此可见,中国传统心理学中"乐"的思想,可以作为探查幸福感心理文化属性的一个恰当的切入点。

二 幸福感研究的理论学派

随着人们对幸福感研究的深入,逐渐形成了不同的理论学派,这些学派研究的侧重点也不尽相同,笔者将对其进行简要的介绍。

1. 伦理学家对幸福和快乐原则进行了深入思考,形成了伦理学中的"功利"(utility)主义。英国伦理学家边沁和洛克是典型代表人物,其中,边沁认为所谓功利是指一切外界事物给当事者以求福避祸的特性,若当事者是泛指整个社会,那幸福就是社会的幸福;若具体指某一个人,那幸福就是具体个体的幸福。其中,阿里斯底波(Aristippus)的哲学提倡将快乐的最大化作为生活的目标和幸福的源泉。伊壁鸠鲁学派(Epicureans)后来也以相对温和的方式来阐释这一观点。而以密尔为集大成者的功利主义,则在苦乐原理上以快乐原则通感所有的幸福心境。这是与现代主观幸福感的概念联系最密切的观点。后来的亚里士多德学派(Aristotelian)则认为一个人在生活中善的程度是评价幸福的决定性标准,过善的生活,而不只是快乐的生活,是获得幸福的关键因素。这一观点的理论关注于自我实现,以及与个人成长和发展有关的活动,后来这一观点慢慢转化为心理幸福感与社会幸福感理论模型。②

2. 心理学派对于幸福感的研究包括三大主要流派:科学心理学、人文心理学和积极心理学。

科学心理学遵循的是西方自然科学的研究模式,以实证主义为研究范

---

① 苗元江:《心理学视野中的幸福——幸福感理论与测评研究》,博士学位论文,南京师范大学,2003年,第9页。

② 邢占军、黄立清:《西方哲学史上的两种主要幸福观与当代主观幸福感研究》,《理论探讨》2004年第1期。

式，最具有代表性的是行为主义心理学和认知心理学的研究范式。在对幸福感的研究上，行为主义心理学从刺激—反应引发情绪体验的角度来进行，如斯金纳在操作性条件反射中的幸福感研究；而认知心理学则注重认知因素在个体获得幸福感中所具有的决定性作用，主要有费斯汀格的认知失调理论和幸福感的比较判断模式。

人文心理学强调人的独特性质和地位，注重人的价值追求和理想建构。其中弗洛伊德对快乐的原则界定是最为典型的，他将本我作为整个人格结构的核心，个体幸福不幸福主要取决于本我欲求和本能的满足程度，其基于三个关于幸福感的假设：一是个体自身的生理存在是幸福感的主要源泉，和社会文化没有关系；二是从身体欲求的满足与否来理解幸福感；三是强调人的情感体验与个体幸福感存在密切关系。此外，荣格对于自我与潜意识疏离引发的不幸福感，也是从人文的角度来理解幸福感的典型。最后，弗洛姆关于分离感的研究也证实了个体会由此而产生不幸福感，主要表现为：第一，个体情感与理智的分离，导致个体呈现出不能体验情感的麻木状态，个体找不到自己存在的价值和意义；第二，个体与其他人的分离，这使个体感到严重的孤独感和疏离感，为了逃避这种消极的情感状态，个体会出现诸如逃避自由的状态；第三，个体与自然界的分离，主要表现为个体对自然环境恶化产生的不安全感、恐惧感。

积极心理学将积极体验作为研究的重要层面，包括个体对未来、现在和未来的积极体验，其源自于科学心理学，却又开辟了一片新的研究领域，其中对幸福感积极体验的研究是积极心理学的研究核心，包括主观幸福感（SWB, Subjective Well-being）和心理幸福感（PWB, Psychological Well-being）。主观幸福感表示的是人们的一种良好的存在状态，或者是对这种存在状态的正向情感，而不论这样的存在状态是自我体验的，还是外在界定的。对主观幸福感的研究以实证研究居多，多是从操作的角度对幸福问题进行研究，关注的焦点包括幸福感与人格关系的研究，如赛里格曼关于积极人格特质与幸福感关系的研究；主观幸福感脑机制研究，也包括对主观幸福感遗传机制的研究；主观幸福感与文化关系的研究等，其中在实证研究过程中积累了大量的研究资料，将幸福感从不可测到可测，从关注个体消极痛苦的情绪体验到关注个体积极幸福的情绪体验的转换。在对主观幸福感的研究中，形成了很多的理论，如目标理论、社会比较理论、适应理论、期望机制理论、人格特质理论等。

心理幸福感学派强调人生价值与自我潜能的实现所伴随的心理体验，而不赞同仅仅通过快乐去判断和界定幸福，从而提出了心理幸福感的模型，如沃特曼和瑞夫的模型等。心理幸福感理论学派的出现，为积极心理学的研究又提供了新的视角，使得研究者开始认识到幸福的研究必须摆脱单一因素决定论。主观幸福感的研究主要关注人们物质需要和需求的满足带来的情绪情感的体验，而心理幸福感则注重人生价值和自我潜能实现所带来的情绪情感的体验。

3. 经济学代表人物杰文斯将"幸福"概念引入经济学，解释人类在约束条件下的最大化选择行为，对于幸福的研究转化为"效用"和"偏好"，其重点在于对微观行为主体利益或偏好的满足。幸福指数在研究中的广泛应用正好体现了经济学派对于幸福感研究的独特视角。幸福指数概念源自20世纪70年代，不丹国王提出并实施"幸福计划"，在不同的时期推出不同的国民幸福目标，使人生基本问题在物质生活和精神生活之间保持平衡，从而提出了由政府善治、经济增长、文化发展和环境保护四级组成的"国民幸福总值"指标。美国密西根大学教授罗纳德·英格哈特负责的世界价值研究机构公布的幸福指数是国际上比较权威的，其结论通过对受访问者的调查结果进行处理后得出。2002年，英国尝试建立一种与GDP数据相似的统计体系，即"国民发展指数"（MDP），该指数综合考虑了社会、环境成本和自然资本。2006年英国"新经济基金"组织出炉了对全球178个国家及地区的"幸福指数"报告。日本也于同一时期开始兴起幸福指数研究，其采用国民幸福总值（GNC）形式，更强调了文化方面的因素。阿马蒂亚·森（Amartya Sen）提出的人类发展指数学术界关于主观幸福感的研究都倾向于快乐论取向的主观幸福感。获2002年诺贝尔经济学奖的美国心理学教授丹尼尔·卡尼曼（Daniel Kahneman）和经济学家联手正致力于"国民幸福总值"的研究，提出应当建立国民快乐账户来取代传统的GDP。此后，许多专家提出要建立一个完整可靠的测量国民幸福程度的系统——幸福指数。

尽管幸福指数研究的不同层面和视角存在差异。但幸福指数的意义，是从关注公民的物质需要、经济条件，转移到关注公民的精神追求和心理感受，以新的视角去审视公民的物质需要、经济条件、生活质量、生存环境和社会环境，这一点是确定的，其核心和基础是人的主观感受。幸福感是一种心理体验，它既是对生活的客观条件和所处状态的事实判断，又是对生活的主观意义和满足程度的一种价值判断，它表现为在生活满意度的基础上产生的一种积极的心理体验，而幸福指数就是衡量这种感受具体程度的主观指标数值。简言之，幸福包括"好收入""好生活"与"好心情"。如果说经济指标衡量的是经济状况，生活质量衡量的是生活状况，则幸福指数衡量的是人的心理状况，尤其是主观感受状况。

4. 社会学家对幸福的研究是以人群对社会状况的"认可"，即满意程度为出发点，一些社会心理学家将"快乐"和"满意"相区别，认为前者表征"情绪"，后者表征"认知"，因此，在社会学研究中，幸福更多地被理解为人们对社会状况和生活环境的"满意程度"，如生活满意度、社会满意度、政策满意度、收入满意度等（陈惠雄，2005）。

此外，社会学家对于幸福感的研究还从个体对自己与他人、集体、社会之间的关系质量以及其生活环境和社会功能的角度来进行。凯利[①]（Keyes，C. L. M.）认为，社会幸福感包括以下五个部分：社会整合（social integration），指个体相信自己属于某一团体并且和其他成员一起分享团体的共同利益；社会贡献（social contribution），指个体对社会贡献的自我感觉，个人是重要的社会成员，具有能创造价值的信念等；社会和谐（social coherence），指对社会充满兴趣并且认为社会是可以理解和预测的；社会认同（social acceptance），积极看待和接受他人；社会实现（social actualization），指对社会发展和社会潜力的信心。

三　幸福感相似概念的辨析

在"幸福"概念的演绎和发展过程中，不同学科依据自身特点，形成了不同的概念内涵，前文中已作论述。这些常用的相似概念——如幸福、快乐、福利、效用、生活满意度和生活质量，在许多研究中常被互换或者等同使用，为了明确本研究中对于幸福的定义，避免出现概念混淆，特对上述概念进行辨析，具体内容见表2.1。

---

① Keyes, C. L. M., "Social Well-being", *Social Psychology Quarterly*, Vol. 61, 1998.

综合表2.1的内容可见，以上六个概念之间均有着千丝万缕的联系。同时，彼此之间又存在一定的差异，这主要是由于研究目的和范围的不同而导致的差异。因此，依据本研究的特点和研究对象——失地农民，特将失地农民幸福感的"幸福感"内容定义为包括了主观幸福感、心理健康幸福感和生活满意度三个方面内容，其主要是结合了心理学、社会学的方法，偏重于从主观判断上来衡量失地农民的幸福感水平，属于主观幸福感研究的范畴，而对于幸福感客观范畴的研究未予以考虑。

表2.1 几个常用概念的辨析

概念	定义	类型	联系和区别
幸福	是一个集生理性、心理性、个体性和社会性感受于一体的概念。包括反映人与自然关系的物质生活内容，反映个体和群体间的认同关系，反映人类从社会关系中寻求归属感，以及个人内在精神状态，反映个体对生活意义的理解和感悟。	包括客观和主观两方面，其中对幸福生活的主观评价被称为主观幸福感（包括基于情感层面的快乐感、基于认知层面的满足感和基于体验层面的价值感）。	最为综合的概念，包括快乐、生活满意度、生活质量等内容，涉及多学科。
快乐	主要是反映个体基于生理的快感或者心理的快乐上，是一种反映人们对现状事物的一种感觉，其是愉快和得意的一种瞬间状态（Campbell, 1981），也被认为是积极情绪超越消极情绪的程度。	个体主观心理或生理特征上的体验，通常是积极情感和消极情感的动态平衡过程。	相对单一，侧重于评价心理感受，心理学范畴为主。
福利	是反映个人或集体偏好，是由于消费一定的商品或服务而得到的效用，或者人们的满足程度。	包括社会整体福利和个体福利，受到物质性和非物质性事物的共同影响。	以经济学范畴为主。
效用	反映的是个体所获得的快乐、满足程度或者愿望的实现，其不仅要考虑个体行为最大化原则，而且还联系到人们为实现此目的需要支付的成本以及约束机制。	主要指代个体行为的效用。	以经济学范畴为主。

续表

概念	定义	类型	联系和区别
生活满意度	是人们判断自己需求被满足的程度，表现为个体有多喜欢他现在所过的生活，这也是一个对个人生活的有意识的全局判断。有两个方面来对生活做一个整体评价，情感方面或者享乐水平和认知水平（满意度），前者是一个人的开心经历，后者则是个体认为他人生的目标有多少实现了。（Diener，1984、1994；Veenhoven，1991）。	主观生活满意度通常会被称为快乐、生活满意度，或者心理幸福感。	以社会学范畴为主。
生活质量	生活质量概念指的是生活的"良好的程度"或者"生活的满意度特征"（Szalai，1980）。	包括主观和客观方面，客观的生活质量主要是指物质层面，如消费水平、娱乐休闲机会等，而主观的生活质量通常用生活满意程度和幸福体验的测试加以量化。	以社会学范畴为主。

第三章 国内外幸福感研究进展

第一节 国外幸福感研究进展

国外对幸福感的研究已有较长历史,从其研究历程来看,目前正朝着逐渐多样化、科学化的方向发展,研究的内容也涉及社会、经济、环境等方方面面。综合来看,主要有对幸福感与生活质量差别和联系的研究,幸福感所受影响因素的研究,幸福感分别与收入、环境、健康(身体和心理)、宗教、工作性质、社会关系、教育水平、年龄等各因素之间关系的研究,特定群体幸福感研究(主要指老年人和妇女等),不同国家间幸福感的比较研究,以及幸福感的测量方法研究等。

一 国外幸福感研究涉及内容

(一)幸福感和生活质量关系研究

在一些研究著作中,幸福感和生活质量有着十分重要的联系和差别,大部分学者通常将客观的生活质量作为物质生活水平的评价标准,而主观的生活质量看作是主观幸福感。有的学者则将生活质量直接当作幸福感的评价标准。此外,有的学者在对生活质量内涵的探讨中,将幸福感作为生活质量的一个组成因素,具体如下:

许塞勒、费舍(Schuessler,Fisher,1985)提出提高人们的生活质量是一个主要的政策和目标。森(Sen,A.,1993)对可行能力和生活质量进行研究,提出利用可行能力方法来测量人们福利水平的变化。安东尼·J. 梅普斯拉、伦纳特·莱维、索维格·埃克布兰(Anthony J. Mapsella, Lennart Levi, Solvig Ekbland, 1997)阐明当前社会经济发展仅关注人们的物质生活水平,而不关注他们的生活质量。同时阐述了必须发展生活质量指数体系，特别是当出现文化和国家边界时，要应用跨文化的政策进行评价。当前对于社会和经济发展的评价都无法反映人们的生活满意度和主观幸福感，自我服务的政策和经济利率政策被采用。安德烈艾斯·W. 福克伯兰（Andreas W. Falkenberg, 1998）对生活质量进行了系统研究，并且寻求从两种不同文化的角度对其进行阐述和解释。生活质量的三个基本要素包括社会公平（包括本质、正义、公平、平等、精神价值、人权、资源道德）、效率（包括经济效率、生产力、物质幸福）和自由（包括解放、追求幸福、个人选择、退出和话语权）。

雷曼（Lehman, 1988）首次提出主观生活质量和客观生活质量，并将主观的生活满意度从生活质量中区分出来。而哈斯（Haas, 1999）也认为生活质量是"最基本的主观幸福感"，大多数的主观测量典型地依赖个体自陈的生活经历，包括社会、经济和健康指标。伊斯特林（Easterlin, 2003）认为主观幸福感通常是生活质量的代名词。

迪纳和卢卡斯（Diener & Lucas, 1999），伊斯特林（Easterlin, 2003）等则对生活质量的测量进行研究，其主要有两个基本方法，一个是利用社会经济指标来反映人们需要的满足程度；另一个是通过自陈的幸福、快乐、满足度和喜欢程度来表现，即主观幸福感（SWB）。康明斯等人（Cummins et al., 2003）认为对客观生活质量的测量通常需要关注社会、经济和健康因子，采用的测量工具包括人类发展因子（HDI）和人均GDP，在医学领域，和健康相关的生活质量研究主要是针对大量个体情况来进行，如特殊的年龄、疾病和条件。罗伯特·科斯坦扎（Robert Costanza, 2007）统一和定义了对生活质量的研究，其认为生活质量应包括主观和客观方面的幸福感和快乐。生活质量被认为是一个大规模、多尺度的概念，包含着客观和主观的因素，如建立的形式、人性、社会性和自然资本特性、政策选择等。杰尼尔·M. 纳尔瓦艾斯、伊丽莎白·W. 特姆利、克里斯汀（Jenille M. Narvaez, Elizabeth W. Twamley, Christine, 2008）对主观生活质量和客观生活质量进行了研究和比较。其中对于主观生活质量的研究重点在于病理性和临床性反应中，积极、消极和压抑等情感和较差的主观生活质量联系，而对于自我的行为和活动中有关生活条件、婚姻状况、雇用状况、社会参与程度等因素通常被包含在评价客观的生活质量中。

(二) 幸福感影响因素研究

在基于幸福感可测量的基础上，国外学者们对个人（群体）幸福感受到何种因素的影响、如何被影响都进行了广泛的研究，不同国家对其研究也各有侧重和特色，其中较为典型的是来自美国、英国、德国、日本、瑞典、俄罗斯、非洲、日本等国学者的研究。

综合而言，有下列因素成为影响个人（群体）幸福感的重要因素：收入（GDP、个人可支配收入）、个体特征（年龄、性别、信仰、种族、个性）、社会发展特征（教育、健康状况、工作类型、社会失业率水平）、对待自己和别人生活的态度（对待外部环境、信任、政治劝说、宗教信仰）、社会关系（婚姻和亲密关系、是否拥有小孩、看望家庭和朋友）、更广泛的经济社会和政治环境（收入不平等、通货膨胀、福利系统和公共保障、民主程度、气候和自然环境、社区的安全性、城市化水平）等。

卡尼曼·D.、维克克·P.、萨林·R.（Kahneman, D., Wakker, P., Sarin, R., 1997）探讨了对个人幸福感贡献的因素，也评价了政策的福利水平对幸福感的影响。通过对收入和其他决定因素的各自分析，如污染、健康、人权或保险，表明这样的研究对其评估更有效。傅瑞、史国策（Frey, Stutzer, 2000）认为政治、经济和国家的个人自由是快乐的附加决定因素，此外环境质量也是一个重要的决定因素。迪特拉等人（Di Tella et al., 2001）提出通货膨胀和失业率是影响快乐的重要因素。而保罗·多兰、特萨·巴斯古德、马修·怀特（Paul Dolan, Tessa Peasgood, Mathew White, 2007）对1990年以来的经济学杂志上的论文和一些重要的未发表的心理学论文中关于主观幸福感（SWB）的研究进行综述。证据显示：相对差的健康状况、隔离、失业和缺乏社会交流是主观幸福感最大的负面影响因素。同时这篇综述还提出了前人对产生主观幸福感差异的原因进行分析时所存在的一些问题：因素分析中蕴含有自相矛盾的证据，对不可观测的潜在变量影响的忽略，以及缺乏对偶然因素确定性分析的研究。拉斐尔·迪特拉、罗伯特·麦卡洛赫（Rafael Di Tella, Robert Mac Culloch, 2007）对1975—1997年居住在欧盟的35万人进行幸福感水平的测量，并得出收入水平、福利状况及寿命与幸福感是积极正相关的，而工作小时长度与环境衰败（Sox 的释放）、犯罪率、贸易开放度、通货膨胀和失业率对其有消极影响，这些结果是控制了国家和年份变量得出的。变量的影响随着人群的不同而不同，富人的幸福感比穷人对环境衰败更为敏感。而 1975—1997 年的幸福感的增加有部分是来自于收入的增加，另外一些因素，如寿命、工作小时数、通货和失业率中，寿命对幸福感的影响增加，其他的平均降低。

托米·奥瓦斯卡、赖·卡卡西玛（Tomi Ovaska, Ryo Takashima, 2006）对现有政策进行讨论，如经济增长、经济自由度和个体自陈水平的幸福感之间的相关性进行研究，并利用经济学的分析尝试解释这些经济因素的作用在于提高公民的幸福感。克里斯汀·布乔恩斯科夫、阿克塞尔·德雷、贾斯蒂娜·A. V. 费舍尔（Christian Bjornskov, Axel Drehe, Justina A. V. Fischer, 2007）通过来自 66 个国家的数据，分析了财政和政策分散化对主观幸福感的影响。当地方自治能通过政府消费起到有益作用时，更多的消费或者利益分散化能提高幸福感。

艾德·迪纳、理查德·卢卡斯、克里斯蒂娜·纳帕·斯科隆（Ed Diener, Richard E. Lucas, Christie Napa Scollon, 2006）依据享乐主义模型，好和坏的事件暂时影响着幸福感，但人们会迅速地适应回到中间的享乐状态中，而过去的理论通常都认为个体和社会努力增加幸福感一定会失败。詹姆斯·科诺、约瑟夫·厄利（James Konow, Joseph Earley, 2007）享乐主义悖论是指当某人仅追求自我快乐而无法获得，当帮助其他人时会获得。这样的研究阐明了两个问题：幸福和给予。通常，越慷慨的人越容易获得主观上的幸福感。约瑟夫·洽洛奇、帕特里克·C. L. 哈文、菲奥娜·戴维斯（Joseph Ciarrochi, Patrick C. L. Heaven, Fiona Davies, 2007）主要研究自我尊重感在幸福感中的作用。

（三）幸福感与收入关系的研究

幸福感研究在国外的兴起始于伊斯特林于 1974 年对其和收入之间关系的研究，随后，大量的学者对其进行了详细而严谨的各类研究，在最初的研究中，学者们仅从收入总额的角度对其与幸福感间的关系进行研究，得出的结论差异很大，有的学者认为幸福感随着收入增加而增加，有的认为幸福感随着收入增加而降低，有的则认为幸福感和收入间关系不大。而在后来的研究中，学者们尝试着将收入细分为不同类型：如相对收入、绝对收入、偶然收入等，通过不同类型的收入水平对其与幸福感间的关系进行研究，使得研究结果更加科学合理。

伊斯特林（Easterlin，1974）首次对收入和幸福感之间的关系进行研究发现，随着收入的增加，人们的幸福感反而降低了。伊斯特林（1995）又对收入和幸福感之间的联系作了深入研究，其认为人们对于幸福判断的物质规则是基于相同比例的实际收入。阿玛多·佩（Amado Peir'o，2006）检验了15个国家社会经济条件和幸福感及生活满意度的关系，发现收入和生活满意度关联巨大，但是对幸福感的影响较小。这样的结果指出，幸福感和生活满意度是两个区别明显的范畴，前者对于经济因素的独立性要强，而后者则强烈地依赖于经济因子。巴贝克·波维尔斯、雅克西·格斯、贾恩德克·弗拉斯贝洛姆（Babette Pouwels，Jacques Siegers，Jan Dirk Vlasblom，2007）通过研究发现，收入对幸福的影响似乎被人低估了，通常会忽略人们的真正收入。在对德国社会经济截面数据的分析中肯定了这样的趋势，对于男性，这种低估水平达到了25%。

随后，众多学者们开始将收入划分为相对收入和绝对收入来进行研究。安德鲁·E. 克拉克（Andrew E. Clark，1999）利用2000个英国雇佣者的截面数据进行效用函数的经济学分析，结果显示整体工作的满意度，受到组间工资变化的积极影响，和现有的工资水平基本无关。詹姆斯·W. 迪恩（James W. Dean，2005）观察了国家福利和个人幸福感的决定因素远不止绝对收入。相对收入是幸福重要的输入因子，但并非全部，其他因素如社会地位、赠予、文化环境，甚至收入种类也有着重要的影响。本文提供了幸福感、绝对收入和相对收入之间关系的研究方法。戴维·G. 布兰切弗劳尔、安德鲁·J. 奥斯瓦尔德（David G. Blanchflowera，Andrew J. Oswald，2004）认为钱能买来快乐，但人们却非常看重相对收入。米迦勒·迈克布莱德（Michael McBride，2005）研究中发现大量著作中都暗示着个人的主观幸福感很大程度上依赖于相对收入。达·菲丽尔·艾卡博内尔（Ada Ferrer-I-Carbonell，2005）采用德国的GSOEOP数据，为相对收入对个人幸福感的重要性提供了一个经验分析。其对参照群体的收入对幸福感的影响进行了检测，并提出自我收入的重要性、参考群体收入的依赖性和二者的差距，以及不同性质群体间的比较，如富人和穷人间的比较。结果显示参照群体收入和自身的收入一样重要，相对于其他收入而言，收入越高，越感觉幸福。拉斐尔·迪特拉、罗伯特·麦卡洛赫（Rafael Di Tella，Robert Mac Culloch，2007）研究表明伊斯特林悖论是对效用函数的一个拒绝，其利用来自欧盟的研究数据表明幸福感的增加有部分是来自于收入的增加，引入忽视变量恶化了收入悖论。玛拉瓦藤·C.M.万德里克、格特·B.沃尔赫尔（Maarten C. M. Vendrik, Geert B. Woltjer, 2007）利用德国1984—2001年收入的时空截面数据进行研究，结果显示一个人的生活满意度来自于他的收入与社会群体的平均收入的对比，并发现生活满意度相对收入有着积极的凹向影响，同时也有着不可预料的负面凹向影响，而相对收入的负面凹向影响意味着相对收入对价值生活满意度的边际增加，因此减少社会厌恶。这也可对增加财政障碍对社会参与的增加进行解释。格塔·甘迪·金登、约翰·奈特（Geeta Gandhi Kingdon, John Knight, 2007）利用南非的数据研究发现比较收入状况是幸福感的重要影响因素，以本地居住集群内的平均收入状况为测量标准，对家庭的效用函数是积极的（接近邻居积极，而非消极），那些更远地区的收入则是消极的。种族间收入的比较对种族隔离的南非影响较大。相对收入在相对高水平的收入群体中成为幸福感的重要影响因素。克里斯托弗·K.西希、朱迪、宁玉堂（Christopher K. Hsee, Judy, Ningyu Tang, 2007）还对幸福和收入之间关系的调查方法进行研究。传统的评价方法容易出现语义误差，即不同的环境下不同的理解并产生误差（如评价一个低收入者比高收入者快乐而实际上低收入者并不快乐）。在相对心理学评价方法的基础上，作者假设了一个简单的、友好幸福感调查，基于比例规模的幸福感调查方法，可以减少传统方法造成的误差，即评价一个实际更快乐的低收入者比高收入者要快乐。

此外，偶然收入（如彩票）也被考虑到幸福感的研究中。大卫·考恩（David E. Kaun, 2005）对于伊斯特林1973年的疑问"钱能买到快乐吗？"开始了一个新的研究领域。通常在社会学家的领域内，他们的最优回答肯定是"不"。而David在随后的研究却对此提出了疑问，其认为钱是必须被挣和花的，在工作和消费领域的变化成为不满意度增长的源泉，特别是在上一代的美国人中表现明显。乔纳森·加德纳、安德鲁·J.奥斯瓦尔德（Jonathan Gardner, Andrew J. Oswald, 2007）为了提供新的证据证明获得意外的金钱是否使人快乐，采用径向数据，对英国（Britons）那些有着中型彩票赢家在1000英镑至12万英镑的人进行研究，当其和两组特定人群（没有中彩票和仅有小额中奖）进行比较时，发现这些人最终显示有好的心理健康，在中彩票后的两年后，平均精神幸福水平被提高了 1.4 个 GHQ。

更有学者将收入的主观因素考虑进幸福感的研究中，如收入渴望。阿洛伊斯·史图策（Alois Stutzer，2004）在经验模型的检测中，发现高收入渴望降低了人们的效用。这里采用个人自陈的满意度（幸福感）来作为效用的代表，收入的评估方法作为人们渴望水平的代表。与适应过程和社会对比过程一致的是，收入渴望随着人们所居住社区内的平均收入的增加而增加。收入渴望对生活满意度的影响：家庭收入、渴望水平、家庭规模、家庭构成、社会统计量（年龄、教育水平、女性、瑞典人和外国人、健康状况、雇佣状况）。

而有些学者则认为幸福感和收入之间的关系不大。约翰·高迪（John Gowdy，2005）论证了传统福利经济学的可持续性遇到了挑战，对以人均消费来衡量的经验证据暗示着幸福和收入/财富间关系相对微弱。寻求测量幸福感的替代方法正在被发展，并有着向可持续方向前进的巨大潜力。马里亚诺·罗哈斯（Mariano Rojas，2007）为收入和幸福之间的弱相关关系提出了新的解释，即自我参考概念。其主要是指个人对幸福参考概念异质性的，即人们对幸福概念的自我评价。对于一些人来说，收入是重要的探索型变量，而对另外一些人来说却不是。每个人对快乐生活的定义不同造成了他们幸福感的差异，数据来源于墨西哥。温迪·约翰逊、罗伯特·F. 克鲁特（Wendy Johnson，Robert F. Krueger，2006）提出了一种新的假设，用 719 个双胞胎的数据，首次指出这些参与者的实际的财富与其财政状况的相对独立性，他们表示所认为的财政状况和对生活的控制能中和实际的财富和生活满意度。

（四）幸福感和环境关系的研究

在国外，对幸福感与环境变量之间关系已有一定的研究基础，其研究领域涉及经济学、心理学、行为学和生态经济学等。其研究重点主要从幸福感与环境组成因子（如温度、降雨量、环境质量水平、污染等）、外部特殊环境（如飞机噪音）、环境态度及可持续的环境政策等内容来进行，同时还包括经济因子与环境和幸福感之间的关系。

威尔逊（Wilson，1984）利用"生物自卫"去解释人类受到来自环境的心理幸福感。乌尔里希（Ulrich，1984）发现待在能看到外面绿树房间里的病人比只能看到砖瓦房的病人要更快康复。傅瑞、史图策（Frey, Stutzer, 2000）对环境质量和幸福感之间的关系做了初步研究，范普拉格、巴斯马（Van Praag, Baarsma, 2001）研究外部飞机的噪音对幸福感有着重要影响，其呈现递减的规律。韦尔施（Welsch, 2002）研究表明空气污染也可以减少人的幸福感。加州能源委员会（California Energy Commission, 2003）发现一个有着良好视野的办公室能减少消极的身体健康状况。还有大量的研究表明主观幸福感和环境污染之间存在着消极的关系。卡特里·雷丹斯、大卫·麦迪森（Katrin Rehdanz, David Maddison, 2005）采用67个国家的截面数据，通过温度和降雨量等因素的考察，主要依据炎热、寒冷、干、湿月份的长短，对国家尺度的自陈幸福感和气候特征进行分析。结果发现高纬度的国家的幸福感水平可能受益于气温的变化，而夏季温度高的国家则较其他国家受到气候变化时幸福感的损失要大。

韦尔施（2002）利用自陈的幸福感来验证经济繁荣度和环境之间的替代关系；阿达、约翰（Ada, John, 2005）则论证了环境衰败和幸福感之间关系。雷丹斯、麦迪森（Rehdanz, Maddison, 2005）对环境条件对幸福的影响进行研究，并将国家和地区间的差异考虑进去，认为不同国家和地区，气候条件对幸福感的影响也不同。戴曼德（Diamond, 2005）认为对待环境的态度和可持续发展间的关系紧密。韦尔施（2006）利用生活满意度得分去评价欧洲各国的污染，但没有考虑国家间的差异变量。韦尔施（2007）利用生活满意度方法调查了自陈的主观幸福感随着收入和环境质量的变化。快乐函数的建立暗含的环境货币价值，随着其收入边际效率的递减，不仅探讨了空气污染的货币价值，而且将其和收入的成本联系在一起，扩展了生活满意度方法，通过建立空气污染的成本和收益函数，进行环境福利学分析。芬巴尔·布雷雷顿、J. 彼得·克林奇、苏珊娜·费雷拉（Finbarr Brereton, J. Peter Clinch, Susana Ferreira, 2007）揭示，经济学家们利用社会经济和社会统计学的特征来解释自陈的个人幸福感和生活满意度，当采用地理信息系统考察环境舒适性，如气候环境和城市环境时，发现其对主观幸福感的影响都很大。而当空间变量被考察进幸福感函数时，其可持续性也随之增加了。

达·菲尼菲·埃卡博内、约翰·高迪（Ada Ferrer-I-Carbonella,

John M. Gowdy，2007）主要关注幸福感的主观测量和个人环境态度间的关系，并且利用排序概率模型计算了主观幸福感和对臭氧污染及物种灭绝的态度。亚历山大·齐丹塞克（Aleksander Zidansek，2007）认为环境可持续指标是幸福感的重要测量标准，其可以作为提高环境和生活质量的重要指标。

（五）幸福感与健康关系的研究

幸福感与健康间的关系主要包括幸福感与心理健康和身体健康两部分。而核心自我评价能力（CSE）则是二者的联系纽带，其同时作用和影响着幸福感和健康。国外对此的研究大多在于其间关系的探讨。

首先是对幸福感和健康间关系的探讨。特勒根等人（Tellegen et al.，1988）认为幸福感和快乐大部分的影响因素都是遗传的，个性是幸福感的重要影响因素。拉克曼、韦曼（Lachman，Weaver，1997）提供证据将控制情感作为幸福感和健康间的中和因素。奥德拉、卡特赖特（Slaski，Cartwright，2003）发现情商中和了幸福感和健康之间的关系。麦尔、史密斯（Maier，Smith，1999）还发现高的主观幸福感和低的 mortality rates 联系，该结论也被莱维等人（Levy et al.，2002）所证实。墨菲、阿塔纳索（Murphy，Athanasou，1999）提出快乐和精神健康有着密切联系。奥斯尔等人（Ostir et al.，2000）认为主观幸福感对一系列的健康问题有着有利影响，如血管疾病或者艾滋病等。卡罗尔·格雷厄姆、安德鲁·艾格斯、桑迪普·萨克赫达尔尔（Carol Graham，Andrew Eggers，Sandip Sukhtankar，2004）发现幸福的研究通常都是通过收入、健康和其他因子对其的影响来进行的，而 Carol 等人利用俄国截面数据进行了反向影响的研究，即幸福自身对收入、健康和其他因子的影响，发现那些有着高的"居住幸福"的人在五年后创造了更多的钱，并且拥有更健康的身体。从而得出幸福感因子如自尊和乐观对其有着重要影响，同样其也影响着个人财富和健康。普瑞斯曼、科恩（Pressman，Cohen，2005）指出幸福感和健康有着联系，不仅精神健康，而且身体健康都是主观幸福感的重要组成要素，虽然前人的研究表明主观幸福感和健康函数之间有着密切联系，但仍有许多问题需要重新检验，比如有趋势将单一的个性特征作为测量的主要因素转变为将特殊个性和其他个体不同因素加入到幸福和健康关系的研究中。

其次是对核心自我评价的研究。迪纳、纽恩克克、奥什（Diener, Eunkook, Oish, 1997）提出有三个组成因素影响主观幸福感的构成：满意度、高兴影响和低水平的不高兴影响。满意度表明了个体对生活各方面的判断，包括工作、婚姻、亲缘关系、朋友关系，后两者便是 PA（积极影响）和 NA（消极影响），其和健康之间存在着密切关系。贾奇、万维嫩、德帕特（Judge, Van Vianen, De Pater, 2004）对于健康和幸福感之间关系的一个新的概念便是核心自我评价（CSE），其包括四个具体特征，自我尊重、统一的自我评价效率、自我控制能力和精神疾病，而 CSE 同时影响着健康和主观幸福感。约尼斯、萨西斯等人（Ioannis Tsaousis et al., 2007）的研究主要调查了核心自我评价（CSE）在主观幸福感和健康状况中的作用和关系。核心自我评价解释了在身体和心理上的健康状况，远远超出了主观幸福感的范围。结果也显示核心自我评价能中和两种主观幸福感（PA/NA 和生活满意度）和身体健康状况。暗示着个体有着积极的情感会倾向于拥有好的身体健康状况。和预期相反的是，结果显示 CSE 没有中和主观幸福感和心理健康的函数。

（六）幸福感与宗教关系的研究

国外学者们通常会将宗教信仰考虑到各种研究中，特别是幸福感这种具有一定主观性的研究内容，研究结果表明宗教通常能够提高人们的幸福感水平，但并非一定如此。

安娜科恩等人（Iannaccone et al., 1997）认为能够自主选择所希望去的教堂的人们会更快乐。巴罗、麦克利（Barro, McCleary, 2001）建立了宗教自由度和幸福感之间的联系函数。蒙塔尔沃、雷纳尔科罗尔（Montalvo, Reynal‐Querol, 2003）则认为这种关系还应该考虑到宗教冲突的影响，并指出有着低的宗教冲突或者高的宗教多样性的公民国家倾向于更幸福。基斯塔尔（Guisoetal, 2003）对宗教和幸福之间的关系进行了探索性研究，指出宗教影响经济收入和发展，进而由经济收入和发展的变化又影响到人的快乐程度。拉金·慕克吉、克里斯塔·博沧（Rajen Mookerjee, Krista Beron, 2005）利用 60 个国家的样本数据对宗教和性别在幸福感上的影响做了跨国家的研究，主要控制了一系列的生活质量变量，结果发现宗教对幸福感有着重要影响，特别是发现高的宗教分散性将减少幸福感，但在参与者中妇女们的人数增加将增加幸福感水平。而克里斯托弗·阿伦·刘易斯、约翰·马尔比、利兹日（Christopher Alan Lewis, John Maltby, Liz Day, 2005）研究发现，已经有人证明宗教和幸福之间随着测量精度和样本原则的变化而变化，为了更进一步地检查这种联系的通用性，以及检验主观幸福感和心理幸福感的联系和区别，对130个英国成人采用两种不同的测量方法。结果显示宗教和幸福感没有显著的联系，而当其和幸福相关时，主要是指心理上的幸福感。奥索尔雅·莱尔克斯（Orsolya Lelkes, 2006）研究认为经济制度的变迁降低了幸福感的平均水平，但对个体的影响不一。笔者利用匈牙利调查数据研究了宗教和经济变革对幸福感的影响。宗教对个人自陈的幸福感有着积极的影响。控制调查者个人特性的变量，金钱是比宗教次重要的源泉。经济变迁对幸福感的影响随着人群的不同而不同。最主要的受益者是企业，而宗教受到变化的影响较少。这意味着意识形态越自由，越不会影响个人的幸福感。

此外，对于宗教和幸福感关系的研究还包括对宗教态度、行为和实践与幸福感关系的测量，弗朗西斯、斯塔布斯（Francis, Stubbs, 1987）构建的测量表（Francis Scale of Attitude toward Christianity）是最常用的。阿盖尔、马丁、克罗斯兰（Argyle, Martin, Crossland, 1989）建立的测量表（the Oxford Happiness Inventory）也较为常用。随后有很多学者都依据这两个测量表进行了大量研究。

（七）幸福感与工作性质关系的研究

研究者们在对工作性质和个人幸福感间关系进行研究时，主要从工作时间长短、工作类型等角度作了考察。研究结果显示幸福感会随着超时工作而降低，而且自我雇佣者、稳定工作者、暂时工作者、无保障工作者、非雇佣者和提前退休者的幸福感都有着很大的差异。有学者还对农业工作者的幸福感进行了相应对比研究。

帕梅拉·K. 阿德尔曼（Pamela K. Adelmann, 1987）对于工作和幸福感的研究表明付工资的雇佣对于精神健康更有利。克拉克、奥斯瓦尔德（Clark, Oswald, 1994），温克尔曼（Winkelmann, 1998），迪特拉等（Di Tella et al., 2001），维内尔（Ouweneel, 2002）等通过研究，发现非雇佣者比有工作的人要明显地不快乐。N. 伯纳、P. 奇恩、J. 马彻尔（N. Burnay, P. Kiss, J. Malchaire, 2005）分析了五种类型工作（稳定工作、暂时工作、无保障的工作、非雇佣者和提前退休）和四个年龄段的主观幸福感稳定性、社会化、生活满意度和精神健康。结果显示年长的比利时工作者经历了更多的精神文体和享受更少的快乐，比较 1992 年和 2000 年，年长者的主观幸福感降低了。朗尼·金、芭芭拉·威斯卡尔斯（Lonnie Golden, Barbara Wiens – Tuers, 2006）探讨了额外的工作是否能增加快乐和幸福感的问题，发现额外的工作时间意味着增加的压力、疲劳和工作家庭的冲突。工作时间的增加抵消了由收入带来的快乐和精神享受。强制性的超时工作和增加的家庭工作冲突及不幸福相联系，但也不尽是如此，对有些人却是完全相反的。政策的制定必须要以能提高个体的经济和社会福利为目的，并同时关注减少超时工作的强制性和有害性的发生率。佩尔尼利亚·安德森（Pernilla Andersson, 2007）主要研究了自我雇佣者是否要比拿薪水的人具有更强的幸福感。其通过瑞典 1991—2000 年的生活水平调查资料，运用六个指数来进行考察：工作满意度、生活满意度、工作是否很有压力、工作是否具有精神压力、精神健康问题和身体不健康。结果显示自我雇佣和生活满意度之间有着积极的相关关系。但同时也发现，自我雇佣者容易导致更多的精神问题，因此，自我雇佣者也较少可能将工作当作精神压力。歌纳科斯蒂克、彼得·桑菲（Gorana Krstic, Peter Sanfey, 2007）研究发现非正式雇佣者比其他各类型劳动市场上的人有更低的生活满意度，并认为正式的工作对于未来的预期和幸福感起到积极作用。其将非正式工作类型定义为：非正式雇佣者（没有健康和养老保险的员工）、非正式自我雇佣者（农业以外的家庭经营者，不支付社会保险）、自家农场耕种的农民、没有工资的家庭劳动者。保尔·柯罗萨等人（Paul Crossa et al., 2007）对英国田野和家禽养殖的工人进行自陈健康和幸福感状态的研究，结果显示农业作业者的健康状况比公共工作者要低很多，多元回归表明，评价得分高低的原因在于每天工作任务量和广度。

（八）幸福感与社会关系的研究

学者们通过大量的研究发现，个人的幸福感与其社会关系网络联系紧密，这些社会关系包括婚姻、与他人交流等，其中积极的社会关系能增强个人的幸福感水平，有学者还尝试测量社会关系的货币价值。

安德鲁·克里斯托弗（Andrew N. Christopher, 2004）为了检验在控制住社会支持后物质和心理幸福感会被减少的假设，对 159 个美国大学生进行研究，假设被验证为真实。大卫·吉尔伯特、茱莉亚达·阿布杜拉（David Gilbert, Junaida Abdullah, 2004）研究表明参加度假活动对生活满意度和幸福感有影响，这样的活动改变了参与者的幸福感。在参加假日和不参加假日活动的人群中进行比较的结果是，前者明显比后者要更感到幸福。虽然这样的影响尺度大部分都较小，但显示假日的参加对提高幸福感水平起到潜在的有利影响。

阿盖尔和鲁（Argyle & Lu, 1990）, 里吉奥和沃特宁（Riggio & Watring, 1993）, 巴斯特拉、博冠和杰克逊（Bustra, Bosma, & Jackson, 1994）, 莱弗和凯斯（Ryff & Keyes, 1995）, 莱弗和辛格（Ryff & Singer, 2000）均对社交技能和心理幸福感之间的联系作了研究，结论相差不大，均为和他人积极的关系预示着良好的心理幸福感和社交技能。克里斯·塞格林、梅丽莎·泰勒（Chris Segrin, Melissa Taylor, 2007）检验了社会技能和心理健康之间的关系，前提假设是和他人积极的关系能够中和社会技能和心理健康度，结果显示社会技能和心理健康指数积极正向联系。社会技能和他人的积极情感相联系，而和他人积极地联系又能促进和中和社会技能和所有心理健康的测量指标。

哥斯达和麦克雷（Costa & McCrae, 1988）通过对配偶的感受来评价个体的幸福感，帕沃特和迪纳（Pavot & Diener, 1993），塞得茨等人（Seidlitz et al., 1997）通过朋友和家庭的关系来测量个人的幸福感。大卫·G. 布兰奇弗劳尔、安德鲁·J. 奥斯瓦尔德（David G. Blanchflowera, Andrew J. Oswald, 2004）估测了婚姻的货币价值，认为持续的婚姻（相对于寡居）大约价值10万美元/年。纳达维·保德星文（Nattavudh Powdthavee, 2007）探索性地利用影子价格的方法去估测来自朋友、亲戚和邻居等外界作用者生活幸福感的货币价值。其采用英国家庭调查截面数据，发现增加一个水平的社会参与度，将会增加每年8.5万英镑的生活满意度。

乔布恩斯科弗（Bjornskov, 2003）对欧洲国家、美国和亚洲国家的研究中发现，社会资本对生活满意度有着积极的作用。库茨、金、萨勃拉曼尼亚（Kawachi, Kim, Coutts & Subramanian, 2004）将社会资本和一系列的健康因素和幸福感联系在一起进行研究。艾利维尔、普特南（Helliwell & Putnam, 2004）发现公众参与、信任、社会联系都和主观幸福感相作用。刚德拉克和科尼纳（Gundelach & Kreiner, 2004）在对欧洲国家社区层面和个人层面的自陈幸福感的研究中加入社会资本这一探索变量，发现其仍具有较高的相关性。温妮帕等人（Winnie Yipa et al., 2007）在中国农村地区运用社会资本测量的方法，对社会资本进行结构和概念的区分，其中结构的社会资本通过组织的会员关系测量，而意识形态的社会资本通过一系列的指标：信任、互助等。结果包括自陈的身体健康、心理健康和主观幸福感。结果显示意识形态的社会资本对这三种健康状况都是积极的作用，进一步研究发现，信任通过社会网络和支持影响身体健康和主观幸福感，相对应地，组织性的社会资本对其没有统计和连续形态上的影响。而且，尽管组织会员关系和集体行动密切相关，但其对健康和幸福感影响不大。研究结果建议政策的指向应该是在创造那些能加强社会联系和便利社会支持的环境，这样才能加强农村居民的健康和幸福状况。此外，中国现在也没有充分利用好潜在的结构性社会资本在提高健康和幸福感上的作用。重新定位经济到社会的集体行动值得考虑。

（九）幸福感与教育水平关系的研究

幸福感与受教育水平的研究相对少见，研究重点主要在二者关系。

克拉克和奥斯瓦尔德（Clark & Oswald, 1994）研究发现幸福感和受教育水平呈现消极的影响关系。乔普·哈特格、赫赛尔·斯特比克（Joop Hartog, Hessel Oosterbeek, 1998）对1940年左右的荷兰人进行试验，探寻了其学校经历对健康、财富和快乐的影响。发现IQ影响健康，但是不影响财富和幸福感。家庭的背景水平能增加财富，却不能增加健康和幸福感。当一个父亲独立工作，健康、财富和幸福感要高。夫吉结色姆、马格努斯·约翰纳森（Ulf-G Gerdtham, Magnus Johannesson, 2001）探讨了瑞典5000个成人幸福（效用）和一系列的社会经济变量间关系。结果显示幸福随着收入、健康和教育水平递增，和失业率、城市化进程、单身、男性呈递减关系。

（十）幸福感与年龄关系的研究

学者们通过对幸福感和年龄关系的研究，得出的结果也各不相同：有的学者认为年龄和幸福之间是呈现U形的趋势，即幸福感随着年龄的增加先下降、后上升，中年人幸福感最低；有的则认为幸福感随着年龄的增加而增加，有的则认为刚好相反；还有学者认为幸福感和年龄的关系不大，各个年龄阶段的人们其幸福感相差不大。

迈尔斯（Myers，2000）认为人们的幸福感在各个年龄阶段的差异性并不大。迪纳、徐、卢卡斯和史密斯（Diener，Suh，Lucas & Smith，1999）则认为生活满意度（或者幸福感）通常是增加的，或者至少是随着年龄的增长不下降的。阿盖尔（Argyle，1999、2000）则认为幸福感随着年龄的增长而增加。查尔斯、雷诺兹和盖兹（Charles，Reynolds & Gatz，2001）对三代人（年轻人、中年人和老年人）的幸福感进行研究，发现幸福感随着生命周期而增加。

坎贝尔（Campbell，1981）对美国20世纪50年代跨部门数据研究，发现年龄和幸福感呈现消极的影响。

夫吉结色姆、马格努斯·约翰纳森（Ulf‐G Gerdtham，Magnus Johannesson，2001）探讨了瑞典5000个成人的幸福感，发现年龄和幸福之间呈现U形的趋势，在45—64岁之间具有最低的幸福水平。大卫·G. 布兰奇弗劳尔、安德鲁·J. 奥斯瓦尔德（David G. Blanchflowera，Andrew J. Oswald，2004）对年龄与幸福感之间关系进行研究，发现其呈现U形的变化特征。姆洛赛克和斯皮罗（Mroczek & Spiro，2005）对1900个成年男人进行追踪研究，时间跨度为22年，发现快乐感在65岁达到顶峰，其也是U形的变化态势。伊斯特林（Easterlin，2006）研究发现在美国幸福感增加得非常慢，从18岁到中年增加随后慢慢减少。这些结果来自于各种生活发展趋势：财政状况、家庭生活、健康和工作。中年幸福感的轻微增加取决于对个人家庭生活和工作的增长的满意度，同时也伴随着健康减少的满意。而在中年之后，幸福边界随着健康和对家庭状况和工作的满意度的持续减少而减少，而随着他们财政状况的改善而增加。他们既不支持来自于经济界的主流观念，幸福感仅仅来自于客观的条件，又不支持心理学家的适应条件的强烈反应模型，其认为幸福来自于客观和主观的综合作用。英格·塞夫吉科兰克、蒂姆·盖尔哈尔（Inge Seiffge‐Krenke，Tim Gelhaar，2007）研究验证了哈维克斯特（Havighurst）1948年对年龄发展任务的成功到达能使得人们快乐，并且能引起随后目标的成功获得，作者调查了青少年和年轻人在快乐和发展之间的联系，发现在青少年中，达到平常意义上的发展任务和当前的发展状况被认为是6倍，年轻成人是5倍。结果揭示了年龄的变化，也初步印证了哈维克斯特的论点。虽然快乐和发展状况之间这种显著的现实联系被发现，但发展结果并不能预示着将来的幸福。

伊斯特林（Easterlin，1987）认为时间点数据的对比研究可能反映一个阶段的变化，但不是幸福感和年龄的关系，其提出要将时间跨度统一化才能进行比较。迪纳和塞利格曼（Diener & Seligman，2004）认为幸福感是一个点段因素，必须和生命周期联系起来，并且分别进行探讨，而不是简单地加和。卡内曼等人（Kahneman et al.，2004）认为所有的生命周期都不是平等的，应该隔离开来进行幸福感的研究。

（十一）特定群体幸福感

特定群体多指老年人和妇女，对这些群体幸福感的研究日益成为热点。

G. S. 拉、E. 杰腾、克拉斯等人（G. S. Ra，E. Jetten，D. Collas et al.，1995）比较新西兰和伦敦看护院里老人精神幸福感水平，发现宗教在年长人群中对高的幸福感得分关联最大，然而利用镇静剂却都减少幸福感和低的精神满足感。玛莎·A. 哥定等人（Marsha A. Goetting et al.，1996）对百岁老人的经济幸福感和60岁、80岁老人进行对比，发现普遍更为贫穷。乔西·奥尼星等人（Joji Onishi et al.，2006）对日本农村地区65岁以上的老年居住者进行休闲活动和生活质量的关系的调查，通过修改的PGC精神表来进行评估。结果发现和家人及邻居聊天对于幸福感有着重要影响。丹妮拉·乔普、克里斯托夫·罗特（Daniela Jopp，Christoph Rott，2006）对百岁老人的研究发现人们随着年龄的增长，所积累的消极因素降低了他们的生活质量和幸福感。通过检测其幸福感和决定因素，发现心理弹性在老年时期达到了极限，而来自爱丁堡大学百岁老人的研究数据表明其都具有较高的幸福水平。基础的资源如工作参与、意识、健康、社会网络、外向性解释了幸福感的实质变化比例，而另外一些资源因子却通过自我依赖的信仰被中和了，如自我效率和对生活的态度（乐观的外表）。

而对妇女这一群体的幸福感有研究的学者如下：乔普·哈特格、赫赛尔·斯特别克（Joop Hartog，Hessel Oosterbeek，1998）研究发现女性在少的财富、平等的健康条件下，会比男性感到更幸福。安德烈艾斯·W. 福克伯格（Andreas W. Falkenberg，1998）以妇女在劳动力市场中的比例为出发点，探讨了生活质量的相关内容。慕赫吉（Mookerjee，2002）认为性别因素对幸福感水平有着重要影响。

（十二）国家间幸福感比较研究

在对幸福感与其影响要素关系研究的基础上，学者们还进行了跨区域和国别的研究，以不同国家为背景，对幸福感的空间和时间变化进行探讨。

戴维·G.布兰奇弗劳尔、安德鲁·J.斯瓦尔德（David G. Blanchflowera, Andrew J. Oswald, 2004）比较了美国和英国的幸福感。结果显示在最后1/4个世纪里，美国民众的幸福感普遍下降，其中白人从20世纪70年代以来开始不断下降，而美国黑人的幸福感却增加了。英国人对生活的满意度则基本持平。海因兹·韦尔施、乌多·波恩（Heinz Welsch, Udo Bonn, 2007）对欧盟国家采用幸福感来关联国家间的集中度，判断其经济的集聚和发散性。迈克尔·F.斯泰格（Michael F. Steger et al., 2007）调查比较了日本1183名和美国982名年轻成人对于当前存在的意义和追求生存意义的态度。报告显示美国的年轻人具有较强烈的存在意义，而日本的年轻人则具有较强烈的追求生存意义的倾向。模型则显示，追求存在意义对于幸福感具有消极影响（美国），日本则具有积极的影响。因此，追求生存意义很大程度上受到文化的影响。

二 国外幸福感测量方法研究

幸福感的测量是幸福感研究的基础，因此，对其测量方法的研究和不断改进成为众多学者们的重要研究内容，经济学界、心理学界和社会学界都分别提出了自己的测量理论和方法。

经济学对于幸福感的研究始于杰文斯创立的边际效用论。杰文斯将快乐、劳动、痛苦等联系在一起，其把劳动定义为身心所受的痛苦即负效用，劳动收益得到的快乐则是正效用，而均衡的劳动时间则由劳动的边际收益等于边际成本来确定。

随着心理经济学和行为经济学的发展，卡尼曼（Kahneman, 2000）证明了"当期体验效用的客观性"和"快乐与痛苦的体验效用的可测度性"，其在解释和测度体验效用的方法上，进一步提出了"基于当期的"和"基于回忆的"体验效用两分法，此方法是经济学中新的幸福感测量工具。

戴维·G. 布兰奇弗劳尔、安德鲁·J. 斯瓦尔德（David Blanchfiwer, Andrew Oswald, 2004）采用计量经济学的方法建立了快乐模型：$r = h [u (y, s, z, t)] + e$。其中，r 为自我报告的快乐指数或主观满意度水平；u 为一个人实际的效用或福利；h 为关联实际效用与报告福利的函数；y 为实际收入；s 为亲情；z 为一系列统计上的与个人相关的特性；t 为时间段；e 为误差项。

心理学界对幸福感测量的研究方法侧重个体的主观幸福感上，特别是以自陈量表的形式来进行测量，因为主观幸福感能更直观地反映人们的心理状态水平，而这种心理状态又是一定现状生活满意程度在其内心的折射，进而可间接地反映社会的发展水平。心理学界对幸福感测量有三个方面：（1）生活质量意义上的主观幸福感测量研究，一般将主观幸福感界定为人们对自身生活满意程度的认知评价（E. Diener, E. Suh, R. Lucas et al., 1999），研究者们选取的主观幸福感维度主要包括总体生活满意感和具体领域满意感。（2）心理健康意义上的主观幸福感测量，主要是基于将主观幸福感作为个体心理健康状况的重要指标。（3）心理发展意义上的主观幸福感测量，其与积极心理学（Positive Psychology）密切相关。

社会学领域关于快乐与幸福的研究在于社会群体体验，通常在研究过程中，对幸福（快乐）的测量方法更多地集中在对生活质量（生活满意度）等主观指标体系的构建，通过选取相应的指标来度量社会群体的满意度和幸福感水平，具体有三种：（1）描述受规范理念主导的生活质量特征；（2）描述人们对于偏好的满意度；（3）依据个人经历和体验来定义生活质量，其假设前提是生活质量可根据人们主观意识对快乐和满意度的认识来决定。其中，社会学领域对幸福感测量方法的科学化也有所研究。西蒙娜·沃克、里奇·斯基姆马克（Simone S. Walker, Ulrich Schimmack, 2007）主要研究和检测了对应用 IAT 方法进行幸福感测量的有效性。理查德·E. 等人（Richard E. et al., 2007）则总结了主观幸福感存在的研究有个共同的理解便是其长期水平上是处于稳定的状况，发现很少有研究应用合适的统计模型来精确地回答评估其稳定和变化的问题，STARTS 模型被用来分析两个具有代表性的国家的生活满意度数据。

第二节 国内幸福感研究进展

国内对幸福感（幸福指数）的研究在 20 世纪 80 年代之后开始逐渐繁荣，其领域涉及经济学、心理学及社会学等各种范畴，研究的重点也从定性的描述向定量的测量上发展。其中，幸福经济学的兴起是经济学领域对幸福感研究的重要表现，而心理学对幸福感的研究主要在个体的主观幸福感上，社会学对幸福感的研究则更多地倾向于个人（群体）的生活满意度。此外，学者们对幸福感的相关理论和研究内容也进行了大量的综述和总结。苗元江（2011）对幸福感的相关研究进行总结归纳，认为幸福是人文知识的核心命题，心理学的终极目的是促进人类幸福。主观幸福感研究始于 20 世纪 60 年代，研究从外部因素深入到内部机制、从哲学思辨转移到科学实证、从理论研究转移到社会应用、从学术研究转移到幸福感提升，激发当代"幸福革命"。早期重点是调查幸福感，主要是沿着人口统计维度进行实证调查，侧重比较不同群体的幸福感差异；中期重点是解释幸福感，理解幸福感形成的内部机制，主要有从上而下和从下而上两种理论框架；近期重点是测量幸福感，更加重视幸福感理论与测量的互动，建构出主观幸福感、心理幸福感、社会幸福感三种测量模式；现代的重点则是应用幸福感，融入社会发展体系，成为重要的社会指标，具有诊断、调整、互补、发展功能；未来的核心是提升幸福感，力图把幸福感的学术研究成果转化为充满温暖的幸福体验，实现人类幸福的最大化，创造幸福的社会。叶初升、冯贺霞（2014）梳理了幸福研究领域的新进展。经济学家在吸收早期幸福理论合理内核的基础上，借助心理学及社会学等学科的研究成果和研究方法，将幸福问题的研究从客观层面推向主观心理层面、从抽象的理论阐释推进到精细的实证分析，并在此过程中探索幸福之源。解琪、郑林科（2015）基于实现论的心理幸福感认为，幸福并不只是快乐的体验，而是关注个体潜能的实现。从心理幸福感的内涵界定、理论模型、量化评估、研究现状及展望等几个方面对国内外有关心理幸福感的研究进行梳理，以期为心理幸福感的深入研究提供有效借鉴。

一 经济学对幸福感的研究

经济学界对幸福感研究内容涉及对幸福思想来源的探寻，幸福感与收入间关系的经济学分析，幸福感的经济学解释，幸福感与循环经济、生态经济学关系研究，幸福感与国民经济发展关系等。

蔡炜（2006）对快乐的理性维度、社会维度及审美维度进行了分析和探讨，经济学必须以人的欲望为出发点，而人类欲望的本质是快乐。经济与快乐之间存在着密不可分的内在联系，快乐是人类经济行为的根本动因和终极目的。谷鹏飞（2006）分析了西方经济美学思想的发展阶段，并指出幸福也是经济美学思想发展中的重要内容和阶段。马元兴（2006）对萨缪尔森给幸福的方程式：幸福＝效用/欲望进行分析和解释。

奚恺元、张国华、张岩（2003）研究发现财富的增加不一定增加幸福感，并分别从适应性理论、可评价性理论和比较以及实践模式三个方面给出解释。赵奉军（2004）对收入与幸福感之间的研究进行了总结，并通过自身对经济学理解来解释收入和幸福感之间的关系，其试图将欲望集引入效用函数以此来解决收入与幸福的悖论。胡海军（2007）对收入和幸福指数之间的关系作了研究，并对所采用的模型相关理论进行了介绍。汪丁丁（2007）对幸福与情感关系进行研究时，发现哺乳动物情绪的波动与哺乳动物脑内的多巴胺水平之间呈强烈的正比关系，哺乳动物脑内的多巴胺水平十分稳定，从而人均收入的长期上升并不导致幸福感的长期上升。

张明军、孙美平、周立华（2006）探讨生态经济学与国民幸福指数之间的关系。张玉玲（2007）对幸福理论指导下循环经济的依据进行研究，提出发展循环经济是实现人类最终目的——幸福的途径。

陈新英（2006）主要探讨 GDP 与幸福指数之间的关系，提出利用幸福指数校正 GDP，并探讨了幸福指数与社会安定指数及环保指数的关系。庞娟（2007）通过翻译英国学者理查德·莱亚德著作，发现其通过不同经济社会体制的比较来研究幸福感。邢占军（2007）提出国民幸福是执政理念，并构建了评价指标。

高进云、乔荣锋、张安录（2007）对农地城市流转前后农户福利变化进行定量研究，其主要利用福利经济学的理论（森的可行能力理论）

对农民失地前后福利变化进行测量。

罗楚亮（2009）以我国住户调查数据为基础，经验性地讨论了收入与主观幸福感的关系。研究表明，绝对收入与主观幸福感之间具有显著的正向关联，即便控制了相对收入效应，绝对收入的影响仍较显著。因此无论是相对意义还是绝对意义，收入仍然是提升主观幸福感的重要因素。但是另一方面，主观幸福感与收入水平之间的相关程度并不高，主观幸福感决定中的非收入因素也值得进一步关注。

邢占军（2011）较为系统地考察以往收入与幸福感关系研究的基础上，采用已经公开的政府统计数据、6个省会城市的调查数据，以及来自山东省城市居民连续7年的调查数据，对我国城市居民收入与幸福感的关系进行较为深入的分析。研究发现：在现阶段的中国，收入与城市居民幸福感之间具有一定的正相关；地区富裕程度不同会对二者之间的关系产生影响；高收入群体幸福感水平明显高于低收入群体；从一段时期内考察，地区居民幸福指数并没有随国民收入的增长而同步增长；地区富裕程度与居民幸福感水平之间相关不明显。研究的主要政策主张有：中国在相当长的时期内还需以快速良性的经济发展来保证居民收入的稳定增长，为个体自由全面地发展提供必要的物质保障；保障民生，建立与完善促进个体自由全面发展的利益调整机制，加大公共产品，特别是社会保障的供给力度。

刘军强、熊谋林、苏阳（2012）为回应有关中国国民幸福感的争论，评估过去10年宏观经济和政策变化对普通人生活的影响，利用中国综合社会调查数据（CGSS），分析近10年国民幸福感变化趋势。研究基于5个试点、44166个样本，发现中国国民幸福感在过去10年内一直处于上升趋势，不同政治身份、户口类型、年龄、收入、婚姻状况、民族等群体的幸福感都有不同程度的提高。经济增长可能是幸福感提升的动力；如果经济收缩，那么幸福感也可能随之下降。要确保经济社会协调发展，尚需对幸福感进行更多、更细致的追踪和研究。陈刚、李树（2012）采用CGSS（2006）数据，评估了政府质量对居民幸福感的影响。研究发现：（1）政府质量显著影响了居民幸福感，其对居民幸福感的促增效应远远高于经济增长。（2）政府效率、公共物品供给和财产权利保护等政府质量的分项指标都显著影响了居民幸福感，它们对居民幸福感的促增效应依次递增。（3）政府质量显著影响了低收入居民的幸福感，但对高收入居民幸福感的影响微弱。上述发现意味着，提高政府质量不仅能够在整体层面增加居民幸福感，而且还能缩小低收入和高收入居民间的幸福（福利）差距，促进社会公平。

黄嘉文（2013）基于幸福研究的社会经济视角，通过引入收入水平作为中介变量，将教育程度对个体幸福感的影响分解为直接效应和间接效应（也称教育回报效应），并分析它们在不同时空条件下对中国城市居民幸福感的影响。研究发现，教育程度与城市居民幸福感呈现显著的正向关系，拥有中专、高中和大学以上学历的个体是最幸福的。在不同的空间条件下，无论对于市场化程度较高地区还是市场化程度较低地区，教育回报对城市居民幸福感均有显著的正向影响。在不同的时间条件下，教育回报在高等教育扩招前对城市居民幸福感有显著的正向影响，但在高等教育扩招后，这种影响效应则变得不显著。

徐映梅、夏伦（2014）利用世界价值观调查数据，分析近20年来中国居民主观幸福感变化，发现中国存在"收入—幸福悖论"现象，构建一个基于人口学、经济、家庭、工作、人际关系和情感等因素的综合框架分析发现，这些因素对主观幸福感均有显著影响，经济、家庭、工作因素对主观幸福感的影响较大，收入高、信任家庭、对工作满意、人际关系和谐、情感积极的人幸福感较强。这表明，经济发展到一定阶段后，必须大力推进社会发展与文明进步，科学协调好发展经济与满足居民不断提升的多层次需求之间的关系，进而切实增进居民幸福感。

杨志安、汤旖越、姚明明（2015）利用1990年与2007年世界价值观调查数据，使用倍差法和Orderedprobit政策分析方法，研究分税制改革在宏观方面对中国居民主观幸福感的影响并进行政策评价。研究发现，由于分税制改革的不彻底性，在一定程度上扭曲了中国居民主观幸福感。分税制背景下中国地方政府的财政努力程度、转移支付力度均对居民主观幸福感产生负效应，而改善民生支出对居民主观幸福感存在显著的正效应。由此，他们提出调整转移性支付结构、实施扁平化财政制度、贯彻彻底而全面的经济性分权、构建和完善民生财政等措施。

二 心理学对幸福感的研究

国内心理学界对幸福感的研究主要是从主观幸福感（Subjective Well -

being）的角度出发，内容大多在于对主观幸福感的测量方法及其试用上，其大致从20世纪80年代中期开始兴起，研究重点主要包括对特定群体的心理学主观幸福量表试验（学生、教师、老年人、妇女、城市和农村居民、流动人口等），对主观幸福感测量指标体系的建立研究、主观幸福感与婚姻关系、社会支持等影响因素关系的研究。此外，有学者还对主观幸福感进行了综述性质的总结研究。

段建华（1996）总体幸福感量表在我国大学生中的试用结果与分析。景淑华、张积家（1997）对大学生主观幸福感进行研究。何瑛（2000）对重庆大学生主观幸福感的研究发现，大学生主观幸福感性别差异不显著，而年级、专业、经济状况、学习成绩、健康状况影响大学生的主观幸福感显著。李靖、赵郁金（2000）应用Campbell幸福感量表对我国大学生进行主观幸福感的测量，该表主要包含总体情感指数和生活满意度指数。胡洁等（2002）曾对父母教养方式与大学生总体幸福感作了相关研究。王冀盛、丁新华（2003）对初中生主观幸福感与生活事件进行关系研究。严标宾、郑雪（2003）等对大学生主观幸福感的影响因素研究中发现生活满意度、积极情感、消极情感是影响大学生主观幸福感的重要因素。严标宾等（2003）对来自48个国家和地区的10018名大学生进行跨文化主观幸福感研究，发现积极情感、消极情感、生活满意感、自我体验和外在准则都是主观幸福感的有效预测变量。

张河川（1998）曾对中年教师心理健康与主观幸福感进行了相关分析的研究。杨宏飞、吴清萍（2002）曾用人脸量表和SCL—90测量了301名小学教师的主观幸福感和心理健康状况，发现主观幸福感与心理健康存在显著正相关，并对其主观幸福感与自我概念进行了研究，发现男教师的主观幸福感明显高于女教师，研究还表明不同自我概念水平教师之间的主观幸福感存在显著差异，自我概念越好，主观幸福感越强。

梅锦荣（1999）在探讨香港高龄老人主观幸福感的社会性因素时发现自评身体健康状况与人口特征（性别、教育）有较显著的关系。相对的，生活满足感以及抑郁症状则与社会网络，尤其是家庭网络和互依关系有更显著的相关。刘仁刚、龚耀先（2001）的研究表明，老年人的主观幸福感与应激水平尤其是抑郁显著相关，提示抑郁是主观幸福感的重要情绪因素。马颖竹、张红静（2002）的研究表明，老年人的主观幸福感较高，其幸福感由高到低依次是未来、现在和过去；老年人的职业、居住、健康、家庭中的情感反应、情感介入、应付方式等因素与其主观幸福感显著相关。徐兰等（2002）的研究发现，入住老年公寓的丧偶老人总的幸福感均值与社区丧偶老人无统计学差异；抑郁情绪总均分略高于社区丧偶老人但无统计学差异；对老年公寓中丧偶老人心理状态影响较大的因素是健康状况、生活自理能力、儿女亲属的关怀支持和经济收入。邢占军（2003）对中国城市居民主观幸福感量表应用于城市老年群体的测量特性进行检验，对我国城市老年人主观幸福感进行初步研究。贺豪振、陶志琼（2004）应用修订过的纽芬兰纪念大学幸福度量表（MUNSH）和老年抑郁量表（GDS），以及环境改变应激调查对城市化进程中被征地的老年农民的幸福度和抑郁述评进行了比较研究。郑宏志、陈功香（2005）对城市老年居民的主观幸福感和社会支持间的相关性进行研究。发现个体只有在得到各种社会支持时才能获得较高的幸福感，并考察老年人的主观幸福感和社会支持的关系与人口统计学变量的关系。

郝身永（2015）对我国居民家庭的居住模式进行研究，发现父母与成年子女分开居住越来越普遍，在亲子分开居住情况下子女对父母的经济支持和情感交流影响中老年人幸福感，同时子女住处距离远近以及亲子间联系频率也会对中老年人幸福感产生影响，利用中国综合社会调查（2006）数据和有序 Probit 模型进行的经验研究发现，子女对父母的经济支持和情感交流的频率越低，父母幸福感越差。但经济支持的影响并不显著，而情感交流的影响则是显著的，非同住子女居住距离越远父母幸福感反而越强，而联系的频率越低幸福感越弱。然而面对面联系频率的影响不显著而非面对面联系频率的影响则是显著的。因此除了对中老年人提供必要的经济支持外亲子间情感交流对中老年人幸福感更为重要。中老年人越来越能够接受亲子非合住的居住模式，在非合住而面对面联系不便时，子女增加非面对面联系频率也可以有效地提升中老年人幸福感。

翟敬朋、齐麟、彭华民（2015）采用中国适度普惠社会福利调查数据库资料。该数据库通过对四城市目标分层抽样 4000 多份问卷调查数据整理建成。假设四城市老人幸福感的存在地区差异，以及老人幸福感与三维度社区参与（社区文体活动、社区志愿服务活动、社区政治活动）存在正相关关系。通过 SPSS 统计软件分析，发现老人幸福感存在地区差异，成都和天津老人幸福感程度高于南京和兰州；四城市老人幸福感还存在着性别差异，女性高于男性。老人幸福感和社区文体活动参与呈正相关关系，与社区志愿服务活动参与呈正相关关系，但与社区政治活动参与没有显著的相关关系。基于前面的发现，提出增强老人幸福感既需要社区服务老人，也可以通过老人服务社区来实现；最后还提出增强老人幸福感的政策和福利服务建议。

徐晓波、黄洪雷（2015）采用"综合幸福感问卷"（MHQ-50）调查了352名60岁及以上老年人的主观幸福感与心理幸福感状况，旨在探讨老年人主观幸福感与心理幸福感的关系，并探讨代际因素对老年人幸福感的影响。结果表明：（1）不同生活地老年人的总体幸福感存在显著差异，农村老年人的主观幸福感与心理幸福感都较差；（2）老年人的主观幸福感与心理幸福感显著相关，其中，生活满意与老年人的心理幸福感显著正相关，自我价值与老年人的主观幸福感显著正相关；（3）代际因素对老年人的总体幸福感影响很大，其中子女的受教育程度、性别以及子女数量，对老年人幸福感的影响较大。

白岩岩、王裕明、蔡玫珠（2015）探讨上海市老年人生活幸福感状况及其影响因素，通过对上海市639位老年人进行问卷调查和深度访谈，最后的结果显示，超过70%的上海市老年人对自己的生活感到幸福或比较幸福，其生活幸福感与经济条件、健康状况、与子女的居住情况呈正相关，而退休后经济状况是影响老年人生活幸福感的最主要因素，其次老年人的文化程度、居住方式、兴趣爱好以及社区提供集体活动的频率等也是不可忽略的因素。

邢占军、王宪昭、焦丽萍等（2002）对几种常用自陈主观幸福感量表在我国城市居民中进行试用研究。邢占军、金瑜（2003）对我国城市居民婚姻状况与主观幸福感的关系进行了初步研究，得出了与西方研究者不同的结论：从总体上看城市居民中无婚姻生活者主观幸福感高于有婚姻生活者，性别是影响城市居民婚姻状况与主观幸福感关系的重要因素，有婚姻生活的女性比没有婚姻生活的女性体验到更多的幸福感，而男性则恰恰相反。在婚姻状况与主观幸福感关系方面表现出来的中西差异，与转型社会的婚姻价值观失衡有关，也反映了某种文化上的差异。邢占军、黄立清（2004）对Ryff心理幸福感量表的测量学特性进行检验，探讨在此量表基础上生成一套适用于我国城市居民的心理幸福感量表的可能性。黄立清、邢占军（2005）对幸福指数量表在我国内地城市居民中的初步试用研究。刘晓霞、邢占军（2007）在全国范围内取样，对城市女性群体的主观幸福感总体水平及群体差异进行研究。结果表明，城市女性群体的主观幸福感得分与全国平均水平无显著差异，年龄、婚姻状况、学历和收入等四个因素均显著影响城市女性群体的主观幸福感。邢占军、张羽（2007）在北京、广州、昆明、沈阳、西安五个省会城市和直辖市取样的基础上，对社会支持与主观幸福感的关系进行了研究。结果表明，情感支持对主观幸福感的预测作用最大，其次为资讯支持和工具支持。路径分析显示，年龄、受教育程度和收入对主观幸福感存在着显著的正向影响，同时年龄、受教育程度还通过社会支持这一中介变量对主观幸福感产生影响。性别对主观幸福感的影响完全经由社会支持这一变量来实现。张羽、邢占军（2007）针对社会支持对主观幸福感的影响及其影响机制的研究进行了较为系统的梳理。陆罗、林宇一（Luo Lu、Yu Yi Lin（1998）研究了家庭的四种重要角色："配偶角色""父母角色""子女角色""工作角色"，并分别研究了其与主观幸福感的关系。邢占军（2002，2005）对主观幸福感作了系统地研究综述，并构建了幸福指数的指标体系。邢占军、黄立清（2004）对西方哲学史上的两种主要幸福观（即快乐主义幸福观和完善论幸福观）与当代主观幸福感进行理论比较探讨。熊晓正、夏思永（2006）比较了中国和希腊古代幸福观念。章明明、张积家（2005）研究了心理冲突与应激水平、主观幸福感的关系。黄立清、邢占军（2005）对近半个世纪以来西方学者有关主观幸福感影响因素的研究进行了较为系统的梳理，重点考察了在财富、人格、年龄、婚姻与主观幸福感的关系上所得出的一些重要结论。李幼穗、吉楠（2006）对主观幸福感研究的新进展作了阐述，指出主观幸福感研究与经济学研究的结合趋势为心理学的主观幸福感研究提供了一个崭新的思路。边燕杰、肖阳（2014）运用CGSS2008和TPS2008的数据，对中英两国居民的主观幸福感进行比较分析，并从生命历程论、社会融合论、地位分化论三种理论视角，探讨影响居民主观幸福感的因素及其中英异同。数据分析主要结果是：(1)英国居民的主观幸福感平均水平高于中国居民；(2)年龄和健康对中英居民主观幸福感都有显著影响；(3)无论中国还是英国，社会融合程度越高，个人的主观幸福感越强，但是社会融合方式在中英之间存在显著差别;(4)地位分化对主观幸福感的影响,中国强于英国。

吕洁华、刘飞、夏彩云、魏鑫(2015)对哈尔滨、郑州、南昌三个城市的城乡居民问卷的调查数据,从定量的角度研究城乡居民生活的幸福感,通过因子分析,找出影响居民生活幸福感的因素,运用结构方程模型探索各因素之间的内部路径关系,找出社会环境因子与工作情况因子、身体健康因子与个人发展因子之间相关程度较大。通过建立幸福感测量的指标体系,对城乡居民的生活幸福感大小对比分析。

武娇艳、杨苹(2015)以我国 31 个省市自治区的相关数据,通过因子分析模型建立城镇居民幸福感综合评价指标体系,利用 SPSS 统计软件进行了实证分析,结果显示广东、江苏、上海、浙江、福建和湖北等南方地区比北方地区居民的幸福感强,同时幸福感不仅受到生理、心理特征和家庭特征的强烈影响,也受到纷繁复杂而又多变的社会环境及国家政策的影响,存在着很大的地域差异。

刘同山、孔祥智(2015)结合当前我国社会阶层急剧分化的现实,利用 2010 年的 CGSS 调查数据,采用有序概率模型分析家庭绝对收入水平、家庭相对经济等级、社会阶层及其变化等变量对居民幸福感的影响。结果表明:家庭人均收入与幸福感呈显著的倒 U 形关系;自评的家庭经济等级对幸福感有较强的正向作用;社会阶层及其变化感知也有显著的幸福效应,处于上升社会阶层或较高社会阶层的人群更幸福。比较而言,家庭人均收入、家庭经济等级和社会阶层的幸福边际效应依次减弱,而且有明显的城乡差异。

薛新东、宫舒文(2015)在构建居民主观幸福感评价体系的基础上,利用湖北省武汉市、宜都市和神农架林区三地居民主观幸福感的调查数据,通过建立多元有序的 Logistic 模型对居民主观幸福感的影响因素进行实证分析。性别和年龄对城乡居民主观幸福感均有显著影响。工作稳定性对城乡居民主观幸福感均有显著影响。工作地位对城市居民主观幸福感的影响较大,工作环境对农村居民主观幸福感的影响较大。无论对城市居民还是农村居民而言,家人关系都是影响主观幸福感的重要因素。朋友关系对农村居民主观幸福感影响显著,但对城市居民的影响并不显著。收入水平和社会贫富差距是影响城市居民主观幸福感的重要因素,社会保障体系是影响农村居民主观幸福感的显著因素。健康状况对城乡居民主观幸福感的影响均不显著。社会诚信水平对城乡居民主观幸福感均有显著影响。社会公平程度和民主参与程度是影响农村居民主观幸福感的显著因素，但对城市居民幸福感的影响并不显著。

邵雅利、傅晓华（2014）采用社会支持评定量表和主观幸福感量表，对439名新生代农民工进行实证调查，研究结果表明，新生代农民工的社会支持较少，主观幸福感也较低，为"相对不满意"不同性别、婚姻、年龄、月收入、文化程度的新生代农民工，其社会支持、主观幸福感均有显著性差异，具体表现为"女性、已婚者、'80后'、文化水平在初中以上者、月收入在1500元以上者"，这类人群感知到的社会支持显著高于其他类人群。女性、已婚者，这类人群的主观幸福感显著高于其他类人群。同时，主观支持、对支持利用度、性别、婚姻是预测新生代农民工主观幸福感的显著有效变量。为此，建议企业应发挥工会组织的作用，扩大新生代农民工的社会交往，社区应完善公共服务，为新生代农民工提供支持帮助，新生代农民工个体应不断学习，提升利用社会支持的综合素质。孙远太（2015）基于河南省农民工调查问卷，对城市农民工的福利获得状况进行研究，主要通过方差分析和多元回归分析的方法分析了福利获得对幸福感的影响。当前城市农民工的福利获得依然呈现出差异性特征，这种差异性进而影响着他们的幸福感。基于福利获得提升城市农民工的幸福感，就要尽快以户籍改革消除依附于户籍的社会福利分割，以整体性破解社会福利的碎片化困境，以社会认同重塑推动农民工市民化。桂河清（2015）采用重庆市人口计生委于2012年进行的流动人口动态监测调查获得的大样本微观数据，运用排序模型研究了重庆户籍跨省流动就业人口主观幸福感的影响因素实证研究表明，他们的主观幸福感大部分为"一般"和"幸福"，性别，年龄，婚姻状况，收入，房租，子女是否在身边，流入地是东部、中部还是西部、对流入城市的偏好，他们认为流入地城市居民对外来人口的态度，在流入城市工作年限以及是否计划长期在流入城市工作均对其主观幸福感具有显著影响。但受教育程度、户口类型以及他们是否能够享受城镇居民医疗保险的影响却并不明显。夏伦（2015）基于微观调查数据对流动人口主观幸福感的影响因素进行了分析，并重点对城乡流动人口主观幸福感的差异进行了比较研究。研究发现，城镇流动人口主观幸福感高于农村流动人口，其原因在于城镇流动人口在收入、工作、闲暇活动、社区活动参与等方面均表现出优于农村流动人口的现象，流动人口的主观幸福感存在城乡分割。农村流动人口需要提高在流入地的融入能力，进而提升主观幸福感。黄嘉文（2015）运用 2012 年中国劳动力动态调查数据，分析流动人口主观幸福感的现状及其影响因素，并比较不同代际的差异性。研究发现：（1）大多数流动人口感觉生活幸福，与户籍人口的幸福体验没有显著差异。新生代流动人口正值追求梦想、自我实现的黄金时期，他们对幸福的积极体验明显高于老一代流动人口。（2）经济诉求、权利保障和公平正义构成了流动人口追求幸福的实质内涵。社会融合因素的影响效应甚微，城乡差距的曝光度和城市固有的社会歧视导致流动人口产生强烈的剥夺感和不幸感。（3）教育程度、经济收入和权利保障因素对不同代际流动人口的主观幸福感有显著的影响差异。基于此，在政策层面，提高流动人口的主观幸福感需要立足于经济、政治、文化等多元面向，关注群体内部分化，针对不同需求层次，构建差异化的幸福建设体系。孟祥斐（2015）基于深圳和厦门的调查数据，从社会赋权的角度分析其对居民幸福感的影响。研究发现：相比个体特征和经济因素，社会赋权对居民幸福感影响更重要；地区经济发展水平与居民幸福感存在负相关关系。具体从社会赋权看，社会流动与发展空间越大，人们的幸福感体验越积极；政治参与、社会组织参与和社区参与均对提升居民幸福感具有重要意义。

三 社会学对幸福感的研究

社会学界对幸福感的研究是从生活质量、生活满意度等角度来进行研究的，其中包括对生活满意度、生活质量测量方法的研究。此外，学者们还从社会学的原理和方法的角度来分析幸福感。

林南（1985）首次在天津展开调查，认为生活质量是对生活及其各个方面的评价和总结，从 22 个方面测量人们对生活的满意度。林南（1987）又利用上海市居民生活质量调查数据从个体生活的 13 个方面探讨了社会指标与生活质量这两个研究领域之间的因果关系。林南所做的这两次研究均侧重于生活满意具体领域的分析及与社会指标关系的探讨，为我国社会学领域对人们生活满意度研究积累了一些经验。吴淑凤（2004）从多元视野来研究幸福理论及其对主观生活质量研究的现实意义，认为生活质量包括主观生活质量和客观生活质量两个部分，与主观生活质量密切相关的是主观幸福感。研究一个国家人民的生活质量会在不同程度上涉及主观幸福感测量问题。邢占军（2005，2006）认为单就幸福这种感受本身而言进行城乡比较的意义并不大，但如果将幸福感的内涵加以重新界定，在主观生活质量的层面上加以理解，进而建立起一套可以对之进行测量的指标体系则具有重要的理论和现实意义。从总体上看，农村居民的主观生活质量低于城市居民。这种差距反映了我国城乡经济社会发展中客观存在的差距。经济转轨和社会转型对农村社会的观念与心理冲击要远远大于城市社会，应当引起高度的关注。邢占军、黄立清（2007）以幸福指数为分析工具，对工人群体、农民群体、干部群体、国有企业管理者群体、知识分子群体、新兴群体和城市贫困群体等7个社会群体的主观生活质量进行了实证研究，发现主观生活质量所存在的群体差异，集中体现了社会变革中不同群体利益的实现状况。主观幸福感的构成要素对自评幸福感所发挥的作用存在群体差异。当前，知足充裕体验、自我接受体验、心态平衡体验和家庭氛围体验对7个社会群体的自评幸福感普遍发挥作用。

邢占军、张友谊、唐正风（2001）研究了国有大中型企业职工在物质生活、社会关系、自身状况、家庭生活和社会变革5个方面的满意感，并发现其满意感受到职工个人的性别、年龄、受教育程度、婚姻状况、工作性质、进厂方式，以及职工所属企业所在地区、企业规模、效益、转轨情况等因素的影响。傅红春、罗文英（2004）对上海居民收入满足度进行测定与分析。周旭霞（2007）在总结各领域对生活品质研究的主要内容后，又从经济学的角度分析了生活品质的内涵，并通过其与社会管理及个体的个性与共性的关系进行理论思考。李建新、骆为祥（2007）对老年人口生活满意度进行研究，利用2005年中国高龄老人健康长寿调查数据，考察参照标准的选择对老年人生活满意度评价的意义。研究发现，老年人在评估自己的生活条件时，不仅以纵向比较的方式进行（即与自身以前的状况相比或与自己的理想状况相比），更以横向比较的方式进行（即与周围的人相比），横向比较在很大程度上影响了老年人的生活满意度水平。国家统计局课题组（2007）对我国农民工生活质量进行调查研究，通过对其影响因素的研究，评价当前农民工的生活满意度水平。

周长城、饶权（2001）对生活质量的内涵及测量指标设计的原则和方法进行研究，但没有给出具体的测量指标体系。苗元江（2003）对幸福感的社会学含义进行阐述，区别各种类似的含义。其次对幸福感指标的测量与评估进行总结，并研究了幸福感指标的社会应用。吕斐宜（2006）提出将农民幸福指数纳入农村发展指标体系，其认为农民幸福指数应成为衡量我国农村发展的重要指标。李银萍、庞庆军（2007）对影响大学生主观幸福感进行社会学分析。谢芳、谢全彪（2007）对幸福指数的社会调查方法进行探讨。

高红莉、张东、许传新（2014）基于2012年中国劳动力动态调查数据，采用定序Logit回归方法实证分析住房产权、住房面积、住房分配、住房环境和城市居民主观幸福感之间的关系，研究发现：住房面积与幸福感显著正相关，家庭住房面积越大，居民主观幸福感水平越高；与没有产权房的人相比，拥有产权房能显著提升居民主观感，居住空间分配越不公平，居民的主观幸福感水平越低，居住环境越好，居民主观性格水平越高。范红忠、范阳（2015）为了研究我国居民住房消费的攀比性及其对居民主观幸福感的影响，采用对武汉居民的随机调查数据进行计量分析，通过研究发现：代表性居民住房消费对其亲友中住房条件较好者住房面积的弹性约为0.7，这表明居民住房消费具有重要的向上攀比性。采用Orderedlogistic模型进一步研究攀比性住房消费对居民主观幸福感的影响，发现居民住房面积与其亲友中住房条件较好者住房面积相差越大，居民幸福感越低；然而，如果代表性居民的住房面积超过其亲友中住房条件较好者的住房面积，其幸福感将不受其住房面积和亲友住房面积的影响。这意味着，过大的住房面积"对他人有害，对自己无益"。

兰林火、徐延辉（2015）对1994名城市青年从社会资本视角进行的问卷调查发现，社会资本的普遍化互惠对青年幸福感具有积极影响；社会信任中的特殊信任因子、一般信任因子对青年幸福感具有显著影响，普通信任因子没有显著影响；社会参与中的协会型社团参与因子对青年幸福感具有正向统计显著性。

四　幸福感测量方法的研究

国内对幸福感测量方法的研究正逐渐向着科学化、合理化发展，但整体上与国际水平仍有较大差距。

黄有光（1996）在坚持快乐可计量理论的基础上提出了一个效用计量

公式，证明了快乐的基数可计量和人际可比性。汪丁丁、罗卫东、叶航（2003）同样论证到效用的可测度性，并在广义效用研究方面进行了理论努力。陈惠雄（2003）设计了主客观结合的快乐指数体系，主要包括健康、亲情、收入、职业环境、社会环境和自然环境等 6 大快乐因子圈，并提出了以寿命测度一生快乐积分和以平均寿命作为衡量社会经济发展水平的寿命指数理论，即人的一生的快乐指数积分 H 等于实际寿命 Lr 与理论寿命 Lm 之比，即 H = Lr/Lm。提出这一理论的依据是，快乐是人类自身身心健康发展的需要，而快乐的满足又使得身心得到健康发展，结果是生命的延长。相子国（2005）通过对影响国民幸福宗旨的主要因素：物质财富、社会性比较、时间性比较、脉冲式变化和记忆等因素的总结，探讨 GNH 和国民快乐指数的计量，并引入 K 线图进行测算。姜奇平（2005）进行国民幸福指数的测度，对于如何量化"人民满意不满意"程度进行了研究。陈惠雄、吴丽民（2006）汲取国内外快乐指数、快乐感、主观幸福感研究的内容，设计了基于主客观统一性与"主体—环境"整体联系性的快乐指数调查表，并运用心理学、社会学的相关附加量表进行辅助解释。林洪、李玉萍（2007）将微观幸福与社会经济发展和国家治理结合起来考察，通过对 GNH 理论的研究，指出 NHI（国民幸福指标体系）较之 GNH（国民幸福总值）衡量国民幸福更为恰当，并提出构建以 NHI 为核心的多维度国民幸福指标体系。吴淑凤（2004）提出利用主观生活质量的测量来对主观幸福感调查建立起科学而严格的标准，使得幸福测量具有稳定性、可信性和有效性。王丰龙、王冬根（2015）对智慧城市建设中城市居民的主观幸福感进行探讨，在梳理现有关于主观幸福感的量表的基础上，对不同形式量表的误差等问题进行了总结。目前的研究大多对生命满意度和情感幸福感分别加以度量。对生命满意度的度量主要采取单条或多条的反映性量表，以 Cantril 的自我标定梯形量表和 Diener 等的生命满意度量表为代表；对情感幸福感的度量也以反映性量表为主，包括单条的 Gurin 量表与多维度的核心情绪量表和 PANAS 量表。针对短期情感体验的调查，还发展了诸如经验取样法和日重建法等专门的方法。目前主观幸福感的量表仍以自陈量表居多，其中存在很多测量偏差。基于目前主观幸福感的量表体系和西方地理学中关于主观幸福感的研究进展，他们提出了值得未来国内人文地理学研究的几个话题和需要注意的问题，并探讨了主观幸福感的量表和相关研究对于智慧城市建设的启示。

第三节　失地农民幸福感研究进展

纵观国内外对幸福感研究的内容，均较少涉及对失地农民这一特殊群体幸福感的研究。而失地农民作为近代中国快速城市化的产物，其具有典型的中国特色。在国内对幸福感研究尚处发展阶段的情况下，对失地农民的研究便更为少见，其研究成果也主要集中在心理学领域，仅有少数社会学领域的专家对此进行过研究，可见研究成果屈指可数。

贺豪振、陶志琼（2004）对城市化进程中被征地老年农民的幸福度和抑郁述评进行了比较研究。陈传锋等（2005）对被征地农民的社会心理与市民化问题进行了相对系统的研究，具体包括对被征地农民的社会支持水平、心理健康状况、社会心理适应过程、社会情绪状态以及被征地老年农民的幸福度与抑郁度等内容进行研究。吕斐宜（2006）提出应将幸福指数纳入农村发展指标体系，特别是要将原失地农民的文化、民俗等延续下去。王国林（2006）撰写专著对失地农民进行广泛调查，其中对失地农民幸福感、生活满意度等问题进行了阐述。舒娟（2007）对城郊中失地老年农民主观幸福感及其影响因素进行了研究，主要是从心理学的角度来进行探讨，对失地前更幸福还是失地后更幸福的失地农民主观幸福感、人格、社会支持等内容进行研究。叶继红（2007）对南京城郊失地农民生活满意度进行了调查与思考，发现失地农民的总体生活满意度不高，尤其对经济收入和生活条件感到不满意，收入问题已成为制约失地农民生活满意度的最关键因素。同时，失地农民的社交和休闲等高级需要不敏感，工作环境不理想。唐伯鑫、翁秀伟、顿·奇霍劳（Bo-sin Tang, Siu-wai Wong, Milton Chi-hong Lau, 2008）曾以中国广州为案例，对其土地征收过程的社会影响评价和公众参与进行研究，其中，对失地农民的意识形态和传统文化变化也进行了阐述，对其幸福感的研究仅一笔带过。

孙自胜（2010）对失地农民的心理适应不良问题进行了相关研究，发现在失地农民心理适应方面主要表现为在征地补偿、生活方式及养老问题上产生的不平衡心理。原因在于失地农民对征地消极的认识、控制错误、夹心层心态和较高期望值破裂几个方面。在具体对策上，需要引导失地农民自我调适，并通过改善公共服务、增加幸福感和提升社会的宽容度来化解综合上述的研究内容，发现从社会生态学角度来对失地农民幸福感及相关问题进行研究的基本未见公开发表的论文及相关系统的学术研究成果。李苏（2011）对现有失地农民相关问题研究视角进行了综述，总结发现现有的相关研究主要集中在失地农民的权益、补偿安置、市民化及社会保障等四方面，研究视野较窄，未来还有待于对失地农民的幸福感、就业状况、满意度及少数民族失地农民的生存境况等方面进行研究。朱文奇（2013）全面梳理了农村居民的幸福感问题的研究文献，分别从幸福感、不同农村居民群体幸福感、农村居民幸福感评价体系及影响因素、农村居民幸福感水平等几个方面对农村居民幸福感的有关问题进行梳理及评述，系统地探讨了农村居民的幸福感问题，特别是对失地农民这一特殊群体的幸福感变化进行了关注。

隋华杰、冷皓凡（2011）采用随机的方法发放纽芬兰纪念大学的幸福度量表（MUNSH）问卷，调查失地农民和一般农民386人，目的是为了了解江西省南昌市失地农民的主观幸福感状况并与一般农民的主观幸福感状况做比较。结果表明，江西省南昌市农民主观幸福感分数处于中上水平；女性比男性的主观幸福感分数偏高；失地农民的主观幸福感分数明显低于一般的非失地农民，从而得出南昌市失地农民的主观幸福感比一般的农民要低的结论。潘明（2011）基于上海郊区针对征地动迁农民建立统一的动迁安置住宅小区，并实行宅基地置换试点推行集中居住的现状，为了解农民集中居住后的生活状况和心理满意度，笔者以上海远郊金山区为例，从集中居住经济状况如何，集中居住前后家庭收入状况的变化、家庭支出的变化和前后生活幸福感比较几个方面，对几个典型的动迁安置住宅小区，宅基地置换试点小区进行了调查分析，并提出了相关的对策建议。李胜男（2012）结合苏州、盐城等地实际调查的数据，探究失地农民的幸福感现状和原因，并深入发掘提升失地农民幸福感的有效途径。尤其是在新建安置社区文化建设空白，很多新建的农民公寓安置点由于缺少文化建设的投入，形成所谓的"文化沙漠"，农民很难从社区感受到归属感和充实感，造成精神上的空虚，降低幸福感水平。

武婕（2012）基于2011年17个地区土地权益调查的数据，分析了农村征地状况及现存问题。调查结果表明：大部分农民不愿意土地被征收，补偿金额偏低，未来生活没有保障。因此，要严格控制征地数量和节奏，明确界定公共利益的含义，构建完善的征地补偿机制，规范征地补偿的发放过程，全面推进失地农民保障体系建设，增强农民满意度和幸福感。张晨燕、胡伟艳（2012）通过对杭州市郊区失地农民的深入调查，发现失地农民的主观幸福感分化现象严重，自评健康对主观幸福感的影响显著性降低，工作满意、家庭收入及补偿满意成为影响失地农民主观幸福感的主要原因，笔者建议通过扩大医疗保险覆盖面，加强就业提供服务及提高社区经营能力，以提高失地农民的主观幸福感。胡苗、刘徽翰（2013）在实地调查的基础上，探讨了欠发达地区失地农民这一特殊群体的幸福感的基本状况。问卷结果显示，失地农民对生活总体上是满意的；对征地安置政策满意的人群幸福感程度普遍高于其他水平的人群；性别、年龄、文化程度、婚姻、职业及经济状况等因素都会对失地农民的幸福感产生影响。于飞、王会强（2014）从农村政策、家庭生活、基础设施和农业生产4个维度对河北省农村居民幸福感影响因素进行了调查，结果显示，河北省农村居民对生活感到幸福，其幸福感不同因素之间的满意度评价存在差异，居民的性别、年龄、学历和家庭所在地等因素对幸福感有着不同程度的影响。尹佳骏、吴建平（2015）在针对幸福感的研究述评中提到，我国城乡经济发展速度的不平衡决定了社会文化结构有所分化，针对这种区域差异来探索个人幸福感的影响因素和途径，对于有效提升人民生活幸福感、制定城乡发展政策具有指导意义。国内外的研究也针对国家水平幸福感的影响因素进行了探讨，但对于个体水平上的幸福感研究甚少，未来的研究可从此角度多加探讨。李小文、黄彩霞（2015）从社会比较理论的视角研究农村居民的生活幸福感的影响因素，把中国社会综合调查项目（CDSS）2005作为主要的数据来源，应用序列逻辑回归的统计方法，对影响我国农村居民生活幸福感的因素进行了论证与分析，得出对农村居民生活幸福感具有显著影响的有婚姻状况、年龄等个体因素和与朋友亲密度、生活纠纷等社会因素的结论。

　　从上述针对幸福感的研究发展来看，国外对幸福感的研究已较为成熟，国内的研究则基本处于初步发展时期，对特殊群体——失地农民幸福感的研究相对少见，或是从单一心理学角度出发进行研究，或是从生活满意度调查角度来进行研究，研究的范围也仅涉及局部区域的较少案例，未见对不同区域、不同经济社会发展背景下失地农民幸福感进行系统研究。因此，以社会生态学的视角来研究失地农民幸福感问题具有一定的学术价值，同时也具备现实意义。

第四章　社会生态学研究失地农民幸福感理论论证

第一节　幸福感研究的相关理论

当前幸福感研究呈现多学科综合的特点，心理学、社会学、人类学和经济学等学科都对其进行过相关的研究。但其中最早形成相对系统、成熟理论体系的是心理学；社会学、人类学对幸福感的研究多数还是与其他人类社会现象结合在一起，独立的完善的理论体系未见；而经济学中对幸福感的研究实际上是对效用的研究，此外对于整体经济福利等的研究探讨也是经济学研究国民幸福感的切入点，在后期的研究中，又将福利和效用按照个体体验进行了综合研究。在本书的论述中，笔者倾向于认为幸福感更多地应该属于心理学、社会学、人类学的研究范畴，在此不再赘述经济学中对幸福感的研究。下述对于幸福感研究的相关理论内容的论述主要是来自于心理学中幸福感研究相对成熟的几种理论（苗元江，2003；金玲玲，2007），论述的角度也是基于现有的几种成熟理论进行探索性的研究概述。

一　目标层次理论

目标层次理论主要探讨的是对目标的设定和达成的关系，其关注目标的具体性、挑战性以及绩效反馈对绩效的影响。通常，实现某种目标的工作意向是工作激励的主要源泉。而在工作中一旦目标被设定并完成，则会带给人们莫大的激励，通常达成富有挑战性的目标会比达成一般的目标具有更大的激励意义。

因此，目标层次理论认为，幸福感产生于需要是否得到满足和目标是否被实现。目标是情感系统重要的参照标准,它影响情绪、愿望和幸福感。目标的种类、内容,目标的实现与否,都影响着一个人的幸福感。有明确的目标,并且努力去接近、达到目标的人,显示出的快乐超过那些没有目标和达到目标有困难的人。通常具有较高幸福感体验,或者易于感到幸福的人,都会对自身有着相对明确的目标,一旦目标达成,则会传递给自身以幸福感。

二 判断和期望值理论

判断理论实际上是公平理论的另一种体现,其是对设定某一标准公平程度进行判断的理论。当这一标准被认为是公平的时候,个体通常会受到激励。

判断理论在针对幸福感的研究中发现,幸福感是自身与某种标准相比较而产生的感觉,人们通常不仅关心自己经过努力所获得的绝对数量,也关心自己所获之物与其他人所获之物的对比关系。当自身状况好于所参照的标准时,幸福感就越高;反之,则幸福感越低。判断理论的关键在于所选的参照标准。其中,社会比较理论常用来解释个体的幸福感受:幸福的人常向下比较,因优于别人而获得较高的幸福感;感到不幸的人既作向上也作向下比较,有时处于一种比较矛盾的心理状态中,也使得其相对悲观。

期望值理论则认为个人在进行幸福感评价时所选择的参照标准就是个人的期望目标,若目标实现,则幸福感高,反之幸福感低。在决定幸福感时,期望的内容比期望实现的可能性更重要。在测量被试对期望目标的信心时,对实现内在期望(个人发展)的可能性估计与幸福感成正相关,而对实现外部期望(物质)的可能性估计与幸福感成负相关。

这两个理论其实都是基于目标判断的,而幸福感这样的心理体验,更多地来自于此。

三 活动理论

活动理论起源于康德与黑格尔的古典哲学,形成于马克思辩证唯物主义,被维果斯基提出,成熟于苏联心理学家列昂捷夫与鲁利亚,是社会文化活动与社会历史的研究成果。活动理论强调了活动在知识技能内化过程中的桥梁性作用。活动构成了心理特别是人的意识发生、发展的基础。而人的活动具有对象性和社会性，通常在活动的过程中，人们会体验到活动本身带来的情感变化，而对于结果的判断则可通过上述的判断理论或期望理论来分析。

活动理论针对幸福感的研究发现：幸福感产生于活动本身而非活动目标的实现。如游泳这项活动过程本身比游到终点这个结果带给人更多的快乐。类似的，在人类活动的其他方面，有很多人会享受这项活动过程带给其的情感体验，阿维斯托勒（Avistole）最早提出此观点，他认为快乐和幸福是来自于有价值的活动本身。这种理论与人们常说的"幸福在于追求的过程中"十分类似，属于一种相对浅层次的意识内容。当然，有关幸福感的心理体验的内容，在心理学研究中都进行了非常深入和详细的探讨，在此不做赘述。

四 特质理论

20世纪60年代，随着日益高涨的逻辑学和经验广义潮流，特质模式渐渐崭露头角，其理论典型代表人物有G.W.奥尔波特、R.B.卡特尔、H.J.艾森克和J.P.吉尔福特等人。这些研究学者认为，所谓特质是指一种可表现于许多环境的、相对持久的、一致而稳定的思想、情感和动作的特点，它表现一个人人格的特点的行为倾向。特质论者在判定人的行为时，常用特质描述个体差异和综合个体变量，并将每个人的多种特性，按程度分类，每一个人都有同类的特性，但程度等级不同。这种把人格解释为一系列稳定的特质的论点，曾在相当程度上构成了传统的非心理动力学的人格理论，导致了相应的研究和测量。

美国心理学家G.W.奥尔波特在1961年的《人格模式和发展》中提出，特质是人格结构的核心部分，是"一种广泛的相似行为的倾向系统"，它与"相同刺激"和"相同反应"等要领类似。也就是说，任何情境，当它对个体具有同等意义时，就会激起个体的某种倾向，从而产生各种行为。在这个意义上，特质指"一种心理结构，这种结构使个体能够对许多作用相同的刺激进行反应，并且激活和引导相同形式的适应行为或表现行为"。

奥尔波特在1929年第九届国际心理学大会上发表了题为《什么是个

性特质》的论文，提出将特质作为个性的基本单位。他把人格特质分为共性和个性两类："个体特质精确地反映了人格，而共同特质反映了个体所必须归属的种类。"同时，它们又可按强弱分为首要特质、重要特质和次要特质。共性特质是在某一社会文化形态下大多数人或群体所具有的共同特质，如蒙古族的豪放、维吾尔族的活泼等。个性特质是指个体身上所独具的特质，可分为三种：首要特质是一个人最典型、最具概括性的特质，如多愁善感的林黛玉；中心特质是构成个体独特性的几个重要特质，在每个人身上大约有5—10个，如林黛玉的清高、率直、聪慧、孤僻、内向、抑郁、敏感，都属于中心特质；次要特质是个体不太重要的特质，往往只有在特殊情况下才表现出来。

因此，按照特质理论的视角，其对幸福感的研究结果认为，人们具有一种以积极的方式去体验生活的性格倾向，即拥有快乐的素质。快乐的人总是以一种更为积极的方式看待他们所处的环境。幸福就是以快乐方式进行反应的倾向。有关记忆网络的研究也显示，人们具有积极或消极的记忆网络，这类记忆网络会使得人们以积极或消极的方式来应对某一事件。通常，积极的人会形成以快乐的方式进行反应的习惯，即便是面对没有明显倾向的事件时，积极的网络也会起作用，使人感到愉快。

五　动力平衡理论

动力平衡理论认为，每个人都有一套调整生活事件水平和平衡的幸福感体系，它们建立在稳定的个人特征之上。任何事件对幸福感的影响有三种可能：使幸福感提高、降低或保持平衡。当生活事件处于平衡时，幸福感不变；当生活事件偏离正常水平，如变好或变坏，幸福感就会升高或降低，而这种偏离是暂时的，稳定的人格特点具有平衡功能，会使得生活事件和幸福的感觉重新返回适当的平衡点。而性格特征不稳定的人，则不易维持生活的平衡状态，尤其是当生活状态偏离平衡点时，恢复平衡的能力相对差一点。这也是为什么有些人遇到挫折和困难的时候，能够快速地恢复，并且以积极的心态去面对和解决困难，而有些人则可能一蹶不振。

动力平衡理论实际上是从生活状态和幸福感体验二者的动态平衡模式来进行研究的，主要是通过分析个体生活状态及其变化特征，对其幸福感水平及其变化的影响，研究视角也从单纯的心理感受，逐渐开始结合外在环境和状态因素的影响，走向了主客观综合研究的理论视阈。

综合上述各理论模型可见：幸福其实是一个人身心发展的状态，是主观体验和客观能力之间的平衡，它实际包含了几部分内容：一是对物质生活的满意和生活中的快乐体验；二是个人的发展与实现。而在本书中，幸福感界定为基于对物质生活的满意和生活中快乐的体验，从笔者定义的实质上看，幸福感不仅仅涉及个体的心理体验，还包括了许多社会感知方面的内容，因此，对幸福感的研究需考虑结合多学科理论体系来进行。

第二节　社会生态学的理论发展阶段

社会生态学的理论最早可以追溯到达尔文的进化论，主要强调有机体与环境之间不断变化的融合，特别是"适者生存"的概念。之后以斯宾塞为代表的社会达尔文主义者和芝加哥学派中的生态学派可看作是社会生态学的思想渊源。然而生态系统这一概念的最终形成则是在生态学领域。1935年，英国生物学家阿瑟·乔治·斯坦利对生态系统的组成进行了深入的调查，首次提出社会生态系统的概念，这个系统不仅包括有机复合体，而且包括形成环境的整个物理因子复合体。这种系统是地球表面自然界的基本单位，它们包括各种大小和种类。20世纪初，瑞奇蒙提出了"人在情境中"的论述，社会生态系统作为一个暗示性的元素介入到社会学领域，环境因素被认为至少和内部因素一样重要，随后戈登和本特兰提出了一般系统理论，其关注系统内和系统之间的压力平衡。而关于环境与人的关系，心理学家勒温首先采用生态学的原理与方法研究心理的问题，提出了人的行为公式：$B = f(P, E)$，即行为是个人与环境的函数，其后，美国心理学家布朗芬布伦纳发展了勒温的这一观点，其著作《人类发展生态学》中比较系统地将生态学的隐喻引入人类行为的研究。吉特曼在1979年正式提出：需要对案主的适应性潜能和他们的环境的滋养性品质给予双重的关注。这一论述具体阐释了对环境重要性的重视。伴随符号互动理论的发展，社会工作理论也更关注人与环境的互动。直至20世纪70年代末80年代初，社会生态系统理论在美国已具有相当影响，杰曼和吉特曼的社会工作时间的生命模式将其作为一种社会工作的实务模式的主要理论依据。

再结合前文对社会生态学学科体系的具体论述,可将其看作是社会学、生态学和人类学的交叉学科,并借用了自然科学中的生态学概念和方法来研究人类社会而形成的一种理论。因此,根据社会生态学的理论发展历程和学科体系,可将其分成如下的不同理论发展阶段。

一 古典社会生态学理论

古典社会生态学家(以帕克为代表)认为人类社会是由生物层面和社会层面两方面构成,其中生物层面涉及人类生活的基本需要,包括竞争和共生,是人类社会的基础;社会的文化层面则是以习惯、规范、法律等为基础的结构,其建立在生物层面的基础上,是人类不同于其他生物的特性,即人类的理智、道理和心理。

古典社会生态学主要是试图从空间关系来解释城市中人与人、制度与制度之间的相互关系的,其中伯吉斯的同心圆说、霍伊特的扇形说、哈里斯和厄尔曼的多核心说是最具有代表性的理论。

在20世纪三四十年代,古典社会生态学理论遭到了批判,主要表现在:首先,以阿利汉(Alihan, M. A., 1938)为代表的学者对帕克将社会分为生物的和文化的两个层次并提出质疑和批判。其次,以费雷(Firey, W., 1945)为代表的学者对古典社会生态学理论家过分强调和重视生物性因素在社会中的决定作用,忽略了社会性的因素,特别是文化、情感、象征等的作用进行了批判和发展。最后,对古典社会生态学的批判还在城市空间成长模式,以及对"自然区域"概念和"生态谬误"的批评上。

二 新正统社会生态学理论

新正统社会生态学的代表人物是霍利和邓肯,他们在对古典社会生态学的基础上,提出了新正统的社会生态学理论。

(1) 霍利的人类生态学理论

霍利认为人类生态学的研究重点应该是在解释人口如何集体和无意识地适应环境,而古典社会生态学家们则过分强调了人类社会现象的空间分布。因此,人类生态学应着重研究人类社区的形成和发展,即人类聚居并通过功能分化的方式来适应环境的过程。

其中，霍利生态组织的四原则是人类生态学理论的核心，即相互依赖、关键功能、分化和支配。依据此理论，一个系统在其组成单位的相互依赖和关键功能作用下最终会走向一个均衡封闭状态，但其无法在现实中实现，各种外在及内在的干扰和变迁因素均能影响到系统的发展。

(2) 邓肯的生态复合体

邓肯（Duncan, O., 1964）将自然、生物和社会三者之间的关系称为"生态系统"，其范围可大到全球，可小到一个社区。他认为生态系统是由四个关联变量即人口、组织、环境、技术所组合的功能相互依赖的生态复合体，简称：POET 生态复合体。

在生态复合体中，人口和组织被认为是因变量，环境和技术则被认为是自变量。邓肯将生态扩张理解为技术累积加快了对环境的开发，并带来人口的转变和组织的革命。邓肯认为生态过程是一个变化和自我调适的过程，即引起生态复合体产生变化的力量来自于外部，这些外部的变化首先影响到生态复合体的一个或多个元素的变化，随后引发一系列的调整适应，直到系统重新达到新的平衡为止。

(3) 斯图尔德文化生态学理论

无论是古典的社会生态学，还是新正统的生态学理论阶段，对文化的作用都未给予足够的关注。在古典社会生态学阶段，过多地强调生物及技术因素等在人类社会中的决定作用；而在新正统生态学阶段，则又忽视了个体行动者的主观价值和目的，完全依赖功能主义目的论、技术决定论和意识形态。文化生态学则是从社会文化的角度来研究社区内人们各种社会活动的空间结构、社会变迁等内容，是社会生态学对文化重新关注的体现。

斯图尔德首次启用"文化生态学"这一学术名称，并研究了在不同的生存背景下如何诱导个体的文化适应行为。他强调文化与环境之间的相互作用和关系，认为文化差异的形成是社会与环境相互影响的特殊适应过程，但对文化如何影响周围的环境却被忽略了。萨林斯在此基础上发展了文化生态学的理论，提出"双重进化原理"：一方面，文化表现为跳跃性地向上发展态势，即形成文化的等级差异；另一方面，文化又会在其所处的自然生态系统的影响下，呈现出横向适应的特征。

第三节　社会生态学研究失地农民幸福感理论可行性

综合上述社会生态学各理论流派建立的基础和本书的具体内容，对社会生态学的理论定位偏向于文化生态学方面，之所以继续选择"社会生态学"视角，还是出于对整个理论基础的把握，毕竟失地农民问题涉及的不仅仅只有文化的内容，还包括环境（自然、社会）、制度、规范等其他内容，选用"社会生态学"比"文化生态学"更具概括性，下文笔者将依据社会生态学的相关理论特征来论述其研究失地农民幸福感的可行性。

社会生态学研究的核心是社会生态系统的变化和发展规律，而社会生态系统则是将人类社会群体与其生存环境进行有机结合，是自然生态系统进化的必然产物和最高形态，是包括了社会—经济—生态环境的系统整体，在这个系统内所发生的一切行为均可采用社会生态学的理论体系进行分析。其中，社会、经济、环境之间的竞争与协同是整个系统可持续发展的动力机制，其遵循不协调—协调—新的协调的过程演变。同时，作为复合系统的社会生态系统既受生态系统规律的制约，又受社会系统规律的制约，它有着自身的整合规律：（1）损害整体系统必然危害子系统。社会是社会生态系统的一个子系统，损害社会生态系统必然危及人类社会的永续生存，这一规律与生态系统的规律是相似的；（2）协同进化是整体有序的保障，社会生态系统的进化方向是生物圈与人类社会的相互制约，因此，我们既要注重生物圈整体的协调发展，也要以提高社会的有序发展作为整体协调的动力，使大系统中的各子系统协同进化。

在整个社会生态系统中，任何生态体均有空间范围和时间延续，其内外在资源按照平衡规律、协衡规律或变衡规律运行，其不是封闭的系统，需要与外界发生资源流动。因此，当土地征收行为发生时，其实质是社会生态系统内部的子系统发生变化，并与外界进行资源流动。依据社会生态学的理论体系，解决其所产生一系列问题的依据也将源自这一理论体系。而其中失地农民的幸福感问题又属于广义文化层面的内容，亦是属于社会生态系统的内容，因而霍利的人类生态学理论、邓肯的生态复合体以及斯图尔德的文化生态学等理论都可以进行解释，其不同则在于各个理论所侧重的内容存在差异。

具体来说，以社会生态学的视角来研究失地农民幸福感，无论是从研究对象、研究内容上，还是从理论流派发展上都具有可行性。

（1）从研究对象来看——失地农民，其是在城市化进程中，由于发展的需要向农民征收土地，使农民自愿或者非自愿地失去土地集体所有权和经营权，且现已是城镇户籍的非农业人，这部分群体完整经历了由农村地域向城市地域的转变过程。从社会生态学的角度来看，土地被征收的过程，是农村社区变化为城市社区的过程，也是社区（系统）进行演化的过程——通常社区内（系统内）的演化包括反馈机制，自组织过程，演化动力渐变、突变和序变，系统仿真等内容。因此，城市社区特征相对于农村社区特征（包括自然环境、社会环境）的差异正是社区（系统）演化的重要内容，同时其也属于社会变迁的一种形式。而失地农民作为这一演化过程中的直接作用对象，对其在社会生态学框架下进行研究具有理论上的可行性。

（2）从研究内容来看——幸福感，是一个集个体主观心理感受、社会环境等综合因素于一体的概念，包括反映人与自然关系的物质生活内容，反映个体和群体间的认同关系，反映人类从社会关系中寻求归属感，以及个人内在精神状态，反映了个体对生活意义的理解和感悟。同时，从已有的对幸福感研究的各种理论来看（包括目标层次理论、判断和期望理论、活动理论、特质和平衡理论等），其也包括了许多社会学、社会生态学的内容。因此，从这一角度来讲，幸福感也属于社会生态学的研究范畴，特别是与文化生态学的相关研究内容最为接近，以社会生态学的理论对其进行研究，特别是涉及幸福感变化方面的内容，是最为恰当的。

（3）从社会生态学的理论流派发展过程来看，无一不涉及对个体社会、心理、文化等内容的研究：古典社会生态学中强调了人类的理智、道理和心理等因素的作用；而新正统生态学虽忽略了个体价值和动机在人类社区发展中的重要作用，但却仍然重视对社会体的研究，其中必然包括了相关的文化内容；文化生态学则重新发现并充分利用了文化在社会生态系统演变中的作用，对社区内的各种社会活动的空间结构、社会变迁等内容进行研究，而幸福感从某种意义上来说属于广义文化的内容之一，因此对其采用社会生态学视角，特别是文化生态学视角进行研究极具理论意义。

（4）失地农民幸福感的变化又是伴随着社会生态系统演变的过程而发生的，其属于社会生态系统演变的重要内容之一。因此，以社会生态学的理论为基础，探讨失地农民的幸福感及其变化更为合理。

综上所述，以社会生态学理论研究失地农民，失地农民幸福感及其变化具有理论可行性。

第五章 幸福感测量方法与研究数据准备

第一节 幸福感测量方法

一 幸福感的可测性

依据陈惠雄（2005）关于人类幸福感的可测性和可比较性，可从如下三个方面来论证：（1）人类快乐感的产生是以人的生理官能存在及其官能需求为客观物质基础，其不以人的主观意志为转移。（2）人类对于快乐的感知与判断，是以彼此官能"类的近似性"为基础的。而基因测序表明了人类的各种器官官能是十分接近的，这便决定了人类对快乐具有"类的近似性"。又因人类快乐的主观判断产生于接近的生理官能基础，而这些官能又是客观的，由此其"主体客观性"决定了快乐的可测度；同时，"类的近似性"又进一步决定了快乐具有人际可比性。（3）快乐的对象同样具有客观性质。由于满足快乐需要的对象是客观存在的，对象本身的客观属性和功能相对人类的快乐需要也是客观存在的。人类对客观对象的苦乐感知与个体评价实际上是接近的，这不仅从理论上，还从实践中也都被证实了。

因此，"主体客观性"、满足主体快乐的"对象客观性"和对象功能的客观性，及其人类对客观对象的快乐感知与判断标准的"类的接近性"，都证明了人类主观的快乐感知与评价是具有客观基础的。

然而，测量个人的幸福感却并非易事。首先，人类个体的幸福感受常有多个维度，且这些维度之间往往是相互矛盾的。其次，人类个体的主观感受会因情绪、情境、时间发生变化。基于这些复杂性，如果希望通过问卷调查的方法来测量个体的幸福感，则需要将问卷设计成与其生活相关的多维问题，并综合多个问题的分值以获得最终测量值。①

二 幸福感的一般测量方法

具体到对幸福的测量方法，经济学家们最初倾向将幸福（well-being）归因于客观的方法，如通过收入和寿命来衡量，但后来却认为主观幸福感的概念与之有着显著的不同。首先，主观幸福感是个体对问题的主观回答；其次，主观幸福感是个体对他生活所有部分的整体评价。迪纳（Diener, 1984）调查了对于主观幸福感的文献后写道："主观幸福感（SWB）的定义内缺失一些客观条件，如健康、安慰、品质，或者财富，但这样的条件却是对 SWB 有潜在的影响，它们不是其固有的必学成分。"这个说法完全能解释个体自己的幸福感和快乐水平。

因此，在随后的经济学领域对幸福感的研究中认为，关于效用（经济学中对于"幸福"的另一种称谓）的测量方法用在人们对自己的快乐和生活满意度进行定量化上，虽然人们不愿意接受这样针对主观幸福感的测量方法，但心理学和社会学对于此提供了支持，一致同意这种替代性的测量方法，通常人们认为自己是快乐的，也会被朋友或其他人认为他是快乐的，因此，采用主观自陈问卷调查的方法可以间接测量人们的幸福感水平。

心理学中对于幸福和快乐的研究方法主要有两种：一是借助生理学、脑科学、心理实验等研究手段，对快乐心理的发生机理和系统过程进行研究，使快乐的测量建立在可靠的科学分析基础上；二是关注人们对幸福状况的主观判断，并用一系列与主观判断相联系的指标来进行测量，以检测和显示人们生活的主观幸福感状况。基于已有的各项研究，研究者们开发了各类测量幸福感的工具，具体如下：迪纳（Diener）等编制的《总体生活满意度量表》（SWLS, *Satisfaction With Life Scale*）采用七级评分，适用于不同年龄段的群体，信度效度指标良好，是目前应用最为广泛的测量量表之一。布拉德本（Bradburn）编制的《情感量表》（Affect Scales：Positive Affect, Negative Affect, Affect Balance），一

---

① Richard A. Easterlin, "Does Money Buy Happiness?" *The Public Interest*, Vol. 30, 1973.

共有10个项目,用于测查一般人的积极情感、消极情感及两者的平衡。沃斯顿(Waston)基于以往研究,发展了《简式积极情感和消极情感量表》(PANAS, Positive Affect and Negative Affect Scale),该量表共有20个项目,积极情感和消极情感各有10个项目。此外,莱芙(Ryff, 1989)的《多维幸福量表》是基于心理幸福感理论模型的测量工具,她总结出了幸福感的6种成分,包括自主性、环境掌握、个人成长、与他人的积极关系、生活目的、自我接受,该量表包括6个分量表,每个分量表14题。凯斯(Keyes, 1998)的《社会幸福感问卷》是基于社会幸福感的工具,该量表一共有15个题目,分为5个维度:社会认同、社会实现、社会贡献、社会和谐、社会整合。卡罗尔·莱芙(Carol Ryff)负责了一项美国中年人调查(MIDUS, the Midlife in the United States),其是评估美国中年人的健康与幸福,MIDUS是目前仅有的对主观幸福感、心理幸福感和社会幸福感的全面调查实证研究,为当前和将来对幸福感的研究提供了广泛的原始资料,并构成幸福感研究的标准理论模型。[1]

社会学对幸福感的研究重点是在生活满意度和生活质量研究上,其选择的方法通常也是自陈的问卷调查方法。其中,温霍芬(Veenhoven R., 1991)总结出"通过外在的行为来推测幸福感是不可能的,我们必须通过问卷的方式来进行"。当然,这也存在一定的问题,便是他没有意识到对问卷的回答也是我们推理一个人主观状态的外部行为的一种形式。

因此,自陈评价幸福感的方法被认为至少可以反映四个方面的内容:环境、渴望、和他人的比较,以及个人最基本的幸福或者意向的外表。疣、陈和斯佩克特(Warr, 1980; Chen and Spector, 1991),克劳和厄雷(Konow and Earley, 1999)将记录幸福感水平的证据概括为如下相关的几点:

1. 客观特征,比如失业等。
2. 人们对生活中所发生的事件好的与坏的回忆的对比。
3. 通过朋友和家庭成员来评估人们的幸福程度。

---

[1] J. Lopez, C. R. Shane, Snyder, "Positive Psychological Assessment: A Handbook of Models and Measures", *Washington, D.C.: American Psychological Association*, 2003.

4. 通过他（她）的配偶来评价人们的幸福度。

5. 可复制的杜兴笑脸法（一种面部表情观察法，杜兴笑被称为人类"最真实的笑"）。

6. 当面对压力和心理疾病，如消化紊乱或者头痛时的心率和血压测量法。

7. 面对压力时的皮肤抵抗法。

8. 对人脑活动电波的测量法。

综合上述内容可见，采用自陈的问卷调查是测量人们主观幸福感水平的重要方法，其具有实际应用上的有效性和可行性。

三 国际幸福感测量研究启示

了解当前国际上已有的幸福感测量及其相关研究成果，对于本书具有十分重要的指导意义。目前，最系统和成熟的研究成果是 Veenhoven R. 建立的世界幸福数据库（World Database of Happiness），其是可见的最为全面的研究不同国家之间、不同行业部门之间及实现了幸福感水平时间序列对比的数据库。

在进行幸福感水平的测量时，若对象为单独的个体，则从个体主观判断直接来反映其幸福感水平的高低较为科学。若对象为全体国民，无法通过直接方法来进行测量时，需采用间接的指标来进行衡量，通常这些指标是以经济福利为主要内容，兼顾社会发展和人类自身发展，其从某种程度上也具有一定的替代性和可操作性，下述为参考相关文献而整理的几个常用总体幸福感指标。

（1）人类发展指标（HDI）：英文全称为 Human Development Index，是联合国开发计划署（UNDP）使用的以计量国家或地区人类发展状况的指标，其反映的是一个国家或地区人类发展状况的三个主要方面[①]：生活水平、知识的获取和健康长寿的生活，这三个方面被赋予相同的权重。

---

① 主要是由于这三个方面最容易量化。尽管在 1991 年和 1992 年的《人类发展报告》中增加了人类自由指数和政治自由指数，但由于现实太过复杂，在以后的编制过程中放弃了对这两个指数的编制。

HDI 的值介于 0—1 之间，该值越大，表示人类发展水平越高，人们的幸福水平越高。

（2）可持续经济福利指标（ISEW）：英文全称为 Index of Sustainable Economic Welfare，是在 1990 年由赫尔曼·戴利（Herman Daly）和约翰·科布（John B. Cobb）提出来的。该指标更多地考虑了穷人的福利，并扣减了诸如离婚、交通事故、犯罪等社会成本及环境污染成本，并增加了公共基础设施、未付费的家庭劳动、休闲价值等有利于福利增加的项目。ISEW 与 GDP 的关系是：随着 GDP 的上升，ISEW 先增加，当到达一个点后，ISEW 增长缓慢，甚至开始下降。ISEW 值越高，反映国民的福利水平越高。

（3）国民快乐指数（GNH）：英文全称为 Gross National Happy，首先由不丹国王旺楚克于 1972 年提出来，其属于宏观国民幸福研究领域，由经济增长、环境保护、文化发展和政府善治四大支柱组成，从本质上说不丹模式的 GNH 是以马斯洛的需求层次理论为基础构建的，其克服了古典经济学的缺陷，强化了国民福利的效用，政府善治在于寻找和解决国民发展的瓶颈问题，既涉及高层次的精神问题，又涉及低层次的生存与经济问题。

另一种 GNH 是由行为经济学家丹尼尔·卡尼曼提出来的，卡尼曼采用日重现法 DRM（the Day Reconstruction Method）为福利社会计量体制的发展和社会政策提供有意义的工具，其是通过个人行为推到社会利益、从微观个体的幸福推到宏观国民的幸福、从快乐原理推到国民幸福、从快乐测度推到幸福测度。

对典型国家（地区）民众幸福感水平进行不同时段跨国比较研究，有利于寻求民众幸福感的变化规律及其主要受何种因素的影响，这对我国当前建设和谐社会，提高国民的幸福水平有着一定程度上的实践指导意义。

本书中选取具有代表性的国家（地区），美、德、日、韩、澳，以及中国大陆、台湾地区等作为研究对象。

表 5.1　　　　　　　　各国民众幸福感水平比较表

年份 国家（地区）	1990 年		1995 年		2001 年		2006 年	
	O-HL①	O-SLW②	O-HL	O-SLW	O-HL	O-SLW	O-HL	O-SLW
美国	6.79	7.45	7.93	7.41	7.28	7.00	7.24	6.78
德国	6.90	6.65	/	6.31	/	6.46	6.99	6.38
澳大利亚	7.47	6.12	/	7.18	/	6.77	6.99	6.73
日本	6.96	5.97	7.60	6.25	7.41	5.79	6.36	5.96
韩国	6.60	6.32	7.03	/	6.92	5.79	6.13	/
中国大陆	6.50	6.82	7.08	6.44	6.60	6.14	6.38	/
中国台湾地区	7.48	/	6.29	6.18	/	4.63	6.16	/

从表 5.1 中数据可见，各国民众的幸福感水平在不同年份内有较大差异，在不同国家（地区）间差异也很显著。

首先从时间上来看，1990—2006 年，大多数国家（地区）民众的幸福感水平处于下降的态势，仅有个别国家（地区）有所上升。从总体幸福感水平值（O-HL）来看，美国在 1990 年最低（6.79），在 1995 年达到最高（7.93），随后逐渐降低；德国在 1990—2006 年，O-HL 值相对平稳，1990 为 6.90，2006 年为 6.99，变化不大；澳大利亚 O-HL 值 1990 年为 7.47，2006 年为 6.99，有所下降；日本的 O-HL 值也呈现先上升后下降的趋势，1990—1995 年，O-HL 值由 6.96 上升为 7.60，随后开始下降，2006 年最低，为 6.36；韩国的 O-HL 值也基本上是先上升后下降的，1995 年达到最高值（7.03）；中国台湾地区的 O-HL 值在 1990—2006 年是逐渐下降的；中国大陆的 O-HL 值在 1990—2006 年的变化趋势基本上也是在 1995 年达到最高随后下降。

而考察总体生活满意度水平值（O-SLW），美国 O-SLW 在 1990—

---

① O-HL 表示平均的总体幸福感，此处数据范围均调整为 0—10，"/"表示数据缺失。
② O-SLW 表示平均的总体生活满意度，此处数据范围均调整为 0—10，"/"表示数据缺失。

2006年是逐年下降的；德国的O-SLW值基本平稳，但仍有下降的态势存在；澳大利亚的O-SLW值在1995年达到最高，随后也是逐渐下降的；日本的O-SLW值在1995年亦达到最大值，随后下降；韩国的O-SLW值在2001年要高于1990年。

从不同国家（地区）间的对比来看，1990年O-HL值最高的两个是澳大利亚和中国台湾地区，中国大陆和美、德、日、韩等国的值相差不大，而O-SLW值最高的是美国，最低的是日本。在2006年，O-HL值相对较高的国家（地区）是美、德、澳，日、韩、中国大陆和台湾地区的O-HL值相对接近，O-SLW值中，美、德、澳相对接近且高于日本。

综合上述各项结果可发现，由O-HL和O-SLW分别表示的民众幸福感水平整体结果相对较为一致，即便是个别国家（地区）有着某种程度上的差异，其原因也可能是幸福感值标准化过程的差异。从整体水平上考察，我国民众的幸福感水平相对要低于西方发达国家，与文化类型类似的亚洲国家，如日本、韩国的民众幸福感水平也存在一定的差距。针对我国台湾地区民众的幸福感水平调查结果也显示其要高于大陆民众的幸福感水平。

四 本书对幸福感的测量

上述各种对幸福感的测量方法，包括经济学中所采用的效用函数来间接计量人们的幸福感水平；心理学的各种实验方法，以及社会学中的综合问卷评价测量等。而本书对失地农民幸福感的测量主要是采用心理学和社会学中的问卷调查和评价的方法，通过对失地农民的心理特征水平、幸福感水平及现实的生活满意度等内容的综合评价来体现其幸福感的现状特征。在前文中的论述也表明：问卷调查所获取的自陈幸福感数据能较为真实地评价个体的幸福感水平。

国际研究成果显示我国大陆民众的幸福感水平在1990—2006年存在一个先上升后下降的过程，这样的变化特征可为本书提供实践前提。通过对总体幸福感水平的比较和评价（包括对常用评价指标的介绍）可看出，当前对幸福感水平的研究方法日益多样，研究人群类型日益丰富，因此，选取特定的人群进行研究具有可行性。同时，国际上幸福感已形成了时间和区域对比研究的范式，可以将其引入我国失地农民的幸福感研究中，为下文的研究提供依据。

而常用总体幸福感指标与本书所选取的幸福感测量指标相比，后者更多地体现出个体的主观感受，前者涉及整体的社会福利等内容，依据本书的出发点，目前只是对特殊群体的研究，采用后者将更为恰当。当研究条件成熟时，可尝试应用综合的总体幸福感指标进行失地农民整体福利的研究，这将更具科学研究的可重复性和应用性的特性。

第二节 幸福感研究数据准备

一 调查问卷的设计和获取

一般而言，以调查问卷的形式来进行科学研究，需要经过如下几个环节才能保证问卷有足够的科学性和现实性：主要包括预测问卷的编制，预测问卷的初步测量，正式问卷的探索性因素分析与问卷信度、效度检验。而在本书中，一方面，由于国内外对相关内容已形成相对规范的分析范式；另一方面，由于受到研究时间和进程的限制，仅有小部分问卷的设计按照上述各主要环节来进行，其他大部分的问卷项目还是参考现有的研究成果。其中，依据研究区域的社会经济发展差异，对相关内容的调查标准作了部分调整，具体见表5.2。

本书调查问卷的设计具体分为如下六大部分：

第一部分，是对个人基本情况的调查，包括个体最基本的社会、经济、人口统计信息，如年龄、性别、婚姻状况、家庭结构、家庭收入（及构成）、受教育状况、健康状况、职业状况、宗教信仰、社会关系状况等多项内容，主要目的是获得被调查者客观状况的基本信息。

第二部分，是对征地前后农民生活现状的调查，主要内容涉及征地前后农民的基本生活现状比较，社会、自然环境状况比较，文化特征变化情况等，该部分问卷内容由笔者依据研究目标而确定，主要目的是研究征地农民幸福感受何种因素的影响及失地农民的文化变迁特征，其内容大多是客观的，或是对主观判断的客观表述。

第三部分，是幸福感的单项目评价表，是调查个体对自身幸福状况的整体评价水平，包括主观幸福感、生活满意度等内容，共分为5个判断维度，分值越高越幸福。同时，还对与征地相关的政策满意度、环境满意度、社会关系满意度等内容进行调查，该部分问卷设计参考表5.2。

第四部分，是对失地农民文化适应情况的调查，主要分为文化角色适应和文化行为适应两大部分内容，目的是掌握失地农民文化适应的基本情况，并进行相关的深入分析。文化角色适应采用Likert自评式5点量表法，文化行为适应采用多项目调查法，根据具体题项的选择判断行为适应情况。

第五部分，是对个体心理健康特征进行的调查，问卷设计参考修改后的普通健康调查问卷GHQ（General Health Questionnaire），该问卷被证明能较好地测评个体的心理健康状况。调查表主要分为5个判断维度，对其总分加和就是其心理健康程度的得分，高分值表示拥有较高心理健康水平。

第六部分，是对农民个体之间社会信任关系进行调查，主要参考温尼·普等人（Winnie Yip et al., 2007）对中国农村地区社会信任感水平的调查表。其总分加和就是对信任感的总体测量，高分值表示拥有高的社会信任感水平。

在上述问卷设计的基础上，本次调查选取的研究区域有浙江省杭州市、江西省南昌市和贵州省荔波县，共发放问卷1150份，回收问卷967份，其中有效问卷875份，回收率为84.09%，有效率为90.49%。具体的问卷发放及回收情况统计如下：

杭州市共发放问卷920份，回收问卷787份，其中有效问卷723份，回收率为85.5%，有效率为91.9%。具体如下：杭州市经济技术开发区（下沙）共发放问卷400份，回收317份，其中有效问卷296份，回收率为79.3%，有效率为93.37%；杭州市西湖区共发放问卷520份，回收470份，有效问卷427份，回收率为90.38%，有效率为90.85%。

南昌市共发放问卷180份，回收问卷130份，回收率为72.2%，其中，有效问卷102份，有效率为78.5%。

而贵州省荔波县的问卷调查主要是采取面对面的入户调查方式，因受到区域特征的限制，仅获取有效问卷50份（不符合相关统计分析的样本需求），但作为一个典型的调查结果，能在一定程度上反映出当地的客观情况，因此在本书中仍对此样本进行了分析。

表 5.2　　　　　　几种常见的幸福感、生活满意度调查表

调查名称	细节	问题	回答的陈述
英国家庭状况调查 British Household Panel Survey（BHPS）	1991年开始，对相同样本个体进行调查，以家庭为单位来进行	"整体而言，你对你的生活有多满意？"	1＝"一点也不满意" 7＝"完全满意"
德国社会经济调查 German Socio-Economic Panel Survey（GSOEP）	选择多阶段随机样本进行调查，家庭中所有的人员都参加，采用面对面采访方式	"整体来说，你对你现在的生活有多满意？" "整体来说，你现在觉得你的生活有多幸福？"	0＝"完全不满意" 10＝"完全满意" 0＝"完全不幸福" 10＝"完全幸福"
俄罗斯径向监测调查 Russian Longitudinal Monitoring Survey（RLMS）	选择家庭概率样本数据，对俄罗斯1995—1998年20个区域内的家庭进行调查	"现在，你在多大程度上满意你的生活？"	5＝"完全满意" 4＝"相当满意" 3＝"一般满意" 2＝"不太满意" 1＝"一点也不满意"
美国普通社会调查 US General Social Survey（USGSS）	美国1972—1994年30000个体样本	"考虑所有事情，你会说你自己"	3＝"非常快乐" 2＝"相当快乐" 1＝"不是很快乐"
世界价值观调查 World Values Survey（WVS）	主要来自欧洲价值调查群体，是由Mori和Gallup在1998—1999年对英国大约1000个代表个体数据进行采集的	"考虑所有的事情，你对你这些天的生活是否满意" "考虑所有的事情，你会说你"	1＝"完全不满意" 10＝"满意" 4＝"非常幸福" 3＝"一般幸福" 2＝"不是很幸福" 1＝"一点也不幸福"

二 调查问卷的信度、效度检验

（一）信度和效度检验

在调查问卷的设计过程中，多项内容都参考了已有的研究成果，但幸福感的单项目评价和文化角色适应部分是笔者自己设计的，须经过信度、效度的检验。

1. 信度检验

信度是对问卷（量表）评价结果的前后一致性，也就是评价得分使得人们可以信赖的程度有多大。一般信度系数可分为再测信度、同质性信度、分半信度几种。本书对信度的检验采用了同质性信度和分半信度。

同质性信度也称为内部一致性，其基本计算公式为：

$$r = \frac{K\bar{r}_{ij}}{1 + (K-1)\bar{r}_{ij}}$$

其中，$\bar{r}_{ij}$ 是项目间相关系数 r_{ij} 的平均值；K 为构成测验的项目数。

分半信度是在测试以后对测试项目按奇项、偶项或其他标准分成两半，分别积分，由两半分数之间的相关系数得到信度系数。其假设是两半测验分数具有相同的平均值和标准差。当这个假设不同满足时可由如下两个公式来估测：

（1）弗拉南根公式：

$$r = 2(1 - \frac{S_a^2 + S_b^2}{S_x^2})$$

其中，S_a^2 和 S_b^2 是分半测验分数的变异数；S_x^2 为测验总分的变异数。

（2）卢伦公式：

$$r = 1 - \frac{S_d^2}{S_x^2}$$

其中，S_d^2 为两分半测验分数之差的变异数，S_x^2 为测验总分的变异数。

理论上，信度最理想的情况是相关系数 = 1.00，但实际中往往无法达到。一般认为信度应在 0.7 以上，当 $r < 0.7$ 时，不能用测验对个人作评价，也不能用于团体间差异的比较；当 $r > 0.7$ 时，可用于团体比较；当 $r \geq 0.85$ 时，可用于鉴别个人。

2. 效度检验

效度（Valibity）是指用度量方法测出变量的准确程度，传统上被定义为能测量到所要测量对象的程度，可分为内容效度、效标关联效度以及结构效度。

内容效度指一个测验抽测量到具有代表性的内容和行为的程度，且不同判断者的评价也不会一致；效标关联效度反映的是测验预测个体在某种情境下行为表现的有效性程度；结构效度是指测验能够测量到理论上结构或特质的程度，也就是问卷所要测量的概念显示有科学的意义，并符合理论上的设想。

效度系数用来比较各种测验有效性的大小，效度系数（仅指结构效度和标准效度）应该达到的水平，没有简单的一般标准，不过测量分数与效标的相关必须达到显著性水平，如 0.05 或 0.01。

在本书中，对问卷的效度检验主要包括内容效度和结构效度。

3. 本书的信度、效度检验

本书的调查问卷数据资料采用 SPSS 15.0 for Windows 统计软件包进行分析处理。在进行分析之前，笔者先对反向记分题目进行正向记分，然后对角色观念适应部分和幸福感单项目测定的题目进行 KMO 检验和 Bartlett 球形检验：一般认为 KMO 检验值在 0.9 以上很适合因子分析，0.8 以上适合因子分析，0.7 以上尚可因子分析，0.6 以上勉强可以因子分析，0.5 及以下均不适合因子分析；Bartlett 球形检验，是用于检验相关矩阵是否单位阵，即各变量是否各自独立，如果结论为拒绝该假设，说明这些变量之间有非常密切的联系。

经统计，幸福感的单项目测定表中的 11 个因子和文化角色适应的 19 个因子的 KMO 分别为：

表 5.3　　　　　幸福感评价的 KMO and Bartlett 检验

KMO 取样适当性度量		0.796
Bartlett 球形检验	X^2 分布	2614.924
	自由度	55
	显著性	0.000

表 5.4　　　　　角色适应的 KMO and Bartlett 检验

KMO 取样适当性度量		0.889
Bartlett 球形检验	X^2 分布	4673.901
	自由度	171
	显著性	0.000

表 5.3、表 5.4 中，KMO 的检验均在 0.7 以上，适合做因子分析，且 Bartlett 球形检验达到显著（显著性水平为 P = 0.000），表明变量之间有共同因素存在，适合做因素分析。在此基础上，首先利用 SPSS 15.0 For Windows 软件包的 Analyze – Data Reduction – Factor Analysis 模块进行因子分析，提取公因子。再通过方差极大性正交旋转（Varimax）求出旋转因素负荷矩阵，并依据以下标准确定因素数目：（1）因素的特征值（eigenvalue）大于等于 1；（2）因素必须符合陡阶检验（Screen Test），参考问卷的因素提取碎石图；（3）抽取出的因素在旋转前至少能解释 2% 的总变异；（4）因素比较好命名。

表 5.5 和图 2 是幸福感单项目评价的因素分析结果，其中特征根大于 1 的因子有 3 个，共解释了总方差的 57.968%，方差贡献率分别为 33.722%、15.041%、9.206%。而图 2 中显示前 3 个因子的连线坡度较陡，之后渐趋平缓。

表 5.5　　　　　幸福感单项目评价公因子解释度

主因子	初始特征根			因素载荷提取			旋转后因素载荷提取		
	总值	方差贡献率（%）	累计贡献率（%）	总值	方差贡献率（%）	累计贡献率（%）	总值	方差贡献率（%）	累计贡献率（%）
1	3.709	33.722	33.722	3.244	29.493	29.493	2.128	19.343	19.343
2	1.655	15.041	48.763	1.243	11.304	40.797	1.701	15.461	34.804
3	1.013	9.206	57.968	0.607	5.519	46.316	1.266	11.512	46.316
4	0.973	8.845	66.814						
5	0.935	8.500	75.313						
6	0.603	5.485	80.798						
7	0.566	5.144	85.942						

续表

主因子	初始特征根			因素载荷提取			旋转后因素载荷提取		
	总值	方差贡献率（%）	累计贡献率（%）	总值	方差贡献率（%）	累计贡献率（%）	总值	方差贡献率（%）	累计贡献率（%）
8	0.484	4.403	90.345						
9	0.391	3.555	93.900						
10	0.340	3.090	96.991						
11	0.331	3.009	100.000						

注：提取方法：公因子分析法。

碎石图 Scree Plot

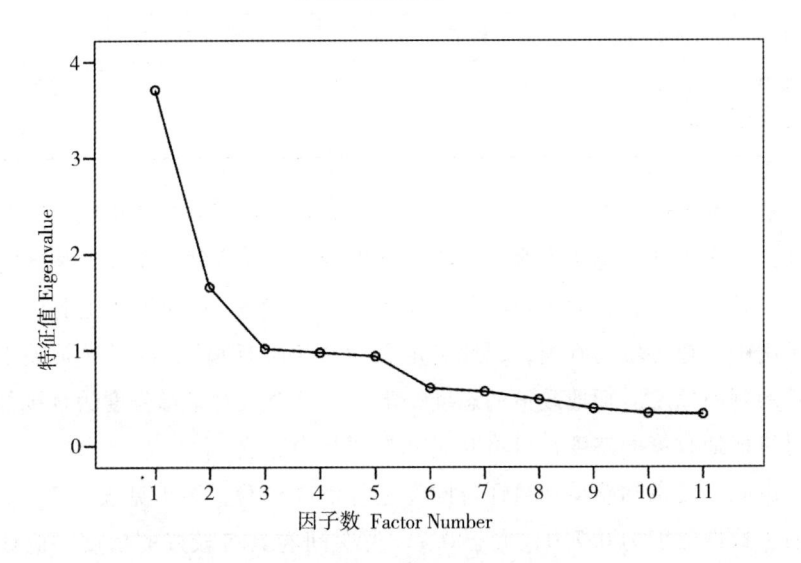

图 2 幸福感单项目评价碎石图

依据表 5.5 和图 2 及前文相关内容，可定义如下的公因子，见表 5.6。

表 5.6　　　　　幸福感单项目评价公因子提取

题目			因素负荷
因子 1　生活满意	特征值 3.709	贡献率 33.722%	
生活状况判断			0.770
家庭收入满意度判断			0.761

续表

题目	因素负荷
家庭生活满意度判断	0.747
邻居交往满意度判断	0.672
工作满意度判断	0.682
休息时间满意度判断	0.664
居住条件满意度判断	0.663
因子 2　生存环境	特征值 1.655　贡献率 15.041%
对动植物关心程度	0.878
对臭氧层破坏关心程度	0.868
因子 3　社会态度	特征值 1.013　贡献率 9.206%
幸福感判断	0.789
征地安置政策态度	0.408

从表 5.6 中可看出，因子 1 代表了失地农民在评判其幸福感水平时所涉及的关于生活状况、家庭收入、家庭生活、邻居交往、工作、休息时间及居住条件等内容，因此可将其定义为"生活满意"；因子 2 主要代表了关于周围生存环境的判断，因此可定义为"生存环境"；因子 3 是关于幸福感的判断以及对征地政策的态度，主要涉及个人对幸福程度的直接判断和对待征地政策的态度，可将其定义为"社会态度"。

由此可对幸福感单项目评价问卷进行信度检验，结果见表 5.7。本问卷的一致性信度为 0.710，大于 0.7，说明问卷具有较好的信度，但社会态度一栏中，远低于 0.6，因此其不应作为单项目评定的内容。探讨其原因后发现，其主要是由于征地安置政策态度引起，应予以删除。

表 5.7　　　　　幸福感单项目评价问卷信度检验表

因子	同质性信度（Crobach's α）
生活满意	0.837
生存环境	0.747
社会态度	0.063
总体	0.710

表 5.8 中特征根大于 1 的因子有 4 个，共解释了总方差的 59.182%，方差贡献率分别为 32.838%、14.658%，6.016%，5.670%。而图 3 中显示出前 4 个因子的连线坡度较陡，之后渐趋平缓，因此可提取如下 4 个公因子，见表 5.9 所示。

其中，因子 1 包括 9 个题项，所涉及的内容主要是失地农民对城市生活、与城市人交往、思想观念等方面的适应能力，因此定义为"适应能力"；因子 2 包含 4 个题项，主要是失地农民对自己目前的心理感受、心理状态等的描述，将其定义为"心理感受"；因子 3 包含 3 个题项，内容涉及失地农民对自己身份和生活方式的认知，因此定义为"身份认知"；因子 4 包含 3 个题项，涉及失地农民对未来的打算、想法，可命名为"未来意愿"。

表 5.8　　　　　　　失地农民角色适应公因子解释度

主成分	初始特征根			因素载荷提取			旋转后因素载荷提取		
	总值	方差贡献率（%）	累计贡献率（%）	总值	方差贡献率（%）	累计贡献率（%）	总值	方差贡献率（%）	累计贡献率（%）
1	6.239	32.838	32.838	6.239	32.838	32.838	4.403	23.172	23.172
2	2.785	14.658	47.496	2.785	14.658	47.496	2.833	14.910	38.082
3	1.143	6.016	53.512	1.143	6.016	53.512	2.348	12.357	50.439
4	1.077	5.670	59.182	1.077	5.670	59.182	1.661	8.743	59.182
5	0.833	4.385	63.567						
6	0.808	4.251	67.818						
7	0.788	4.145	71.963						
8	0.677	3.563	75.526						
9	0.577	3.038	78.564						
10	0.558	2.936	81.500						
11	0.537	2.828	84.328						
12	0.519	2.733	87.061						
13	0.437	2.302	89.363						
14	0.407	2.142	91.505						

续表

主成分	初始特征根			因素载荷提取			旋转后因素载荷提取		
	总值	方差贡献率（%）	累计贡献率（%）	总值	方差贡献率（%）	累计贡献率（%）	总值	方差贡献率（%）	累计贡献率（%）
15	0.387	2.036	93.542						
16	0.349	1.838	95.380						
17	0.315	1.656	97.036						
18	0.295	1.550	98.587						
19	0.269	1.413	100.000						

注：提取方法：主成分分析。

表5.9　　　　　　　　失地农民角色适应公因子提取

题目	项目	因素负荷	
因子1　适应能力	特征值6.239	贡献率32.838%	
城里人能做的我也能做			0.740
愿意与城里人做好朋友			0.739
生活的好坏主要靠提高自己素质			0.710
期望城里人主动与我打交道			0.684
愿意与城里人一起工作			0.628
愿意参与城里人的娱乐活动			0.655
愿意让人知道我来自农村			0.641
已经适应城市生活了			0.669
思想观念转变了			0.632
因子2　心理感受	特征值2.785	贡献率14.658%	
我现在感觉生活很不安			0.779
我现在做起事来感觉紧张			0.755
我现在感觉烦躁			0.768
我现在感觉孤独			0.699

续表

题目	项目	因素负荷	
因子3 身份认知	特征值1.143	贡献率6.016%	
已经是城市人了			0.703
城市人比农村人好			0.438
要适应城市生活			0.318
因子4 未来意愿	特征值1.077	贡献率5.670%	
我对未来的生活充满希望			0.297
我希望政府能给予更多的保障支持			0.276
我将来打算买套更大的房子			0.155

碎石图 Scree Plot

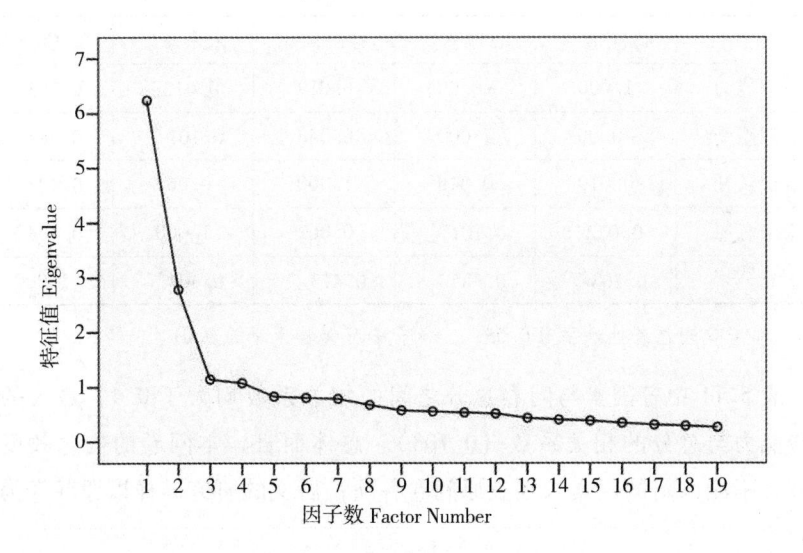

图3 失地农民角色适应碎石图

对问卷效度的考察，主要包括内容效度和构念效度两方面内容。经过文献综合分析、实地调查与访谈、专家分析等方法，最终确定问卷，从而在一定程度上保证了问卷的内容效度。

对问卷的构念效度的检验见表5.10、表5.11。

表 5.10　　　　　　　　幸福感单项目评价效度检验结果

	生活满意	生存环境	社会态度	总分
生活满意	1.000	0.029	-0.047	0.925**
生存环境	0.029	1.000	0.014	0.285**
社会态度	-0.047	0.014	1.000	0.001
总分	0.925**	0.285**	0.001	1.000

注：**代表显著性水平为0.01。

表 5.10 中各因素与问卷总分之间相关系数最大的是生活满意（0.925），生存环境相关性不高（0.285），最低的是社会态度。总的来说，幸福感单项目评定的构念效度不太理想，因此，在后文的研究中仍以原问卷选项来进行。

表 5.11　　　　　　　　角色适应效度检验结果

	适应能力	心理感受	身份认知	未来意愿	总分
适应能力	1.000	-0.004	0.019	0.072*	0.703**
心理感受	-0.004	1.000	0.046	0.101**	0.385**
身份认知	0.019	0.046	1.000	0.062	0.473**
未来意愿	0.072*	0.101**	0.062	1.000	0.404**
总分	0.703**	0.385**	0.473**	0.404**	1.000

注：*代表显著性水平为0.05；**代表显著性水平为0.01。

表 5.11 中各因素与问卷总分之间的相关系数均大于 0.4，最大的是适应能力与总分的相关系数（0.703）。总体而言，本问卷的构念效度不太好，不能以新的因素来代表原问卷各项，后文的研究同样以原问卷为分析对象。

三　原始数据统计特征分析

以回收的有效问卷为基础，首先对原始数据进行了基本的统计特征分析，主要包括社会、经济、人口统计变量的相关统计特征，具体如表 5.12 所示。

从表 5.12 所显示的数据特征来看：

（1）性别比例一项中，三个研究区域抽样调查数据中均为男性多于女性。

（2）年龄状况中，南昌市的平均年龄最大，为 45.81 岁，基本上是中老年人居多，荔波县居中，平均年龄为 39.90 岁，而杭州市的调查对象平均年龄最小，为 35.58 岁。从各年龄段的分布来看，15—25 岁之间人群比例最高的是南昌市，25—35 岁之间比例最高的是杭州市，35—50 岁之间比例最高的是荔波县，50 岁以上人群比例最高的是南昌市，总的来说，杭州市各个年龄段的人群比例较为均匀，而南昌市和荔波县分布则不太均衡。

（3）婚姻状况中，所选研究区域均为已婚人群占多数，未婚比例其次，丧偶或离异比例较低，特别是离异比例最低。

（4）受教育水平中，平均水平最高的是杭州市，为 9.45 年，基本属于初中以上文化程度，最低的是南昌市，荔波县居中（由于样本量的关系造成南昌市和荔波县受教育水平的差异）。从各教育水平段来看，小学及以下人群比例最高的是南昌市，杭州市其次，荔波县最低；初中人群比例最高的是荔波县，其次是南昌市，杭州市最低；高中及中专水平比例最高的是杭州市，其次是南昌市，荔波县最低；大专及以上水平比例最高的是杭州市，南昌市其次，荔波县为 0。

（5）收入状况中，杭州市和南昌市相比，被调查人群征地后家庭年收入在 1 万—5 万元之间的，杭州市多于南昌市；5 万—10 万元之间的家庭，南昌市多于杭州市；10 万—15 万元之间及 15 万元以上的家庭，南昌市为 0，而杭州市比例较高。荔波县处于西部区域，经济发展水平较低，家庭收入水平在 1 万元以下的家庭比例占 79.95%，1 万—3 万元的家庭比例占 20.05%，3 万元以上的家庭比例为 0，由此可见，东、中、西部区域的经济发展水平差异仍然十分显著。

（6）自评健康状况中，三个选定研究区域中绝大多数人群都拥有较好的健康水平。自评健康为"非常好"的人群比例，南昌市最高，杭州市其次，荔波县无；自评健康为"比较好"的人群比例，荔波县最高，南昌市居中，杭州市最低；自评健康为"一般"的人群比例，荔波县最高，杭州市其次，南昌市最低；自评健康为"差""非常差"的人群中，南昌市和荔波县均为 0，杭州市共计 3.04%，比例较低。

(7) 宗教信仰一项中，无宗教信仰人群比例最高的是荔波县（80.00%），其次是南昌市（66.67%），最低为杭州市（42.60%）；在有宗教信仰人群中，信仰佛教占的比例最高，其次是基督教。

综合而言，本书所获得的调查数据基本上能满足研究的需要，其数据的统计特征与区域实际状况基本吻合。

表 5.12　　数据的基本统计特征描述

指标	平均值（标准差）或百分比			指标	平均值（标准差）或百分比		
	杭州市	南昌市	荔波县		杭州市	南昌市	荔波县
性别状况				收入状况			
男（%）	57.54	56.86	56.67	1万—5万元（1万元以下）（%）	31.12	20.58	79.95
女（%）	42.46	43.14	42.33	5万—10万元（1万—3万元）（%）	43.57	79.42	20.05
年龄状况（均值）（岁）	35.58	45.81	39.90	10万—15万元（3万—5万元）（%）	19.64	0.00	0.00
15≤年龄＜25（%）	15.49	20.59	0.00	15万元以上（5万元以上）（%）	5.67	0.00	0.00
25≤年龄≤35（%）	38.31	15.69	30.00	自评健康状况			
35＜年龄≤50（%）	37.07	16.66	60.00	非常好（%）	31.54	33.33	0.00
50＜年龄（%）	9.13	47.06	10.00	比较好	35.87	48.04	60.00
婚姻状况				一般（%）	29.55	18.63	40.00
未婚 a（%）	20.61	16.67	0.00	差（%）	2.63	0.00	0.00
已婚或同居（%）	75.10	76.47	100.00	非常差（%）	0.41	0.00	0.00
丧偶（%）	3.73	6.86	0.00	宗教信仰			
离异或分居（%）	0.55	0.00	0.00	佛教（%）	28.91	33.33	20.00

续表

指标	平均值（标准差）或百分比			指标	平均值（标准差）或百分比		
	杭州市	南昌市	荔波县		杭州市	南昌市	荔波县
受教育水平（年）	9.45	6.61	7.80	基督教（%）	18.67	0.00	0.00
小学及以下（%）	27.80	48.04	20.00	道教（%）	7.05	0.00	0.00
初中（%）	32.23	34.31	70.00	其他宗教（%）	2.77	0.00	0.00
高中及中专（%）	24.62	15.69	10.00	无宗教信仰（%）	42.60	66.67	80.00
大专及以上（%）	15.35	1.96	0.00				

本章对幸福感的相关概念进行了界定和辨析，并提出本书所选择的幸福感测量方法——主要是以问卷调查方法评价失地农民的幸福感水平。在此基础上，对问卷设计过程和内容进行了详细的介绍，其中，大部分的问卷都是参考已有成熟的问卷体系（这样的问卷经过多次实践的检验，通常具有较高的信度和效度），而对笔者自己设计的部分问卷则进行了相应的信度、效度检验。结果表明，幸福感单项目评价和失地农民角色适应部分问卷具有较高的信度和内容效度，但构念效度不太理想，因此，下文仍选择原问卷中的各项内容作为研究的基础。最后，对原始数据基本的统计特征进行了分析，为后文的研究奠定基础。

第六章　典型区域失地农民幸福感测量结果分析

第一节　研究区域概况

从本书的研究目标、现有的研究基础及研究实现的可行性角度出发，笔者选取浙江省杭州市、贵州省荔波县、江西省南昌市为研究区域，这三个区域典型的失地农民特征为本书提供了可靠的原始研究素材。

一　杭州市选定的研究区域

（一）杭州经济技术开发区

杭州经济技术开发区是1993年4月经国务院批准成立的国家级开发区，位于杭州市的东部区域，行政管辖面积104.7平方公里，辖区人口30万人。现辖下沙、白杨两个街道办事处，包括12个社区（行政村），分别是头格、智格、七格、中沙、上沙、下沙、高沙、元成、东方、新元、松合、湾南社区。在这12个社区中，头格、七格、智格、高沙社区经济比较发达，上沙、中沙、下沙、元成经济中等发达，松合、新元、东方一般，湾南较差。

随着开发区的不断建设和发展，农村土地逐渐被征收，当地农民失去土地成为失地农民。本书依据征地的时间先后顺序，以及各个行政村的社会经济发展实际情况，对以上12个社区进行了广泛调查。

（二）杭州市西湖区

本书的第二个样本区域是杭州市西湖区，其位于杭州市区西部，总面积312.43平方公里，辖2个镇（双浦、三墩）、10个街道（转塘、北山、西溪、留下、蒋村、灵隐、翠苑、文新、古荡、西湖），有118个社区、

54个行政村，常住人口66.75万人。目前有着特色鲜明的都市农业，各类休闲观光农业园33家，杭州著名的旅游中心——西湖就在其辖区内。

伴随着杭州经济的不断发展，土地征收也快速推进，本书选取的研究区域西湖区蒋村街道和古荡街道，土地征收的年份大致在1998—2005年，而依据被征收土地不同的区位特点，失地农民的生活状况也存在较大差异：在临近市中心的区域，失地农民大多能依靠补偿的房产获得房租收入，并且外出就业的机会多，生活状况相对较好；而在相对偏远的区域，基本无法获得房租收入，且就业机会少，从事的工作也大多属于环卫、建筑类，自由职业者亦多数是临时工，还包括摩托车的士等工作。

二 贵州省选定的研究区域

本书选取了西部经济欠发达地区的贵州省荔波县作为研究区域，该区域位于贵州省的东南部，行政区域总面积2431.8平方公里，耕地面积8459公顷，森林覆盖率53.96%。辖6个镇、11个乡（其中5个民族乡），总人口16.68万人。其中，非农业人口1.36万人，少数民族人口14.51万人，人口较多的少数民族有布依族、水族、瑶族、苗族等。

研究具体的调查点拉桥寨则属于荔波县永康乡拉水族村寨之一。在国家西部大开发的背景下，村寨原有土地（主要是农田、森林用地）被征收用于修建公路，同时，由于当地属于荔波茂兰喀斯特森林自然保护区——国家级自然保护区，为了保护当地的动植物资源，政府征收了农民的土地。当地的土地征收大部分是在2000年前后完成，失地农民生活状况相比以前大有改善，不过，大部分农民仍以务农为主，部分外出打工，或者开办乡村旅游等项目。

三 南昌市选定的研究区域

本书选取了位于中部经济区的江西省南昌市青山湖区作为研究区域。青山湖区现辖一乡（扬子洲乡）、四镇（湖坊、塘山、京东、罗家镇）、两个街办（青山路街办、上海路街办）和一个农场（扬子洲农场），共有75个村委会和78个居委会。全区人口40.35万人，其中，非农业人口25.47万人，农业人口14.88万人。其土地征收时间大致在2000年左右，主要是对南昌市近郊的农民实施土地征收，主要用于城市的发展。现在，区域内的失地农民生活来源主要靠房屋出租和外出打工，生活状况比较稳定。

第二节　典型区域失地农民幸福感特征及其变化

依据前文对幸福感测量方法的阐述，本书分别调查和分析了失地农民的总体幸福感水平、总体生活满意度和生活质量指数，以期从不同侧面全面比较不同区域幸福感水平的差异。

一　总体幸福感和生活满意度

对于幸福感权威的定义来自于范荷文（Veenhoven R.，1991），其认为幸福是"个人判断其整体生活质量满意的程度"。因此，本书中采取由个体自己判断其幸福感水平，具体方法是通过个体对问题的回答来确定："总的来说，你感觉自己是否幸福？"，分别按照 1—5 的分值进行评分，"1"代表"非常不幸福"；"5"代表"非常幸福"。在此，分值仅具有排序上的意义，即分值越高，幸福感水平越高，得分为"4"并不代表幸福感水平是得分为"2"的两倍。

生活满意度，是对个体总体生活满意程度进行的评价，属于社会学领域对幸福感研究采用的定义，通常生活满意度高的，反映出的幸福感水平越高。本书中具体的方法是"总的来说，你对自己目前的生活状态的满意程度"，"1"代表"非常不满意"；"5"代表"非常满意"。

在上述定义的基础上，对杭州市、南昌市和贵州省荔波县失地农民的总体幸福感和生活满意度水平评价结果如表 6.1 所示。

表 6.1　　　　　　　　典型区域幸福感评价结果比较

指标	平均值或百分比			指标	平均值或百分比		
	杭州市	南昌市	荔波县		杭州市	南昌市	荔波县
总体幸福感（均值）	3.2974	3.3235	3.2667	生活满意度（均值）	3.2918	3.6373	3.1333
很不幸福（%）	3.32	0.00	0.00	很不满意（%）	1.94	0.00	0.00

续表

指标	平均值或百分比			指标	平均值或百分比		
	杭州市	南昌市	荔波县		杭州市	南昌市	荔波县
比较不幸福（%）	17.43	9.80	10.00	不太满意（%）	13.28	2.94	16.67
一般（%）	37.21	56.86	53.33	一般（%）	47.86	38.24	56.67
比较幸福（%）	30.29	24.51	36.67	比较满意（%）	27.52	50.98	23.33
非常幸福（%）	11.76	8.82	0.00	非常满意（%）	9.40	7.84	3.33

从表6.1可见，选定的研究区域中，总体幸福感水平均值最大的是中部的南昌市，其次是东部沿海区域的杭州市幸福感水平，西部贵州省荔波县的幸福感水平最低；而总体生活满意度均值大小分布情况与总体幸福感水平保持相一致，从理论的角度来讲，生活满意度高的人群更容易感受幸福。

从幸福感程度的分布情况来看，杭州市感觉到"非常幸福"的比例最高，其次是南昌市，荔波县调查群体中无人感觉到非常幸福；认为自己"比较幸福"的人群比例最高的是荔波县，其次是杭州市，最低为南昌市；幸福感水平"一般"的人群比例最高的是南昌市，荔波县居中，最少的是杭州市；认为自己"比较不幸福"的人群中，杭州市的比例最高，南昌市居中，荔波县最低；认为自己"很不幸福"的人群，杭州市占3.32%，南昌市和荔波县均为0。由此可见，虽然杭州市失地农民的幸福感平均水平低于南昌市，但其"比较幸福""非常幸福"的人群比例远远高于南昌市，说明了杭州失地农民的幸福感水平大部分是高于南昌市的。而南昌市和荔波县相比较，幸福感水平差异不大，感觉"比较不幸福"的比例荔波县高于南昌市；感觉"一般"的比例，南昌市高于荔波县；感觉"比较幸福"的比例荔波县高于南昌市；感觉"非常幸福"的比例南昌市高于荔波县（比例为0），总体而言，南昌市失地农民幸福感水平高于荔波县。

从生活满意度的分布情况来看，在各个层次水平上，南昌市失地农民的生活满意度水平要高于杭州市：对生活整体上感觉"很不满意"和"不太满意"的人群比例，杭州市为15.22%，南昌市仅为2.94%；而感觉"比较满意"的人群比例南昌市为50.98%，远高于杭州市的27.52%；对生活"非常满意"的比例，二者较为接近。荔波县和杭州市相比，"很不满意"和"不太满意"的人群比例是荔波县（16.67%）高于杭州市（15.22%）；"比较满意"人群比例，杭州市高于荔波县；"非常满意"人群比例亦是杭州市高于荔波县。可见，杭州市的生活满意度水平要高于荔波县。

综合上述内容可得，失地农民幸福感水平基本上是东部区域（杭州市）高于中部区域（南昌市）、西部区域（荔波县），生活满意度水平是中部区域（南昌市）高于东部区域（杭州市）、西部区域（荔波县）。而幸福感和生活满意度的关系则大体上可概括为：生活满意度水平低的区域，幸福感水平也较低；生活满意度高的区域，幸福感水平不一定高，生活满意度高仅仅使得幸福感高成为一种可能。

二 生活质量指数

（一）概念辨析

生活质量（Quality of Life），是思萨莱（Szalai）于1980年最早提出的，指的是"生活良好的程度"或者"生活的满意度特征"，其和人们常说的"生活水平""生活条件"有着一定的差别。在过去，许多国家仅仅将经济指标作为评估其社会发展的依据，如GNP、人均收入、就业水平等反映国家生活水平，但是却不能反映其民众的生活质量。因此，"生活水平"和"生活条件"等以经济指标为衡量内容的概念应该和"生活质量"结合起来，其衡量的是一个人的精神状态、心理和社会成就以及功能性。

通常认为，生活质量评价指标分为客观和主观两种：客观的生活质量包括社会和经济指标，如离婚率、收入水平、失业率水平、死亡率等；主观的生活质量则主要指个体对幸福感的主观评价，如总体幸福感、生活满意度等。

因此，本书对失地农民的生活质量指数进行评价，具体包括主观和客观两方面，目的是为了更加全面综合地考察失地农民的生活质量水平，从另一侧面来反映其幸福感水平的高低。

(二) 指标体系构建原则

失地农民生活质量指标体系在构建时,必须遵循以下基本原则:

1. 系统层次性原则。依据系统论方法,将失地农民的生活质量作为一个系统,下面分为若干不同领域的子系统,由此共同决定失地农民生活质量的高低。同时,在系统内,将失地农民生活质量评价体系分为三个层次,第一层为失地农民生活质量指数;第二层为各个子系统的分类指数;第三层为构建体系的具体指标。

2. 简洁性原则。本书在综合系统的前提下,试图把握问题的主要方面,在众多指标中提炼出最能代表失地农民生活质量的若干指标。

3. 相对独立性原则。指标体系的设计要尽可能内涵清晰,各个指标相对独立。

4. 可操作性原则。所选的指标能够反映政府公共政策对失地农民生活质量的影响,并能在一定程度上方便政府部门进行实际的评价操作。

(三) 失地农民生活质量指标体系构建

在生活质量的概念内涵和指标体系构建原则指导下,建立如表 6.2 的指标体系来评价失地农民的生活质量。

表 6.2　　　　　失地农民生活质量指标体系

目标层	准则层	指标层	单位
生活质量指数	收入和消费	家庭总收入	元
		生活消费支出	元
		文化消费支出	元
	健康和就医	自评健康	/
		就医选择	/
	休息时间	每周工作天数	天
		每天工作小时数	小时
	社会保障	有无医疗保障	/
		有无养老保险	/
		有无失业保障	/
		有无最低生活保障	/

续表

目标层	准则层	指标层	单位
生活质量指数	总体幸福感	自评幸福感	/
	社会交往	自评社会交往满意度	/
	环境质量	自评环境质量	/
	居住条件	自评居住条件满意度	/

失地农民生活质量指数由 8 个方面共 15 项基础指标构成。为了确定生活质量总指数，首先将 15 个基础指标进行无量纲化处理（分别按照不同的数据类型——定距变量和分类变量进行处理），随后依据一定的权重合成生活质量总指数。

（四）数据无量纲化处理

在指标体系中，有两种不同的数据类型：定距变量和分类变量，其无量纲化的处理也各不相同。

1. 定距变量的处理

本书中对定距变量的无量纲化处理采用极值法来进行，具体如下：

$$Z_i = \frac{[X_i - Min(X_i)]}{[Max(X_i) - Min(X_i)]}$$

其中，Z_i 是第 i 个指标去量纲后的得分，X_i 为第 i 个指标的原始指标值，$Max(X_i)$ 为第 i 个指标的最大值，$Min(X_i)$ 为第 i 个指标的最小值。

另外，对于数值高低与失地农民生活质量成负相关的逆指标而言，如工作时间，计算公式调整如下：

$$Z_i = \frac{[Max(X_i) - X_i]}{[Max(X_i) - Min(X_i)]}$$

其中，各变量代表的意义同上。

如此经过极值法变换后的数值基本位于 (0, 1) 区间内，并且具有较为明显的相对数性质，可以较好地反映出失地农民生活质量的高低。在本研究中，极值处理中的最大值、最小值均为调查统计数据的最大值、最小值。

2. 分类变量的处理

在失地农民生活质量指标体系中，健康和就医、社会保障、主观幸福感、生活满意度等10个指标为分类变量。其中收入一栏中，由于被调查农民对家庭总收入的敏感性，只能选取分类方法来进行估测。对分类指标进行直接赋分，虽不能反映绝对水平，但仍能定性地表达出生活质量的高低水平，具体如下：

(1) 家庭总收入：1万—5万元（0.25分）；5万—10万元（0.5分）；10万—15万元（0.75分）；15万元以上（1分）。

(2) 自评健康：很差（0分）；差（0.25分）；一般（0.5分）；比较好（0.75分）；很好（1分）。

(3) 就医选择：不看病不吃药（0分）；自己到药店买药（0.33分）；到个体诊所（0.67分）；到正规医院（1分）。

(4) 有无医疗保险：无（0分）；有（1分）。

(5) 有无养老保险：无（0分）；有（1分）。

(6) 有无失业保险：无（0分）；有（1分）。

(7) 有无最低生活保障：无（0分）；有（1分）。

(8) 自评幸福感：很不幸福（0分）；比较不幸福（0.25分）；一般幸福（0.5分）；比较幸福（0.75分）；非常幸福（1分）。

(9) 自评社会交往满意度：很不满意（0分）；比较不满意（0.25分）；一般满意（0.5分）；比较满意（0.75分）；非常满意（1分）。

(10) 自评环境质量：环境质量变好了（1分）；环境质量变坏了（0分）。

(11) 自评居住条件满意度：很不满意（0分）；比较不满意（0.25分）；一般满意（0.5分）；比较满意（0.75分）；非常满意（1分）。

(五) 权重的确定

在多指标综合评价中，权重的确定是重点也是难点。目前对于权重的确定有很多种方法，具体有层次分析法、模糊评价法、灰色关联分析法、变权法等。由于本书选取的指标大多数是采用主观评价的方法，因此在权重的确定上采用了结合专家咨询的层次分析法（AHP）来进行。具体的权重确定见表6.3。

表 6.3　　　　　　　　　生活质量各指标值权重

指标	家庭总收入	生活消费支出	文化消费支出	自评健康	就医选择	每周工作天数	每天工作小时数	有无医疗保障
权重	0.0751	0.0258	0.0440	0.0983	0.0659	0.0371	0.0249	0.0442
指标	有无养老保险	有无失业保障	有无最低生活保障	自评幸福感	自评社会交往满意度	自评环境质量	自评居住条件满意度	
权重	0.0400	0.0400	0.0361	0.1981	0.0714	0.1021	0.0970	

上述表 6.3 中对于生活质量权重的确定，依据各专家的意见，主观自评的幸福感是生活质量具有最大的权重，环境质量、健康、收入、就医选择、社会保障等具有中等权重，而生活消费支出、文化消费支出、工作时间等具有相对低的权重值。该评价体系体现了生活质量对于个人总体幸福感水平的看重，而对原有的经济收入及反映人们生活水平的各项指标则并未像以前一样成为人们最关注的因素。

（六）生活质量指数评价及结果分析

依据上述的评价体系和有效的样本数据，对杭州市和南昌市的失地农民生活质量指数进行总体评价（荔波县样本数据太少，未进行评价），其结果如表 6.4 所示。

表 6.4　　　　杭州市和南昌市失地农民生活质量指数表

生活质量指数		0.2—0.4	0.4—0.5	0.5—0.6	0.6—0.7	0.7—0.8	0.8—1
杭州	总比例（%）	9.68	23.10	26.56	27.25	10.51	2.90
	男（%）	54.29	50.90	55.73	64.47	59.21	66.67
	女（%）	45.71	49.10	44.27	35.53	40.79	33.33
南昌	比例（%）	2.94	17.65	48.04	24.51	6.86	0.00
	男（%）	66.67	50.00	57.14	60.00	57.14	0.00
	女（%）	33.33	50.00	42.86	40.00	42.86	0.00

表 6.4 中数据显示,在相对较低水平的生活质量指数段（0.2—0.4）（0.4—0.5），杭州市的比例都要高于南昌市；在（0.5—0.6）的中等水平段，南昌市占的比例为 48.04%，远高于杭州市的 26.56%；而在中等偏上的水平段（0.6—0.7）（0.7—0.8）上，杭州市的比例合计（37.76%）要高于南昌市的比例合计（31.37%）；高等水平上的生活质量指数，杭州市占总比例的 2.90%，南昌市比例为 0。由此可见，在生活质量水平上，南昌市的被调查失地农民大部分位于中等水平，偏高或偏低的人群比例较少，而杭州市的被调查失地农民的生活质量水平在各个层次上都有分布，且在中高水平上人群的分布比例比南昌市要高些，因此可以判断，杭州市被调查失地农民的生活质量水平略高于南昌市。

三　典型区域失地农民幸福感变化情况

通过对失地农民幸福感水平的变化情况进行问卷调查，得到如下的变化情况，见表 6.5。其中，未对生活满意度及生活质量指数进行变化调查，原因在于对幸福感变化情况的判断极大程度上来自个人的主观印象，涉及相关客观内容（生活质量部分内容）则无法进行有效判断，且因生活满意度的变化亦无法确定幸福感的变化，故而也未对其进行调查，而是采取直接评判幸福感水平变化情况的方式。

表 6.5　　　各区域失地农民幸福感变化情况对比表

地区	下降（%）	不变（%）	提高（%）
杭州市	9.49	46.44	44.07
南昌市	1.96	14.71	83.33
荔波县	13.33	56.67	30.00

从表 6.5 所显示的幸福感变化情况来看，土地被征收后，失地农民幸福感水平提高的比例最大的是南昌市，其次为杭州市，荔波县最低；幸福感水平不变的比例是荔波县最高，杭州市居中，南昌市最低；幸福感水平降低的是荔波县比例最高，杭州市居中，南昌市最低。

这一变化特征与区域实际情况基本吻合，基本上东部经济发达区域（杭州市）失地农民的幸福感水平在征地后，普遍提高或不下降，下降比例仅为9.49%；而中部经济区域（南昌市）的土地征收政策对失地农民幸福感水平基本呈现正向的影响；西部经济欠发达区域（荔波县）的失地农民幸福感水平在征地前后下降比例最高为13.33%，但总体上还是小于不变或提高的比例之和（86.67%）。

因此，从某种程度上来说，土地征收政策对失地农民的幸福感起着正向的作用。征地后，农民虽然失去了土地，但因征地后的即付现金及物质补偿及征地后所带来一系列新的经济收益方式，使得失地农民的幸福感水平得到了提高或基本保持不变；而另一方面，幸福感这一指标受诸多因素的影响，其提高也并不完全由土地征收带来，且并非全部失地农民的幸福感水平均受土地征收政策的正向影响，因此须对其变化的深层次原因进行探讨，包括土地征收后的用途、农民对待土地征收的态度、农民对待政府征收安置政策的态度及其他各项影响因素等进行研究，这部分内容将在后文中进行具体的论证。

此外，我国实行世界上最为严格的耕地保护政策，即便是土地征收对农民的幸福感有着一定的正向意义，也并不意味着要鼓励各地通过大量征收土地来发展本地经济，土地征收仍然要严格依照法律规定的征收目的和用途有限度地进行，以防形成政策误导，造成耕地保护的更大困境。

第三节 特别关注——女性失地农民幸福感

在社会日益关注女性权益的背景下，本书特别针对女性失地农民幸福感的相关内容进行了探讨，主要是通过对女性失地农民幸福感及其变化情况等内容与男性失地农民之间差异状况的对比分析，以更好地了解女性在土地政策方面的特殊角色，以便为相关政策的制定提供独特的参考建议。

一 男、女失地农民幸福感水平差异对比分析

表6.6是各区域男、女失地农民幸福感水平的差异对比表，具体内容包括男、女失地农民的总体幸福感水平、总体生活满意度等情况的对比。

表 6.6　各区域男、女失地农民总体幸福感、生活满意度对比表

指标 区域	性别	总体幸福感(均值)	很不幸福(%)	比较不幸福(%)	一般幸福(%)	比较幸福(%)	非常幸福(%)
杭州市	男	3.3101	3.61	16.59	37.26	30.29	12.25
杭州市	女	3.2801	2.93	18.57	37.13	30.30	11.07
南昌市	男	3.2222	0.00	11.11	57.78	28.89	2.22
南昌市	女	3.4035	0.00	8.77	56.14	21.05	14.04
荔波县	男	2.9412	0.00	17.65	70.59	11.76	0.00
荔波县	女	3.6923	0.00	0.00	30.77	69.23	0.00

指标 区域	性别	生活满意度(均值)	很不满意(%)	不太满意(%)	一般满意(%)	比较满意(%)	非常满意(%)
杭州市	男	3.3053	2.16	11.30	49.76	27.40	9.38
杭州市	女	3.2769	1.63	15.96	44.95	28.01	9.45
南昌市	男	3.5111	0.00	4.44	42.22	51.11	2.22
南昌市	女	3.7368	0.00	1.75	35.09	50.88	12.28
荔波县	男	3.0000	0.00	23.53	52.94	23.53	0.00
荔波县	女	3.3077	0.00	7.69	61.53	23.09	7.69

从表6.6中总体幸福感水平一项来看，南昌市和荔波县总体幸福感的平均水平均是女性远高于男性，而杭州市的则为男性略高于女性。

幸福感的分段数据显示，在感到"很不幸福"的人群中，杭州市的女性比例低于男性（南昌市和荔波县此项无）；在感到"比较不幸福"的人群中，杭州市的女性比例（18.57%）略高于男性（16.59%），南昌市的女性比例（8.77%）低于男性（11.11%），荔波县无女性失地农民感到不幸福，男性比例为17.65%，女性比例远低于男性；感到"一般幸福"的人群中，杭州市男女比例基本持平，南昌市女性比例（56.14%）略低于男性（57.78%），而荔波县女性比例（30.77%）远低于男性比例（70.59%）；而感到"比较幸福"的人群中，杭州市男女比例基本接近，南昌市女性比例（21.05%）低于男性比例（28.89%），荔波县则为女性比例（69.23%）远高于男性

（11.76%）；在感到"非常幸福"的人群中，杭州市女性比例（11.07%）稍低于男性（12.25%），而南昌市女性比例（14.04%）则远高于男性（2.22%），荔波县男女均无此项。

从生活满意度这一项来看，南昌市和荔波县的女性平均生活满意度要略高于男性，而杭州市的则相反。各不同程度的满意度数据显示，在对生活感到"很不满意"的人群中，男性比例（2.16%）高于女性（1.63%）的是杭州市，南昌市和荔波县此项男女比例均为0；感到"不太满意"的人群中，杭州市的女性比例（15.96%）高于男性（11.30%），南昌市的女性比例（1.75%）低于男性（4.44%），荔波县的女性比例（7.69%）远低于男性（23.53%）；感到"一般满意"的人群中，杭州市女性比例（44.95%）低于男性（49.76%），南昌市的女性比例（35.09%）也低于男性（42.22%），荔波县女性比例（61.53%）高于男性比例（52.94%）；感到"比较满意"的人群中，杭州市女性比例略高于男性，而南昌市和荔波县女性比例略低于男性比例；在"非常满意"的人群中，杭州市女性比例（9.45%）略高于男性（9.38%），南昌市女性比例（12.28%）远高于男性（2.22%），荔波县女性比例为7.69%，男性比例为0。

而各区域男、女生活质量指数的对比情况可见前文表6.4所示，基本分布情况如下：在0.2—0.4分段水平上，杭州市和南昌市的男性比例都要高于女性比例；在0.4—0.5分段水平上，杭州市和南昌市的男女比例基本接近，各占一半；在0.5—0.6之间，杭州市和南昌市的男性比例也高于女性比例；在0.6—0.7之间，两市的男性比例高于女性比例；在0.7—0.8、0.8—1中高等分段水平上，两市的分布情况也是男性比例高于女性。因此，从整体水平上判断，男性失地农民的生活质量水平要高于女性失地农民的生活质量水平。

综合上述内容，在总体幸福感水平和总体生活满意度水平上，男、女对比分析的结果是南昌市和荔波县的女性水平略高于男性，杭州市的则为男性水平略高于女性；而生活质量指数评价的结果则显示，杭州市和南昌市的生活质量水平均表现为男性水平高于女性水平。由此可见，采用不同的判断指标得到的幸福感结果存在着较大差异，其中，本书对生活质量指数的评价采用了一些客观的指标（如工作时间、家庭收入等），这与幸福感是"个体对总体生活满意程度的主观判断"有一定的出入，得到的结果亦是差异迥然，而此刚好可为后文幸福感函数的研究提供一个参考：在构建幸福感函数时，对幸福感的判断最好是能采取直接的判断方式，如选择总体幸福感或总体生活满意度水平，这样可更为真实地反映出个体的实际情况。

二 男、女失地农民幸福感水平变化规律分析

下文将探讨征地前后男、女失地农民幸福感的变化情况的差异，具体见表6.7。

表6.7中的数据显示，征地前后幸福感提高的失地农民中，各区域内女性的比例均要高于男性；而幸福感降低的失地农民中，杭州市、南昌市的女性比例也要高于男性，荔波县是女性比例低于男性；幸福感不变的人群中，杭州市女性失地农民比例高于男性，南昌市和荔波县的女性比例低于男性。

表6.7 各区域男、女失地农民总体幸福感水平变化情况对比表

区域	下降		不变		提高	
	男（%）	女（%）	男（%）	女（%）	男（%）	女（%）
杭州市	8.81	10.43	41.02	54.03	50.17	35.55
南昌市	0.00	3.51	22.22	8.77	77.78	87.72
荔波县	23.53	0.00	58.82	53.85	17.65	46.15

由此可见，女性要比男性更易感到幸福，也更易感到不幸福，其幸福感程度的强弱易受到外界因素变动的影响，这一点在不同区域又表现为不同的特征：西部经济不发达区域，女性的幸福感水平要高于男性且保持相对稳定（53.85%），但男性的幸福感稳定的比例更高（58.82%），说明男性的幸福感不易受到外界变化的影响；中部经济中等区域，男性的幸福感表现得比女性要稳定，不变的比例是男性的22.22%，高于女性的8.77%；东部经济发达区域，则男女幸福感的稳定度相差不大，但男性在下降和提高的程度上仍然要低于女性。

第四节 本章小结

本章选取了我国东、中、西部三个典型的区域（浙江省杭州市、江西省南昌市、贵州省荔波县）进行失地农民幸福感水平的调查研究和分析，其结果显示，在总体幸福感表示的幸福感水平上，基本上呈现东部区域＞中部区域＞西部区域的特征；在生活满意度水平上，则为中部区域＞东部区域＞西部区域；生活质量指数则为东部区域＞中部区域。

而考察失地农民的幸福感水平变化发现，东部经济发达区域（杭州市）失地农民幸福感水平在征地后普遍提高或不下降；中部经济区域（南昌市）失地农民幸福感水平征地后绝大多数提高；西部经济欠发达区域（荔波县）失地农民幸福感水平大部分不变或提高。

本章对各区域男、女幸福感水平及变化的对比分析结果显示：在总体幸福感水平和总体生活满意度水平上，南昌市和荔波县的女性水平略高于男性，杭州市的则为男性水平略高于女性；在生活质量水平上，杭州市和南昌市的生活质量水平均表现为男性水平高于女性水平。在变化情况上，东部经济发达区域（杭州市）男、女幸福感的稳定度相差不大，但总的来说，男性稳定性要略差于女性；中部经济中等区域（南昌市），男性的幸福感表现得比女性要稳定；西部经济不发达区域，女性的幸福感水平要高于男性且保持相对稳定。

在选择评价个体幸福感水平的指标上，应该尽量采取直接判断的指标（总体幸福感和总体生活满意度），其中，生活满意度水平低的区域，幸福感水平也较低；生活满意度高的区域，幸福感水平不一定高；而间接的判断指标（生活质量指数）虽能从一定程度上反映出幸福感水平的对比关系，但仍不建议作为进一步研究的判断标准。

在上述结论的基础上，笔者对所选区域内农民在失地前后幸福感水平特征及其变化的原因进行了初步分析：

首先，不同的征地用途类型导致了幸福感水平的差异。杭州市所调查区域按照类型可分成中心城区和城乡接合部的工业区，其征地用途的类型不同，中心城区多用于发展商业、住宅，城乡接合部的土地用于发展工业区，其幸福感水平存在差异；南昌市所调查区域也主要用于发展住宅和商业；而荔波县则主要用于建立自然保护区等。这样的用途差异，造成了征地补偿后的后续发展力的差异，在杭州市、南昌市，失地农民可以很方便地在城市里找到其他的工作，相对来说，其可以满足最基本的生活保障需求，而荔波县的失地农民除了一定的补偿外，获得工作的机会要少很多。

其次，不同的区域社会文化特征是幸福感变化的重要原因之一。在东部经济发达地区，征地安置补偿的标准相对高于中、西部地区，而所调查的失地农民中，其幸福感水平仍存在低于中、西部区域的现象。造成这一现象的原因可能在于整体社会文化环境的不同，东部地区的整体经济环境虽然相对中、西部地区富裕，但追求的价值观和生活目标存在差异，按照马斯洛的需求层次理论，相对中、西部地区的失地农民而言，东部的失地农民已不在追求单纯的物质生活层面上，简单的物质补偿不能满足其对精神的需求，又因尚未建立完善的文化适应机制，造成其幸福感水平可能低于中、西部区域的失地农民——那些大部分还处在视物质生活需求为第一需求的群体。

此外，失地农民幸福感水平的特征及变化还受到许多其他原因的作用，包括个体的特征，还有外部的政策特征等，在后文的研究中会有具体的介绍和说明。简而言之，失地农民幸福感水平及其变化具有许多内在的特征值得去探索。

第七章 失地农民幸福感函数构建及影响因素

第一节 失地农民幸福感函数的初步构建

从国内外文献综述可知个体的幸福感受诸多因素的影响，而在构建某一特定群体的幸福感函数时，需要考虑与之相适应的一系列普遍或特殊的影响因子，但同时也要兼顾自变量的精简度，自变量过多会存在交互影响，对因变量的解释力会下降，甚至可能出现错误的信息，影响对真实状况的判断。对失地农民而言，除了一般意义上的经济、社会、人口统计因子，健康因子，环境因子，社会资本因子，文化因子等，还有一个特别重要的影响因子——土地征收政策因子（包括失地农民对待征地政策的态度，对待安置政策的态度等），其从理论上都会影响着失地农民的幸福感水平，因此，本书在构建幸福感函数时，首先将这些因子作为函数的自变量，随后通过分析各自变量对因变量的影响后，再进行自变量的剔除或合并并构建最终的失地农民幸福感函数。

在本文的第六章中，笔者分别以不同的指标和方式评价（测算）了失地农民的幸福感水平，其中，自评的幸福感程度被认为最能真实地反映个体和区域的实际情况，因此，在幸福感函数的构建中，将采取这一指标评价的结果作为函数的因变量。

具体的幸福感函数构建如下：

$$Happiness_{it} = \alpha S_{it} + \beta E_{it} + \tau H_{it} + \mu C_{it} + \xi P_{it} + \lambda \vec{Z}_{it} + e_{it}$$

其中，$Happiness_{it}$ 是个体 i 在时间 t 时自陈的幸福感水平，S_{it} 为社会资本虚拟变量，反映朋友、亲戚、邻居等之间的社会资本关系状况；E_{it} 为环境态度变量；H_{it} 为健康变量；C_{it} 为文化变量；P_{it} 为土地征收政策变量；向量 $\vec{Z}_{it}$ 为影响幸福感的个体统计特征向量，包括性别虚拟变量、婚姻状况、年龄状况、教育水平、家庭收入状况、职业状况、宗教信仰状况等；$e_{it} = \gamma_i + \varepsilon$，其中 γ_i 是控制了在幸福感数据中不可观测的个体特征，ε 为随机误差项；α、β、τ、μ、ξ、λ 为各项系数。

上述各变量的含义和定量化情况如下：

（1）$Happiness_{it}$ 分别按照 1—5 的分值标准进行评分，"1"代表"非常不幸福"，"5"代表"非常幸福"。在此，分值仅具有排序上的意义，即分值越高，幸福感水平越高，但得分为"4"并不代表幸福感水平是得分为"2"的两倍。

（2）S_{it} 包括组织型和意识型社会资本，组织型社会资本通过组织性会员关系或志愿性会员关系来测量（"加入"定义为"1"，"未加入"定义为"0"）；意识型社会资本通过一系列关于信任、互惠和互助性的指标来衡量，研究共设计 11 个问题，每个问题按照"完全不同意"= 1、"不同意"= 2、"居于中间"= 3、"同意"= 4、"完全同意"= 5 来评分，总分得分越高，意识型社会资本越高。

（3）E_{it} 表示对待环境的态度，具体是通过被访者对动植物物种灭绝的关心程度和对臭氧层破坏的关心程度来衡量，被调查者分别给出"极其关心""相当关心""不是很关心""一点也不关心""不太清楚"5 个选项，其中将选择"极其关心"和"相当关心"定义为"1"，其他选项定义为"0"。

（4）H_{it} 表示健康水平，分别包括身体健康水平和心理健康水平。身体健康水平由被访者的自评身体健康程度来表示，按照"非常好""比较好""一般""差""非常差"来划分，其中，将"非常好""比较好"定义为"1"，"一般""差""非常差"定义为"0"。

（5）C_{it} 为文化变量，反映失地农民适应的文化适应特征，按照"非常适应"= 4、"比较适应"= 3、"不太适应"= 2、"完全不适应"= 1 进行赋分。

（6）P_{it} 为政策变量，主要以失地农民对土地征收政策的态度和安置政策的态度来衡量。对土地征收政策态度持"希望"的定义为"1","不希望"和"无所谓"定义为"0";对征地安置政策按照"非常满意"=5、"比较满意"=4、"一般"=3、"不太满意"=2、"很不满意"=1来划分和计分。

(7) $\vec{Z}_{it}$ 为影响幸福感函数的个体统计特征及社会、经济因素构成的向量,其具体的定义方式见表 7.1 所示。

表 7.1 向量的内容定义及定量化

变量	变量含义
性　别	女性为 0,男性为 1
年龄状况	15—24 岁为年龄组 1(Age1);25—34 岁为年龄组 2(Age2);35—44 岁为年龄组 3(Age3);45—59 岁为年龄组 4(Age4);60 岁及以上为年龄组 5(Age5)
婚姻状况	未婚为 0,其他为 1
收入状况	家庭年收入(万元/年):1 为 1 万—5 万元(1 万元以下)(Inc.1);2 为 5 万—10 万元(1 万—3 万元)(Inc.2);3 为 10 万—15 万元(3 岁—5万元)(Inc.3);4 为 15 万元以上(5 万元以上)(Inc.4)
职业状况	个体所从事的职业类型:1 为"非雇佣型",包括个体商户、务农或以务农为主、无工作;0 为"雇佣型",包括外出打工、流动劳动者、村医生、民办教师及其他
教育程度	表征受教育水平:6 年及以下为教育组 1(Edu.1);6—9 年为教育组 2(Edu.2);9—12 年为教育组 3(Edu.3);12 年以上为教育组 4(Edu.4)
宗教信仰	无宗教信仰为 0;有宗教信仰为 1

依据上述内容对原始数据进行赋分,其中,因变量幸福感属于序次的多分类变量,因此采用 Ordinal Logistic Regression(序次逻辑回归分析)来确定各项系数,具体通过 SPSS For Windows 15.0 软件包来实现。

表 7.2　　　　　　　　SPSS 序次逻辑分析参数检验结果

		估测值	标准误	Wald 检验	自由度	显著性	95% 置信区间	
							下限	上限
阈值	[幸福感得分=1]	-2.428	0.836	8.439	1	0.004	-4.066	-0.790
	[幸福感得分=2]	-0.294	0.817	0.129	1	0.719	-1.894	1.307
	[幸福感得分=3]	1.662	0.819	4.113	1	0.043	0.056	3.267
	[幸福感得分=4]	3.527	0.826	18.213	1	0.000	1.907	5.146
位置	信任感得分	0.070	0.015	22.959	1	0.000	0.041	0.098
	心理健康	-0.013	0.012	1.182	1	0.277	-0.035	0.010
	[组织性会员关系得分=0]	-0.001	0.147	0.000	1	0.996	-0.288	0.287
	[组织性会员关系得分=1]	0a	.	.	0	.	.	.
	[志愿性会员关系得分=0]	0.424	0.148	8.202	1	0.004	0.134	0.714
	[志愿性会员关系得分=1]	0a	.	.	0	.	.	.
	[动植物关心得分=0]	-0.269	0.173	2.417	1	0.120	-0.609	0.070
	[动植物关心得分=1]	0a	.	.	0	.	.	.
	[臭氧层关心得分=0]	-0.334	0.158	4.492	1	0.034	-0.643	-0.025
	[臭氧层关心得分=1]	0a	.	.	0	.	.	.

续表

		估测值	标准误	Wald检验	自由度	显著性	95%置信区间	
							下限	上限
位置	[自评身体健康=0]	-0.002	0.149	0.000	1	0.989	-0.294	0.289
	[自评身体健康=1]	0a	.	.	0	.	.	.
	[文化变量=1]	0.578	0.282	4.188	1	0.041	0.024	1.132
	[文化变量=2]	0.317	0.233	1.848	1	0.174	-0.140	0.773
	[文化变量=3]	0.020	0.226	0.007	1	0.931	-0.424	0.463
	[文化变量=4]	0a	.	.	0	.	.	.
	[政策满意度得分=1]	-0.757	0.411	3.398	1	0.065	-1.561	0.048
	[政策满意度得分=2]	-0.873	0.309	7.964	1	0.005	-1.479	-0.267
	[政策满意度得分=3]	-0.967	0.285	11.491	1	0.001	-1.526	-0.408
	[政策满意度得分=4]	-0.528	0.300	3.099	1	0.078	-1.116	0.060
	[政策满意度得分=5]	0a	.	.	0	.	.	.
	[征地态度得分=0]	-0.241	0.145	2.791	1	0.095	-0.525	0.042
	[征地态度得分=1]	0a	.	.	0	.	.	.

续表

		估测值	标准误	Wald检验	自由度	显著性	95%置信区间	
							下限	上限
位置	[年龄=1]	0.266	0.373	0.507	1	0.476	-0.466	0.997
	[年龄=2]	0.502	0.315	2.545	1	0.111	-0.115	1.119
	[年龄=3]	0.743	0.299	6.193	1	0.013	0.158	1.328
	[年龄=4]	0.355	0.299	1.407	1	0.236	-0.232	0.941
	[年龄=5]	0a	.	.	0	.	.	.
	[性别分组=0]	-0.130	0.134	0.942	1	0.332	-0.392	0.132
	[性别分组=1]	0a	.	.	0	.	.	.
	[婚姻状况=0]	0.243	0.226	1.155	1	0.283	-0.200	0.687
	[婚姻状况=1]	0a	.	.	0	.	.	.
	[职业状况得分=0]	0.135	0.147	0.834	1	0.361	-0.154	0.423
	[职业状况得分=1]	0a	.	.	0	.	.	.
	[家庭收入=1]	0.056	0.326	0.029	1	0.864	-0.583	0.694
	[家庭收入=2]	-0.267	0.310	0.744	1	0.388	-0.875	0.340
	[家庭收入=3]	-0.124	0.332	0.139	1	0.709	-0.775	0.527
	[家庭收入=4]	0a	.	.	0	.	.	.
	[宗教信仰=0]	-0.246	0.140	3.102	1	0.078	-0.520	0.028

续表

		估测值	标准误	Wald检验	自由度	显著性	95%置信区间	
							下限	上限
位置	[宗教信仰=1]	0a	.	.	0	.	.	.
	[受教育程度=1]	0.652	0.255	6.525	1	0.011	0.152	1.152
	[受教育程度=2]	0.272	0.227	1.437	1	0.231	-0.173	0.717
	[受教育程度=3]	0.297	0.226	1.723	1	0.189	-0.147	0.741
	[受教育程度=4]	0a	.	.	0	.	.	.

注：连接函数：序次逻辑回归。

a. 该参数因冗余被定义为0

各参数检验的结果如下：

表7.3　　　　　　　　回归模型拟合的似然比检验表

模型	-2 Log Likelihood	χ^2分布	自由度	显著性
截距检验	2260.818			
最终检验	2150.774	110.044	29	0.000

注：连接函数：序次逻辑回归。

表7.4　　　　　　　　拟合优度检验表

	χ^2分布	自由度	显著性
皮尔逊检验	3349.282	3259	0.132
变异度	2150.774	3259	1.000

注：连接函数：序次逻辑回归。

从上述表7.3总模型的似然比检验结果可见，最终模型和只含有常数项的无效模型相比，离差（Deviance）从2260.818下降到2150.774，χ^2

=110.044,似然比卡方检验结果 P=0.000<0.01,模型有意义。表 7.4 为拟合优度检验结果,其中,Pearson 检验 P=0.132 有效,离差检验结果 P=1.000 也有效。

依据上述分析结果,失地农民幸福感函数可确定如下:

(1) $Logit \dfrac{Happiness_1}{Happiness_5}$ = $-2.428 - 0.001S_1 + 0.424S_2 + 0.070S_3 -$

$0.002H_1 - 0.013H_2 - 0.269E_1 - 0.334E_2 + \begin{bmatrix} -0.757P_{11} \\ -0.873P_{12} \\ -0.967P_{13} \\ -0.528P_{14} \end{bmatrix} - 0.241P_2 +$

$\begin{bmatrix} 0.266Age_1 \\ 0.502Age_2 \\ 0.743Age_3 \\ 0.355Age_4 \end{bmatrix} + \begin{bmatrix} 0.578C_1 \\ 0.317C_2 \\ 0.020C_3 \end{bmatrix} - 0.130Gen. + 0.243Mar. + 0.135Job +$

$\begin{bmatrix} 0.056Inc._1 \\ -0.267Inc._2 \\ -0.124Inc._3 \end{bmatrix} - 0.246Reg. + \begin{bmatrix} 0.652Edu._1 \\ 0.272Edu._2 \\ 0.297Edu._3 \end{bmatrix}$

(2) $Logit \dfrac{Happiness_2}{Happiness_5}$ = $-0.294 - 0.001S_1 + 0.424S_2 + 0.070S_3 -$

$0.002H_1 - 0.013H_2 - 0.269E_1 - 0.334E_2 + \begin{bmatrix} -0.757P_{11} \\ -0.873P_{12} \\ -0.967P_{13} \\ -0.528P_{14} \end{bmatrix} - 0.241P_2 +$

$\begin{bmatrix} 0.266Age_1 \\ 0.502Age_2 \\ 0.743Age_3 \\ 0.355Age_4 \end{bmatrix} + \begin{bmatrix} 0.578C_1 \\ 0.317C_2 \\ 0.020C_3 \end{bmatrix} - 0.130Gen. + 0.243Mar. + 0.135Job +$

$$\begin{bmatrix} 0.056Inc._1 \\ -0.267Inc._2 \\ -0.124Inc._3 \end{bmatrix} - 0.246\text{Reg.} + \begin{bmatrix} 0.652Edu._1 \\ 0.272Edu._2 \\ 0.297Edu._3 \end{bmatrix}$$

(3) $Logit \dfrac{Happiness_3}{Happiness_5} = 1.662 - 0.001S_1 + 0.424S_2 + 0.070S_3 - 0.002H_1 -$

$0.013H_2 - 0.269E_1 - 0.334E_2 + \begin{bmatrix} -0.757P_{11} \\ -0.873P_{12} \\ -0.967P_{13} \\ -0.528P_{14} \end{bmatrix} - 0.241P_2 +$

$\begin{bmatrix} 0.266Age_1 \\ 0.502Age_2 \\ 0.743Age_3 \\ 0.355Age_4 \end{bmatrix} + \begin{bmatrix} 0.578C_1 \\ 0.317C_2 \\ 0.020C_3 \end{bmatrix} - 0.130\text{Gen.} + 0.243\text{Mar.} + 0.135\text{Job} +$

$$\begin{bmatrix} 0.056Inc._1 \\ -0.267Inc._2 \\ -0.124Inc._3 \end{bmatrix} - 0.246\text{Reg.} + \begin{bmatrix} 0.652Edu._1 \\ 0.272Edu._2 \\ 0.297Edu._3 \end{bmatrix}$$

(4) $Logit \dfrac{Happiness_4}{Happiness_5} = 3.527 - 0.001S_1 + 0.424S_2 + 0.070S_3 - 0.002H_1 -$

$0.013H_2 - 0.269E_1 - 0.334E_2 + \begin{bmatrix} -0.757P_{11} \\ -0.873P_{12} \\ -0.967P_{13} \\ -0.528P_{14} \end{bmatrix} - 0.241P_2 +$

$\begin{bmatrix} 0.266Age_1 \\ 0.502Age_2 \\ 0.743Age_3 \\ 0.355Age_4 \end{bmatrix} + \begin{bmatrix} 0.578C_1 \\ 0.317C_2 \\ 0.020C_3 \end{bmatrix} - 0.130\text{Gen.} + 0.243\text{Mar.} + 0.135\text{Job} +$

$$\begin{bmatrix} 0.056Inc._1 \\ -0.267Inc._2 \\ -0.124Inc._3 \end{bmatrix} - 0.246\text{Reg.} + \begin{bmatrix} 0.652Edu._1 \\ 0.272Edu._2 \\ 0.297Edu._3 \end{bmatrix}$$

在上述的函数构成中，$Happiness_1$、$Happiness_2$、$Happiness_3$、$Happiness_4$、$Happiness_5$分别代表幸福感水平得分为1、2、3、4、5时构成的幸福感水平向量；S_1代表组织性会员关系资本，S_2代表志愿性会员关系资本，S_3代表信任资本；E_1代表对动植物灭绝关心程度的环境态度，E_2代表对臭氧层破坏关心程度的环境态度；H_1代表自评身体健康水平，H_2代表个体的心理健康状态；C_1、C_2、C_3代表文化适应程度得分为1、2、3；P_{11}、P_{12}、P_{13}、P_{14}代表对待征地安置政策的满意度得分为1、2、3、4；P_2代表征地政策的态度；Age代表年龄，Gen.代表性别，Mar.代表婚姻状况，Job代表工作性质（职业状况），$Inc._1$、$Inc._2$、$Inc._3$代表收入状况得分为1、2、3，Reg.代表宗教信仰，Edu.代表教育水平。

从回归方程的各个系数大小可以粗略地估测各个变量对失地农民幸福感水平的影响。其中，信任资本、志愿性会员关系资本、文化变量、职业状况、婚姻状况、家庭收入Inc.1、受教育程度等自变量与其参照组相比，导致幸福感朝着高水平方向变动；而自评身体健康水平、心理健康水平、组织性会员关系资本、环境态度、政策变量及性别、宗教、家庭收入$Inc._2$、$Inc._3$等自变量与其参照组相比，将致使幸福感朝着低水平的方向变动。

其中，参数值β为正值的变量对幸福感变动的影响意义如下：

（1）社会资本中，信任感S_3的β估测值为0.070，$OR = e^\beta = e^{0.070} = 1.0725$，Wald检验结果具有统计意义（P=0.000），即信任感得分越高，人与人之间的信任感越强，将促使人感觉更幸福；志愿性会员关系S_2的$\beta = 0.424$，$OR = 1.5281$，Wald检验结果具有统计意义（P=0.004），参照组为加入志愿性会员关系的个体，如民间组织、工会组织或妇女组织等，说明这样的个体幸福感相比没有加入的个体要更强些。

（2）文化变量C_1的$\beta = 0.578$，$OR = 1.7825$，Wald检验结果（P=0.041），C_2的$\beta = 0.317$，$OR = 1.3431$，Wald检验结果（P=0.174），C_3的$\beta = 0.020$，$OR = 1.0202$，Wald检验结果不显著（P=0.931），参照组为失地后"完全适应"城市文化特征的人群，说明参照组人群比那些"完全不适应""不太适应""比较适应"的人群具有高的幸福感水平，但检验结果存在部分的不显著，说明这样的特征不能完全被确定。

（3）年龄分段数据中，Age_1的$\beta = 0.266$，$OR = 1.3047$，Wald检

结果（P=0.476），Age_2 的 $\beta=0.502$，$OR=1.6520$，Wald 检验结果（P=0.111），Age_3 的 $\beta=0.743$，$OR=2.1022$，Wald 检验结果（P=0.013），Age_4 的 $\beta=0.355$，$OR=1.4262$，Wald 检验结果（P=0.236），参照组为年龄在 60 岁以上的失地农民，说明参照组人群比其他人群具有高的幸福感水平，在各个年龄段中，幸福感水平最低的是 Age_3（34—45 岁）。

（4）职业状况的 $\beta=0.135$，$OR=1.1445$，Wald 检验结果（P=0.361），参照人群为非雇佣型失地农民，说明失地后自己经商，或者仍能务农的农民比外出打工、流动劳动者等具有更高的幸福感。

（5）受教育程度 $Edu._1$ 的 $\beta=0.652$，$OR=1.9194$，Wald 检验结果显著（P=0.011），$Edu._2$ 的 $\beta=0.272$，$OR=1.3126$，Wald 检验结果不显著（P=0.231），$Edu._3$ 的 $\beta=0.297$，$OR=1.3458$，Wald 检验结果较显著（P=0.189），参照组为受教育水平在大专及以上人群，说明受教育程度越高，幸福感水平越高。

（6）家庭收入 $Inc._1$ 的 $\beta=0.056$，$OR=1.0576$，Wald 检验结果（P=0.864），参照组为家庭总收入在 15 万元以上的失地农民，说明其比家庭收入在 1 万—5 万元间的家庭具有更高的幸福感。

（7）婚姻状况中，$\beta=0.243$、$OR=1.2751$，Wald 检验结果不显著（P=0.283），参照组为已婚、离异、丧偶人群，说明未婚人群比参照组人群具有相对低的幸福感水平。

参数值 β 为负值的变量对幸福感变动的影响意义如下：

（1）自评身体健康 H_1 的 $\beta=-0.002$，$OR=0.9980$，参照组为自评身体健康程度为"好""比较好"的人群，说明该类型个体比自评身体健康为"一般""差""非常差"的人具有更低的幸福感水平，但此时的 Wald 检验结果 P=0.989 不具有显著性，说明这一特征不能被确定；心理健康得分 H_2 的 $\beta=-0.013$，$OR=0.9871$，Wald 检验结果为（P=0.277）不太显著，说明在被调查的失地农民中，心理健康得分高的，幸福感不一定越强，但这一趋势并不显著。

（2）组织性会员关系 S_1 的 $\beta=-0.001$，$OR=0.9990$，Wald 检验结果不显著（P=0.996），参照组是加入了组织性会员关系的人群（如中国共产党或其他党派），说明没有加入组织性会员关系的人群具有更高的幸福感水平，但这一特征不显著。

（3）环境态度 E_1 估测 $\beta = -0.269$，$OR = 0.7641$，Wald 检验结果不太显著（$P = 0.120$），E_2 估测 $\beta = -0.334$，$OR = 0.7161$，Wald 检验结果显著（$P = 0.034$），说明对动植物灭绝和臭氧层被破坏持关心态度的人群幸福感水平低与持不关心或者不太清楚的人群。

（4）对征地安置政策的满意度 P_{11}、P_{12}、P_{13}、P_{14} 中的值 $\beta_1 = -0.757$、$OR_1 = 0.4691$，Wald 检验结果显著（$P = 0.065$），$\beta_2 = -0.873$、$OR_2 = 0.4177$，Wald 检验结果显著（$P = 0.005$），$\beta_3 = -0.967$、$OR_3 = 0.3802$，Wald 检验结果显著（$P = 0.001$），$\beta_4 = -0.528$、$OR_4 = 0.5898$，Wald 检验结果不太显著（$P = 0.078$），参照组为对征地安置政策"非常满意"人群，说明该类人群的幸福感水平比其他四个水平的人群要低；而比较四个不同政策满意度水平下的幸福感大小可知，$P_{13} > P_{12} > P_{11} > P_{14}$，即对待征地安置政策"一般满意"的人群幸福感水平要高于"不太满意""不满意"和"比较满意"的人，但无法通过显著性检验，说明该特征不能被确定。

在对待征地态度上，P_2 的 $\beta = -0.241$、$OR = 0.7858$，Wald 检验结果不太显著（$P = 0.095$），参照组为"希望"土地征收的人群，说明该类人群比"不希望""无所谓"的人群具有较低的幸福感水平，但因统计检验不显著，说明这样的特征不一定存在。

（5）性别状况中，$\beta = -0.130$、$OR = 0.8781$，Wald 检验结果不显著（$P = 0.332$），参照组为男性，说明女性比男性具有更高的幸福感水平。

（6）家庭收入 $Inc._2$ 的 $\beta = -0.267$、$OR = 0.7657$，Wald 检验结果非常不显著（$P = 0.388$），$Inc._3$ 的 $\beta = -0.124$、$OR = 0.8834$，Wald 检验结果不显著（$P = 0.709$），参照组为家庭总收入 15 万元以上人群，说明参照组的幸福感水平低于中等收入家庭的幸福感水平，这一特征是否确定还有待进一步的检验。

（7）宗教信仰的 $\beta = -0.246$、$OR = 0.7819$，Wald 检验结果较显著（$P = 0.078$），参照组为有宗教信仰的人群，说明在被调查的失地农民中，有宗教信仰的人群比没有宗教信仰的人群幸福感水平低的可能性较大。

综合上述结果可见，有些自变量对因变量——幸福感的影响与实际经验判断存在较大出入，如健康因子、土地征收政策因子与幸福感关系就与一般经验差异很大；同时，许多变量的显著性检验无法通过，其可能是受到各种因素的交互影响的结果，因此为了更加深入地了解每个因子（变量）对失地农民幸福感影响的确切程度，需要剥离和控制其他自变量的影响后再进行单个因素的分析，下文的研究对此进行详细的探索。

第二节 幸福感函数的影响因素分析

一 基础统计变量与幸福感关系研究

本书首先对经济、社会、人口统计特征变量与幸福感关系进行分析，目的是为了更好地探索社会资本变量、环境态度变量、健康变量、文化变量以及政策变量等对幸福感函数的影响，进而判断是否需要重新调整函数的自变量。

以前文中的数据为基础，通过 SPSS For Windows 15.0 软件包，对幸福感水平与经济、社会、人口统计变量进行多元统计回归分析，具体结果见表 7.5 所示。

表 7.5　　经济、社会、人口统计变量与幸福感关系分析结果

		估测值	标准误	Wald 检验	自由度	显著性	95%置信区间	
							下限	上限
阈值	[幸福感得分=1]	-3.267	0.482	46.042	1	0.000	-4.211	-2.324
	[幸福感得分=2]	-1.170	0.444	6.939	1	0.008	-2.040	-0.299
	[幸福感得分=3]	0.668	0.443	2.280	1	0.131	-0.199	1.536
	[幸福感得分=4]	2.407	0.452	28.405	1	0.000	1.522	3.292
位置	[年龄=1]	-0.081	0.364	0.050	1	0.823	-0.794	0.632
	[年龄=2]	0.218	0.304	0.518	1	0.472	-0.376	0.813
	[年龄=3]	0.491	0.287	2.930	1	0.087	-0.071	1.053
	[年龄=4]	0.259	0.290	0.797	1	0.372	-0.309	0.827

续表

		估测值	标准误	Wald检验	自由度	显著性	95%置信区间	
							下限	上限
位置	[年龄=5]	0a	.	.	0	.	.	.
	[性别分组=0]	-0.079	0.131	0.362	1	0.548	-0.335	0.178
	[性别分组=1]	0a	.	.	0	.	.	.
	[婚姻状况=0]	0.368	0.222	2.735	1	0.098	-0.068	0.803
	[婚姻状况=1]	0a	.	.	0	.	.	.
	[家庭收入=1]	-0.059	0.320	0.034	1	0.854	-0.685	0.568
	[家庭收入=2]	-0.355	0.304	1.366	1	0.243	-0.950	0.240
	[家庭收入=3]	-0.155	0.326	0.227	1	0.634	-0.794	0.484
	[家庭收入=4]	0a	.	.	0	.	.	.
	[职业状况得分=0]	0.099	0.145	0.467	1	0.495	-0.185	0.382
	[职业状况得分=1]	0a	.	.	0	.	.	.
	[宗教信仰=0]	-0.336	0.133	6.392	1	0.011	-0.597	-0.076
	[宗教信仰=1]	0a	.	.	0	.	.	.
	[受教育程度=1]	0.453	0.249	3.307	1	0.069	-0.035	0.941

续表

		估测值	标准误	Wald 检验	自由度	显著性	95% 置信区间	
							下限	上限
位置	[受教育程度=2]	0.288	0.223	1.673	1	0.196	-0.149	0.725
	[受教育程度=3]	0.384	0.222	3.002	1	0.083	-0.050	0.818
	[受教育程度=4]	0a	.	.	0	.	.	.

注：连接函数：序次逻辑回归。

a. 该参数因冗余被定义为 0。

表 7.6　　　　　　回归模型拟合的似然比检验表

模型	-2 Log Likelihood	χ^2 分布	自由度	显著性
截距检验	1561.157			
最终检验	1532.197	28.960	14	0.011

注：连接函数：序次逻辑回归。

表 7.7　　　　　　拟合优度检验表

	χ^2 分布	自由度	显著性
皮尔逊检验	1428.113	1,342	0.050
变异度	1145.595	1,342	1.000

注：连接函数：序次逻辑回归。

表 7.6 总模型似然比检验结果显示，离差从 1561.157 下降到 1532.197，$\chi^2=28.960$，似然比卡方检验结果 $P=0.011<0.05$，模型有意义。表 7.7 拟合优度检验结果中，Pearson 检验 $P=0.050$ 有效，离差检验结果 $P=1.000$ 同样有效。

表 7.5 展示的是幸福感函数与家庭总收入、年龄、性别、婚姻状况、职业状况、宗教信仰、受教育程度等变量之间关系。

（1）家庭总收入分组：参照组是年收入 15 万元以上家庭，而 $Inc._1$、$Inc._2$、$Inc._3$ 的 β 值都为负值，$OR_1=0.9427$、$OR_2=0.7012$、$OR_3=0.8564$，

Wald 检验结果分别是 $P_1=0.854$、$P_2=0.243$、$P_3=0.634$ 均不显著，说明高收入的失地农民幸福感水平比其他收入水平家庭幸福感要低的趋势不太明显。而 $OR_1>OR_3>OR_2$，说明收入位于中等收入水平（5 万—10 万元）的家庭幸福感大于中高等收入家庭水平（10 万—15 万元）幸福感，大于低收入水平家庭（1 万—5 万元）的幸福感。由此可见，收入和幸福感没有必然的联系，收入高的家庭不一定会感到幸福，而收入低的家庭也不一定感到不幸福。

（2）年龄分组：参照组是年龄 60 岁以上的人群，$Age_1 \beta$ 值为负值，Age_2、Age_3、Age_4 的 β 值均为正值，$OR_1=0.9222$、$OR_2=1.2436$、$OR_3=1.6339$，$OR_4=1.2956$，Wald 检验结果分别是 $P_1=0.823$、$P_2=0.472$、$P_4=0.372$ 均不显著，而 $P_3=0.087$ 较显著，说明 60 岁以上人群的幸福感水平要低于 15—24 岁间的年轻人，比 25—60 岁间的各个群体的幸福感水平都要高，其中 OR_3 最大，说明在 Age_3（35—44 岁）之间的人群具有最低的幸福感水平。

（3）性别：参照组为男性，β = -0.079 为负值，OR = 0.9240，Wald 检验结果 P = 0.548 不显著，说明男性失地农民的幸福感水平整体上要低于女性，但这一特征存在很大的变异。

（4）婚姻状况：参照组为已婚人群，β = 0.368 为正值，OR = 1.4448，Wald 检验结果 P = 0.098 显著，说明已婚人群比未婚人群具有高的幸福感水平，且此特征较为确定。

（5）职业状况：参照组为"非雇佣型"，β = 0.099 为正值，OR = 1.1041，Wald 检验结果 P = 0.495 不显著，说明土地征收后，职业变为"非雇佣型"的比"雇佣型"的人整体上具有高的幸福感水平，但该特征也不能被完全确定，显著性检验的结果说明此点。

（6）受教育程度：参照组为具有 12 年以上受教育经历的人群，$Edu._1$、$Edu._2$、$Edu._3$ 的 β 值均为正值，$OR_1=1.5730$、$OR_2=1.3338$、$OR_3=1.4681$，Wald 检验结果分别是 $P_1=0.069$、$P_2=0.196$、$P_3=0.083$ 较显著，说明受教育程度高的失地农民比其他受教育程度相对低的人群具有高的幸福感水平，而 $OR_1>OR_3>OR_2$，说明受教育程度为初中水平的人群比小学及以下、高中或中专的人群具有高的幸福感水平。

（7）宗教信仰：参照组为有宗教信仰的人群，β = -0.336 为负值，OR = 0.7146，Wald 检验结果 P = 0.011 显著，说明参照组的幸福感水平要低于非参照组人群,即有宗教信仰的人群幸福感水平反而要低于无宗教信仰人群,且特征明显。

综上所述,单独剥离经济、社会、个体统计特征变量后,其分析结果与初步构建幸福感函数时有所出入,特别是受教育程度、家庭收入、婚姻状况等,得到的结果截然相反,此时二者之间的关系最为直接。下文的研究将逐个针对其他自变量与幸福感的关系进行研究。

二 社会资本变量与幸福感关系研究

个体的社会关系对其幸福感水平有着不同程度的影响,通常是社会关系网较广的个体有着较高的幸福感水平。而农民在失去土地后,其所拥有的社会关系网必定会随之发生变化(后文中都用社会资本来对其进行量化),且这一变化又会反作用于其幸福感水平。因此,为了更加明确这一变化的具体程度,特进行社会资本与幸福感关系的探讨。

(一)社会资本的概念和测量方法

由于社会资本理论尚处于发展阶段,目前对社会资本并无一个统一的定义,其中普特南(Putnam R.)的定义得到较多学者的认同,他认为:"社会资本指的是社会组织的特征,如信任、规范和网络,它们能够通过推动协调的行动来提高社会的效率。"[①]

社会资本的测量方法很多,在不同的国家、不同的研究领域往往有很大的差异。国际上目前对社会资本的测量层次分为个人层面、社区层面和国家层面等等。社区层面以及国家层面的数据往往是根据家庭调查数据整合(比如求平均值)得来的。

本书中特将社会资本分为两个维度,即组织型和意识型社会资本,具体见第七章第一节内容。其中,对组织型社会资本的测量包括两方面:第一,将"加入了组织性的会员关系"定义为"1",其中包括"加入了中国共产党或共青团""其他党派",而"没有加入组织型会员关系"则定义为"0";第二,将"加入了志愿性会员关系"定义为"1",其中包括

[①] Robert Costanza, "Quality of life: An Approach Integrating Opportunities, Human Needs, and Subjective Well-being", *Ecological Economics*, 2007 (61): 267-276.

"民间组织""工会组织""妇女联会组织"等,若"无任何志愿性会员关系"则定义为"0"。

意识型社会资本的测量按照"完全不同意"=1、"不同意"=2、"居于中间"=3、"同意"=4、"完全同意"=5来评分,总分得分越高的,信任感越强。具体因子的设计如表7.8所示。

表7.8　　　　　　　　意识型社会资本因子设计

意识型社会资本因子	指标意义
社会参与	愿意加入对村里的有益的项目中去,而这种项目并不直接对个人有利
信任	村里的每个人都是值得信任的
	信任村干部
	对大部分的邻居也是信任的
人际关系网络	非常害怕被人利用（一）
	感觉到是属于这个村的
互惠与社会支持	愿意借钱给生病的邻居
	愿意帮助村里有需要的人
	只关注于他们自身的利益（一）
邻里关系	愿意归还村里人丢失的东西,如衣物等
	愿意归还村里人丢失的钱财

(二) 研究方法和结果分析

为了更好地分析社会资本与幸福感关系,本书采用多因素分析的方法,具体是通过SPSS15.0软件包进行Logistic回归分析。首先,单独构建幸福感与社会资本之间关系模型1,随后将第七章第二节中的经济、社会、人口统计特征变量引入,构建模型2,具体分析结果见表7.9。

表7.9　　　模型1、模型2回归拟合的似然比检验表

模型	$-2 \text{ Log Likelihood}$	χ^2 分布	自由度	显著性
模型1 截距检验	857.917			
模型1 最终检验	826.086	31.832	3	0.000

续表

模型	-2 Log Likelihood	χ^2 分布	自由度	显著性
模型 2 截距检验	2229.062			
模型 2 最终检验	2161.907	67.155	17	0.000

注：连接函数：序次逻辑回归。

表 7.10　　模型 1、模型 2 拟合优度检验表

	χ^2 分布	自由度	显著性
模型 1 皮尔逊检验	483.980	353	0.000
模型 1 变异度	440.314	353	0.001
模型 2 皮尔逊检验	3216.056	3,103	0.077
模型 2 变异度	2133.207	3,103	1.000

注：连接函数：序次逻辑回归。

从模型 1、模型 2 的参数检验结果可知，模型的回归拟合似然比离差分别从 857.917 下降到 826.086，从 2229.062 下降到 2161.907，P_1 = 0.000，P_2 = 0.000，模型有意义；而模型 1、模型 2 的拟合优度检验结果中，Pearson（1）检验 P = 0.000 有效，离差（1）检验结果 P = 0.001，无效；Pearson（2）检验 P = 0.000 有效，离差（2）检验结果 P = 1.000，有效。

表 7.11　　社会资本与幸福感关系模型 1 分析结果

		估测值	标准误	Wald 检验	自由度	显著性	95% 置信区间	
							下限	上限
阈值	[幸福感得分 = 1]	-1.617	0.423	14.603	1	0.000	-2.446	-0.788
	[幸福感得分 = 2]	0.486	0.385	1.597	1	0.206	-0.268	1.240
	[幸福感得分 = 3]	2.325	0.393	35.031	1	0.000	1.555	3.095
	[幸福感得分 = 4]	4.057	0.410	97.968	1	0.000	3.254	4.860

		估测值	标准误	Wald检验	自由度	显著性	95%置信区间	
							下限	上限
位置	信任感得分	0.064	0.014	21.975	1	0.000	0.038	0.091
	[组织性会员关系得分=0]	-0.124	0.142	0.768	1	0.381	-0.402	0.154
	[组织性会员关系得分=1]	0a	.	.	0	.	.	.
	[志愿性会员关系得分=0]	0.414	0.141	8.616	1	0.003	0.138	0.691
	[志愿性会员关系得分=1]	0a	.	.	0	.	.	.

注：连接函数：序次逻辑回归。

a. 该参数因冗余被定义为0。

表7.12　　　　社会资本与幸福感关系模型2分析结果

		估测值	标准误	Wald检验	自由度	显著性	95%置信区间	
							下限	上限
阈值	[幸福感得分=1]	-0.811	0.634	1.640	1	0.200	-2.053	0.430
	[幸福感得分=2]	1.309	0.610	4.604	1	0.032	0.113	2.504
	[幸福感得分=3]	3.204	0.618	26.846	1	0.000	1.992	4.416
	[幸福感得分=4]	4.991	0.633	62.225	1	0.000	3.751	6.232
位置	信任感得分	0.073	0.014	26.778	1	0.000	0.045	0.101
	[组织性会员关系得分=0]	-0.047	0.143	0.108	1	0.742	-0.328	0.234
	[组织性会员关系得分=1]	0a	.	.	0	.	.	.

续表

		估测值	标准误	Wald检验	自由度	显著性	95%置信区间	
							下限	上限
位置	[志愿性会员关系得分=0]	0.450	0.143	9.831	1	0.002	0.169	0.731
	[志愿性会员关系得分=1]	0a	.	.	0	.	.	.
	[年龄=1]	0.266	0.368	0.523	1	0.470	-0.455	0.987
	[年龄=2]	0.587	0.310	3.579	1	0.059	-0.021	1.195
	[年龄=3]	0.833	0.293	8.095	1	0.004	0.259	1.407
	[年龄=4]	0.463	0.293	2.497	1	0.114	-0.111	1.036
	[年龄=5]	0a	.	.	0	.	.	.
	[性别分组=0]	-0.133	0.132	1.011	1	0.315	-0.392	0.126
	[性别分组=1]	0a	.	.	0	.	.	.
	[婚姻状况=0]	0.393	0.223	3.090	1	0.079	-0.045	0.831
	[婚姻状况=1]	0a	.	.	0	.	.	.
	[职业状况得分=0]	0.097	0.146	0.442	1	0.506	-0.189	0.382
	[职业状况得分=1]	0a	.	.	0	.	.	.
	[家庭收入=1]	-0.084	0.321	0.069	1	0.793	-0.713	0.545
	[家庭收入=2]	-0.444	0.305	2.115	1	0.146	-1.043	0.154
	[家庭收入=3]	-0.215	0.328	0.429	1	0.512	-0.857	0.428
	[家庭收入=4]	0a	.	.	0	.	.	.
	[宗教信仰=0]	-0.290	0.134	4.695	1	0.030	-0.552	-0.028
	[宗教信仰=1]	0a	.	.	0	.	.	.
	[受教育程度=1]	0.557	0.251	4.922	1	0.027	0.065	1.049
	[受教育程度=2]	0.289	0.225	1.652	1	0.199	-0.152	0.730

续表

		估测值	标准误	Wald检验	自由度	显著性	95% 置信区间	
							下限	上限
位置	[受教育程度=3]	0.354	0.223	2.508	1	0.113	-0.084	0.791
	[受教育程度=4]	0a	.	.	0	.	.	.

注：连接函数：序次逻辑回归。

a. 该参数因冗余被定义为0。

而比较模型1、模型2分析结果可知：模型1中，组织性会员关系资本 S_1 的 $\beta = -0.124$，OR = 1.1320，Wald 检验结果 P = 0.381 不显著，志愿性会员关系资本 S_2 的 $\beta = 0.414$，OR = 0.6610，Wald 检验结果 P = 0.003 显著有意义，信任资本 S_3 的 $\beta = 0.064$，OR = 1.0661，Wald 检验结果 P = 0.000 显著有意义；将经济、社会、人口统计变量引入模型1构建模型2，S_1 的 $\beta = -0.047$，OR = 0.9541，Wald 检验结果 P = 0.742 更不显著，S_2 的 $\beta = 0.450$，OR = 1.5683，Wald 检验结果 P = 0.002 显著有意义，S_3 的 $\beta = 0.073$，OR = 1.0757，Wald 检验结果 P = 0.000 显著有意义。

从上述的模型1、模型2的分析结果可见，拥有组织性会员关系资本的失地农民比未拥有组织性会员关系资本的具有更低的幸福感水平，但这一特征极不显著；而信任资本和志愿性会员关系则具有十分显著的特征，即高的信任资本和加入了志愿性会员关系的失地农民具有更高的幸福感水平。

综合前文的分析结果可见：社会资本中，志愿性会员关系和信任感资本是影响失地农民幸福感的重要因素，而组织性会员关系则并未显示出更大的影响力，因此，在幸福感函数的最终确定中，应将组织性会员关系剔除。

三　环境态度变量与幸福感关系研究

对幸福感与环境之间关系的探讨主要是从幸福感与对待环境态度这一

间接的角度来进行，目的是为了探明失地农民幸福感是否会因其对待环境态度的不同而发生变化。

因环境特征对幸福感有着积极的影响（如自然景观，与野生动植物交流的机会等）和消极的影响（如污染和美学衰败等）两方面，本研究首先假设两种对待环境的不同态度可用来表达这样的积极和消极影响：对环境污染的关注使幸福感降低（负面影响）和对生物多样性的关注使幸福感升高（正面影响），具体是通过被访者对以下问题的回答来确定其环境态度。问题如下：(1) 描述您对许多动物和植物物种灭绝的关心程度；(2) 描述您对臭氧层破坏的关心程度。被调查者分别给出"极其关心""相当关心""不是很关心""一点也不关心""不太清楚"五个选项，其中将选择"极其关心"和"相当关心"定义为"1"，其他选项定义为"0"。

具体的研究方法则是通过序次逻辑回归模型估测，建立幸福感和环境态度之间关系的模型1，再加入社会、经济、人口统计变量建立模型2，结果见表7.13。

表7.13 　　　　模型1、模型2 回归拟合的似然比检验表

模型	−2 Log Likelihood	χ^2 分布	自由度	显著性
模型1 截距检验	100.455			
模型1 最终检验	86.033	14.422	2	0.001
模型2 截距检验	1889.059			
模型2 最终检验	1847.582	41.478	16	0.000

注：连接函数：序次逻辑回归。

表7.14 　　　　模型1、模型2 拟合优度检验表

	χ^2 分布	自由度	显著性
模型1 皮尔逊检验	15.357	10	0.120
模型1 变异度	15.268	10	0.123
模型2 皮尔逊检验	2190.587	2076	0.039
模型2 变异度	1585.271	2076	1.000

注：连接函数：序次逻辑回归。

从模型 1、模型 2 的参数检验结果可知，模型的回归拟合似然比离差分别从 100.455 下降到 86.033，从 1889.059 下降到 1847.582，$P_1 = 0.001$，$P_2 = 0.000$，模型有意义；而模型 1、模型 2 的拟合优度检验结果中，Pearson（1）检验 $P = 0.120$ 有效，离差 Deviance（1）检验结果 $P = 0.123$，无效；Pearson（2）检验 $P = 0.039$ 有效，离差（2）检验结果 $P = 1.000$，有效。

表 7.15　　环境态度与幸福感关系模型 1 分析结果

		估测值	标准误	Wald 检验	自由度	显著性	95% 置信区间	
							下限	上限
阈值	[幸福感得分 =1]	-3.933	0.238	274.016	1	0.000	-4.399	-3.468
	[幸福感得分 =2]	-1.841	0.144	163.904	1	0.000	-2.123	-1.559
	[幸福感得分 =3]	-0.028	0.127	0.049	1	0.825	-0.277	0.221
	[幸福感得分 =4]	1.687	0.148	130.292	1	0.000	1.397	1.977
位置	[动植物灭绝得分 =0]	-0.396	0.166	5.657	1	0.017	-0.722	-0.070
	[动植物灭绝得分 =1]	0a	.	.	0	.	.	.
	[臭氧层破坏得分 =0]	-0.191	0.151	1.592	1	0.207	-0.488	0.106
	[臭氧层破坏得分 =1]	0a	.	.	0	.	.	.

注：连接函数：序次逻辑回归。

a. 该参数因冗余被定义为 0。

表 7.16　　　　　环境态度与幸福感关系模型 2 分析结果

		估测值	标准误	Wald检验	自由度	显著性	95%置信区间	
							下限	上限
阈值	[幸福感得分=1]	-3.648	0.495	54.354	1	0.000	-4.618	-2.678
	[幸福感得分=2]	-1.541	0.458	11.323	1	0.001	-2.438	-0.643
	[幸福感得分=3]	0.318	0.455	0.490	1	0.484	-0.573	1.210
	[幸福感得分=4]	2.072	0.462	20.104	1	0.000	1.166	2.977
位置	[动植物灭绝得分=0]	-0.429	0.170	6.405	1	0.011	-0.762	-0.097
	[动植物灭绝得分=1]	0a	.	.	0	.	.	.
	[臭氧层破坏得分=0]	-0.131	0.154	0.729	1	0.393	-0.432	0.170
	[臭氧层破坏得分=1]	0a	.	.	0	.	.	.
	[年龄=1]	-0.123	0.365	0.114	1	0.735	-0.838	0.591
	[年龄=2]	0.133	0.305	0.189	1	0.663	-0.465	0.730
	[年龄=3]	0.370	0.289	1.646	1	0.200	-0.195	0.936
	[年龄=4]	0.153	0.292	0.276	1	0.600	-0.419	0.726
	[年龄=5]	0a	.	.	0	.	.	.
	[性别分组=0]	-0.090	0.131	0.474	1	0.491	-0.347	0.167
	[性别分组=1]	0a	.	.	0	.	.	.
	[婚姻状况=0]	0.338	0.223	2.298	1	0.130	-0.099	0.774
	[婚姻状况=1]	0a	.	.	0	.	.	.
	[职业状况得分=0]	0.134	0.145	0.842	1	0.359	-0.152	0.419

续表

		估测值	标准误	Wald检验	自由度	显著性	95%置信区间	
							下限	上限
位置	[职业状况得分=1]	0a	.	.	0	.	.	.
	[家庭收入=1]	0.025	0.321	0.006	1	0.938	-0.603	0.654
	[家庭收入=2]	-0.259	0.305	0.720	1	0.396	-0.857	0.339
	[家庭收入=3]	-0.122	0.326	0.140	1	0.708	-0.762	0.518
	[家庭收入=4]	0a	.	.	0	.	.	.
	[宗教信仰=0]	-0.332	0.134	6.182	1	0.013	-0.595	-0.070
	[宗教信仰=1]	0a	.	.	0	.	.	.
	[受教育程度=1]	0.528	0.250	4.463	1	0.035	0.038	1.018
	[受教育程度=2]	0.290	0.223	1.678	1	0.195	-0.149	0.728
	[受教育程度=3]	0.395	0.222	3.169	1	0.075	-0.040	0.830
	[受教育程度=4]	0a	.	.	0	.	.	.

注：连接函数：序次逻辑回归。

a. 该参数因冗余被定义为0。

而通过比较表7.15、表7.16中的分析结果可知：模型1中，环境态度E_1的$\beta = -0.396$，$OR = 0.6730$，Wald检验结果$P = 0.017$显著，环境态度E_2的$\beta = -0.191$，$OR = 0.8261$，Wald检验结果$P = 0.207$不太显著；模型2中，E_1的$\beta = -0.429$，$OR = 0.6512$，Wald检验结果$P = 0.011$显著，环境态度E_2的$\beta = -0.131$，$OR = 0.8772$，Wald检验结果$P = 0.393$不太显著。

而E_1的参照组是对动植物灭绝"极其关心"的失地农民，分析结果均显示参照组比其他组别的幸福感水平要低，且特征明显；E_2的参照组为对臭氧层破坏"极其关心"，说明参照组比其他组别的幸福感水平低，但显著性检验结果不好,说明这一特征不太能被确定。

综合上述分析,环境态度对幸福感有着密切影响,在幸福感函数的构建中,本书选择的两个环境态度自变量均有效。

四 健康变量与幸福感关系研究

健康包括自评的身体健康和自评的心理健康,前人的研究已证明幸福感水平的高低与健康状况的好坏有着密切联系。因此,本书通过对失地农民健康水平的调查,试图从实证的角度来探讨这二者间的具体关系,以明确健康对幸福感水平的具体影响程度。

本研究中将被访者的自评身体健康水平分为:(1)非常好;(2)比较好;(3)一般;(4)差;(5)非常差,其中,将"非常好""比较好"定义为"1","一般""差""非常差"定义为"0"。对个体心理特征的测量主要依据自修改后的普通健康调查问卷 GHQ(General Health Questionnaire),具体是通过 10 个小项得分总和来表征,分值越高,表示个体心理健康水平越高。

具体的研究方法如下:通过序次 Logistics 回归模型估测,建立幸福感和健康变量关系的模型 1,再加入社会、经济、人口统计变量建立模型 2,结果见表 7.17。

表 7.17　　　　模型 1、模型 2 回归拟合的似然比检验表

模型	-2 Log Likelihood	χ^2 分布	自由度	显著性
模型 1 截距检验	1248.654			
模型 1 最终检验	480.669	767.985	2	0.000
模型 2 截距检验	2246.170			
模型 2 最终检验	1449.081	797.089	17	0.000

注:连接函数:序次逻辑回归。

表 7.18　　　　模型 1、模型 2 拟合优度检验表

	χ^2 分布	自由度	显著性
模型 1 皮尔逊检验	610.186	214	0.000
模型 1 变异度	297.827	214	0.000

续表

	χ^2 分布	自由度	显著性
模型 2 皮尔逊检验	3184.305	3115	0.189
模型 2 变异度	1433.021	3115	1.000

注：连接函数：序次逻辑回归。

从模型 1、模型 2 的参数检验结果可知，模型的回归拟合似然比离差分别从 1248.654 下降到 480.669，从 2246.170 下降到 1449.081，$P_1 = 0.000$，$P_2 = 0.000$，模型有意义；而模型 1、模型 2 的拟合优度检验结果中，Pearson（1）检验 $P = 0.000$ 有效，离差（1）检验结果 $P = 0.000$，无效；Pearson（2）检验 $P = 0.026$ 有效，离差（2）检验结果 $P = 1.000$，有效。

表 7.19　　　　　健康变量与幸福感关系模型 1 分析结果

		估测值	标准误	Wald 检验	自由度	显著性	95% 置信区间	
							下限	上限
阈值	[幸福感得分 = 1]	11.537	0.685	283.726	1	0.000	10.194	12.879
	[幸福感得分 = 2]	15.271	0.758	405.473	1	0.000	13.785	16.758
	[幸福感得分 = 3]	18.810	0.870	467.568	1	0.000	17.105	20.514
	[幸福感得分 = 4]	21.558	0.938	527.736	1	0.000	19.719	23.397
位置	心理健康	0.518	0.024	467.058	1	0.000	0.471	0.565
	[自评身体健康 = 0]	0.504	0.155	10.551	1	0.001	0.200	0.809
	[自评身体健康 = 1]	0a	.	.	0	.	.	.

注：连接函数：序次逻辑回归。

　　a. 该参数因冗余被定义为 0。

比较表 7.19、表 7.20 中结果：模型 1 中，自评身体健康水平 H_1 的 β = 0.504，OR = 1.6553，Wald 检验结果 P = 0.000 显著，参照组为"好""比较好"的失地农民；心理健康状态 H_2 的 β = 0.518，OR = 1.6787，Wald 检验结果 P = 0.001 显著。模型 2 中，H_1 的 β = 0.362，OR = 1.4362，Wald 检验结果 P = 0.029 显著；心理健康状态 H_2 的 β = 0.524，OR = 1.6888，Wald 检验结果 P = 0.000 显著。

因此，在单独考察健康因子以及仅加入经济、社会、人口统计特征变量的情况下，自评身体健康和心理健康与幸福感水平表现为正向变动的关系，即高的自评健康水平和心理健康水平的人群具有高的幸福感水平。这与前文第七章第一节初步构建的幸福感函数中健康因子的作用截然相反，说明其他自变量对健康变量产生了干扰影响。

表 7.20　　　　健康变量与幸福感关系模型 2 分析结果

		估测值	标准误	Wald 检验	自由度	显著性	95% 置信区间	
							下限	上限
阈值	[幸福感得分 = 1]	11.895	0.862	190.422	1	0.000	10.206	13.585
	[幸福感得分 = 2]	15.616	0.917	289.860	1	0.000	13.818	17.414
	[幸福感得分 = 3]	19.245	1.019	356.569	1	0.000	17.248	21.243
	[幸福感得分 = 4]	22.083	1.082	416.271	1	0.000	19.961	24.204
位置	心理健康	0.524	0.024	466.220	1	0.000	0.476	0.572
	[自评身体健康 = 0]	0.362	0.165	4.795	1	0.029	0.038	0.685
	[自评身体健康 = 1]	0a	.	.	0	.	.	.
	[年龄 = 1]	0.827	0.410	4.070	1	0.044	0.024	1.631
	[年龄 = 2]	0.410	0.341	1.446	1	0.229	−0.258	1.078

续表

		估测值	标准误	Wald检验	自由度	显著性	95%置信区间	
							下限	上限
位置	[年龄=3]	0.670	0.323	4.308	1	0.038	0.037	1.302
	[年龄=4]	0.209	0.327	0.408	1	0.523	-0.432	0.849
	[年龄=5]	0a	.	.	0	.	.	.
	[性别分组=0]	-0.058	0.147	0.157	1	0.692	-0.345	0.229
	[性别分组=1]	0a	.	.	0	.	.	.
	[婚姻状况=0]	-0.183	0.250	0.537	1	0.464	-0.672	0.306
	[婚姻状况=1]	0a	.	.	0	.	.	.
	[征地态度得分=0]	-0.394	0.156	6.368	1	0.012	-0.701	-0.088
	[征地态度得分=1]	0a	.	.	0	.	.	.
	[职业状况得分=0]	0.126	0.163	0.599	1	0.439	-0.193	0.445
	[职业状况得分=1]	0a	.	.	0	.	.	.
	[家庭收入=1]	-0.065	0.356	0.033	1	0.856	-0.762	0.633
	[家庭收入=2]	-0.283	0.337	0.704	1	0.402	-0.943	0.378
	[家庭收入=3]	-0.332	0.364	0.833	1	0.361	-1.046	0.381
	[家庭收入=4]	0a	.	.	0	.	.	.
	[宗教信仰=0]	-0.381	0.153	6.178	1	0.013	-0.681	-0.081
	[宗教信仰=1]	0a	.	.	0	.	.	.
	[受教育程度=1]	0.479	0.280	2.936	1	0.087	-0.069	1.028
	[受教育程度=2]	0.444	0.251	3.139	1	0.076	-0.047	0.936

续表

		估测值	标准误	Wald检验	自由度	显著性	95%置信区间	
							下限	上限
位置	[受教育程度=3]	0.395	0.249	2.524	1	0.112	-0.092	0.883
	[受教育程度=4]	0a	.	.	0	.	.	.

注：连接函数：序次逻辑回归。

a. 该参数因冗余被定义为0。

五 文化变量与幸福感关系研究

一般来说，农民失去土地后会发生一系列的文化变迁，而这样的文化变迁包括社会关系的基本制度（所有制、国体、政体等规范）、基本结构（职业结构、组织结构、阶级结构）及基本面貌（生活方式与行为方式）等变迁。经验表明，文化变迁特征会影响失地农民的心理状况、主观感受，进而影响其幸福感水平。基于研究的可行性和文化变迁的可测性，本书将文化变量定义为对城市文化特征的适应情况，这一特征充分包含了失地农民对于规范、结构和生活、行为方式等改变后的适应状况。

笔者在调查中发现，老年失地农民的幸福感水平很大程度上受到文化变量的影响，而中青年失地农民受此影响程度不大。为了更加具体地了解文化变量与幸福感之间的关系，特对二者进行了深入分析（方法同前文）。

表7.21和表7.22是建立的模型参数检验结果表。模型1是文化变量与幸福感关系，模型2是加入了经济、社会、人口统计变量后，文化变量与幸福感关系。

表7.21　　　模型1、模型2回归拟合的似然比检验表

模型	-2 Log Likelihood	χ^2分布	自由度	显著性
模型1 截距检验	91.282			
模型1 最终检验	83.097	8.185	3	0.042

续表

模型	-2 Log Likelihood	χ^2 分布	自由度	显著性
模型 2 截距检验	1911.444			
模型 2 最终检验	1872.923	38.521	17	0.002

注：连接函数：序次逻辑回归。

表 7.22　　　　模型 1、模型 2 拟合优度检验表

	χ^2 分布	自由度	显著性
模型 1 皮尔逊检验	9.917	9	0.357
模型 1 变异度	10.557	9	0.307
模型 2 皮尔逊检验	2192.005	2067	0.028
模型 2 变异度	1620.935	2067	1.000

注：连接函数：序次逻辑回归。

从参数检验结果可看出，模型 1 的回归拟合似然比离差从 91.282 下降到 83.097；模型 2 的 Deviance 值从 1911.444 下降到 1872.923，$P_1 = 0.042$，$P_2 = 0.002$，模型均有意义。模型 1、模型 2 的拟合优度检验结果中，Pearson（1）检验 P = 0.357 有效，离差（1）检验结果 P = 0.307，无效；Pearson（2）检验 P = 0.028 有效，离差（2）检验结果 P = 1.000，有效。

表 7.23　　　　文化变量与幸福感关系模型 1 分析结果

		估测值	标准误	Wald 检验	自由度	显著性	95% 置信区间	
							下限	上限
阈值	[幸福感得分 = 1]	-3.467	0.279	154.464	1	0.000	-4.014	-2.920
	[幸福感得分 = 2]	-1.377	0.207	44.471	1	0.000	-1.782	-0.972
	[幸福感得分 = 3]	0.425	0.200	4.501	1	0.034	0.032	0.817
	[幸福感得分 = 4]	2.132	0.218	95.679	1	0.000	1.705	2.559

续表

		估测值	标准误	Wald 检验	自由度	显著性	95% 置信区间	
							下限	上限
位置	[文化变量=1]	0.392	0.273	2.070	1	0.150	-0.142	0.927
	[文化变量=2]	0.190	0.225	0.715	1	0.398	-0.251	0.631
	[文化变量=3]	-0.124	0.220	0.319	1	0.573	-0.555	0.307
	[文化变量=4]	0a	.	.	0	.	.	.

注：连接函数：序次逻辑回归。

a. 该参数因冗余被定义为 0。

比较表 7.23 和表 7.24 中结果：模型 1 中，文化变量 C_1 的 $\beta=0.392$，OR = 1.4799，Wald 检验结果不显著（P = 0.150），C_2 的 $\beta=0.190$，OR = 1.2093，Wald 检验结果（P = 0.398）不显著，C_3 的 $\beta=-0.124$，OR = 0.8834，Wald 检验结果不显著（P = 0.573）；模型 2 中，文化变量 C_1 的 $\beta=0.522$，OR = 1.6854，Wald 检验结果（P = 0.060）显著，C_2 的 $\beta=0.320$，OR = 1.3771，Wald 检验结果（P = 0.161）不显著，C_3 的 $\beta=-0.018$，OR = 0.9822，Wald 检验结果不显著（P = 0.936）。

参照组为对城市文化"完全适应"的失地农民。模型 1、模型 2 的分析结果显示，参照组的幸福感水平高于 C_1、C_2 的幸福感水平，且幸福感水平 $C_2>C_1$，C_3 的幸福感水平比参照组要高，但不能通过显著性检验，说明这一特征不能被完全确定。而第七章第一节中，文化变量 C_1、C_2、C_3 的 β 值均为正，参照组幸福感水平是最高的。比较三组分析结果可见，文化变量也受到了其他自变量的干扰影响。因此，对幸福感函数的确定还需要作出进一步的检验。

表 7.24　　　　　文化变量与幸福感关系模型 2 分析结果

		估测值	标准误	Wald 检验	自由度	显著性	95% 置信区间	
							下限	上限
阈值	[幸福感得分=1]	-3.137	0.518	36.730	1	0.000	-4.152	-2.123
	[幸福感得分=2]	-1.031	0.483	4.557	1	0.033	-1.978	-0.084

续表

		估测值	标准误	Wald检验	自由度	显著性	95%置信区间	
							下限	上限
阈值	[幸福感得分=3]	0.821	0.482	2.898	1	0.089	-0.124	1.767
	[幸福感得分=4]	2.572	0.491	27.389	1	0.000	1.608	3.535
位置	[文化变量=1]	0.522	0.278	3.531	1	0.060	-0.022	1.066
	[文化变量=2]	0.320	0.228	1.963	1	0.161	-0.128	0.767
	[文化变量=3]	-0.018	0.222	0.006	1	0.936	-0.454	0.418
	[文化变量=4]	0a	.	.	0	.	.	.
	[年龄=1]	-0.008	0.365	0.001	1	0.982	-0.723	0.707
	[年龄=2]	0.221	0.304	0.529	1	0.467	-0.375	0.817
	[年龄=3]	0.517	0.288	3.227	1	0.072	-0.047	1.080
	[年龄=4]	0.253	0.292	0.751	1	0.386	-0.319	0.825
	[年龄=5]	0a	.	.	0	.	.	.
	[性别分组=0]	-0.068	0.131	0.264	1	0.607	-0.325	0.190
	[性别分组=1]	0	.	.	0	.	.	.
	[婚姻状况=0]	0.326	0.223	2.148	1	0.143	-0.110	0.763
	[婚姻状况=1]	0a	.	.	0	.	.	.
	[家庭收入=1]	-0.106	0.320	0.110	1	0.740	-0.734	0.522
	[家庭收入=2]	-0.392	0.305	1.655	1	0.198	-0.990	0.205
	[家庭收入=3]	-0.173	0.327	0.280	1	0.597	-0.814	0.468
	[家庭收入=4]	0a	.	.	0	.	.	.
	[职业状况得分=0]	0.120	0.145	0.683	1	0.409	-0.164	0.404
	[职业状况得分=1]	0a	.	.	0	.	.	.
	[宗教信仰=0]	-0.375	0.134	7.791	1	0.005	-0.639	-0.112
	[宗教信仰=1]	0a	.	.	0	.	.	.

续表

		估测值	标准误	Wald检验	自由度	显著性	95%置信区间	
							下限	上限
位置	[受教育程度=1]	0.478	0.249	3.677	1	0.055	-0.011	0.967
	[受教育程度=2]	0.301	0.223	1.813	1	0.178	-0.137	0.738
	[受教育程度=3]	0.380	0.222	2.932	1	0.087	-0.055	0.814
	[受教育程度=4]	0a	.	.	0	.	.	.

注：连接函数：序次逻辑回归。

a. 该参数因冗余被定义为0。

六 政策变量与幸福感关系研究

本书的幸福感函数是针对失地农民群体建立的，而农民对待土地征收政策的态度和安置政策的态度也在一定程度上影响着其幸福感水平的高低。因此，在失地农民幸福感函数的初步构建中，将政策因子作为自变量进行了分析，分别是政策满意度因子 P_1 和征地态度因子 P_2。为了更加确切地了解政策变量对幸福感函数的影响作用，特将相关自变量进行控制研究（研究方法同上）。

表 7.25 和表 7.26 是建立的模型参数检验结果表。模型 1 是政策变量与幸福感关系，模型 2 是加入了经济、社会、人口统计变量后，政策变量与幸福感关系。

从参数检验结果可看出，模型 1 的回归拟合似然比离差从 265.827 下降到 240.317；模型 2 的离差值从 1680.737 下降到 1636.479，P_1 = 0.000，P_2 = 0.000，模型均有意义。模型 1、模型 2 的拟合优度检验结果中，Pearson（1）检验 P = 0.000 有效，离差（1）检验结果 P = 0.000，无效；Pearson（2）检验 P = 0.000 有效，离差（2）检验结果 P = 1.000，有效。

表 7.25　　　　　模型 1、模型 2 回归拟合的似然比检验表

模型	-2 Log Likelihood	χ^2 分布	自由度	显著性
模型 1 截距检验	265.827			
模型 1 最终检验	240.317	25.510	5	0.000
模型 2 截距检验	1680.737			
模型 2 最终检验	1636.479	44.258	15	0.000

注：连接函数：序次逻辑回归。

表 7.26　　　　　模型 1、模型 2 拟合优度检验表

	χ^2 分布	自由度	显著性
模型 1 皮尔逊检验	110.846	31	0.000
模型 1 变异度	106.568	31	0.000
模型 2 皮尔逊检验	1709.285	1505	0.000
模型 2 变异度	1312.867	1505	1.000

注：连接函数：序次逻辑回归。

表 7.27 和表 7.28 是政策变量与幸福感关系表。模型 1 中，征地安置政策满意度 P_{11}、P_{12}、P_{13}、P_{14} 中的值 $\beta_1 = -0.689$、$OR_1 = 0.5021$，Wald 检验结果显著（P = 0.082），$\beta_2 = -1.103$、$OR_2 = 0.3319$，Wald 检验结果显著（P = 0.000），$\beta_3 = -1.171$、$OR_3 = 0.3101$，Wald 检验结果显著（P = 0.000），$\beta_4 = -0.766$、$OR_4 = 0.4649$，Wald 检验结果显著（P = 0.007），参照组为对征地安置政策"非常满意"人群，说明该类人群的幸福感水平低于其他四个水平的人群；再比较四个不同政策满意度水平下的幸福感大小可知，$P_{13} > P_{12} > P_{14} > P_{11}$，说明政策满意度水平与幸福感水平之间的同一变动关系不明显，对征收政策满意的人群，幸福感水平不一定高。

在对待征地态度上，P_2 的 $\beta = -0.193$、$OR = 0.8245$，Wald 检验结果不太显著（P = 0.156），参照组为"希望"土地征收的人群，说明该类人群比"不希望""无所谓"的人群具有较低的幸福感水平，但统计检验不显著，这一特征无法被完全确定。

模型 2 中，征地安置政策满意度 P_{11}、P_{12}、P_{13}、P_{14} 中的值 $\beta_1 =$

-0.736、$OR_1 = 0.4790$,Wald 检验结果显著($P = 0.065$),$\beta_2 = -1.155$、$OR_2 = 0.3151$,Wald 检验结果显著($P = 0.000$),$\beta_3 = -1.186$、$OR_3 = 0.3054$,Wald 检验结果显著($P = 0.000$),$\beta_4 = -0.798$、$OR_4 = 0.4502$,Wald 检验结果显著($P = 0.006$);同样比较各不同政策满意度水平下的幸福感可知,$P_{13} > P_{12} > P_{14} > P_{11}$,与模型 1 结果类似。征地态度 P_2 的 $\beta = -0.198$、$OR = 0.8204$,Wald 检验结果不显著($P = 0.152$),意义同模型 1。

表 7.27　　　　　政策变量与幸福感关系模型 1 分析结果

		估测值	标准误	Wald 检验	自由度	显著性	95% 置信区间	
							下限	上限
阈值	[幸福感得分 = 1]	-4.646	0.339	187.584	1	0.000	-5.311	-3.981
	[幸福感得分 = 2]	-2.563	0.281	83.192	1	0.000	-3.113	-2.012
	[幸福感得分 = 3]	-0.743	0.269	7.613	1	0.006	-1.270	-0.215
	[幸福感得分 = 4]	1.005	0.272	13.657	1	0.000	0.472	1.538
位置	[政策满意度得分 = 1]	-0.689	0.396	3.023	1	0.082	-1.465	0.088
	[政策满意度得分 = 2]	-1.103	0.296	13.862	1	0.000	-1.684	-0.523
	[政策满意度得分 = 3]	-1.171	0.273	18.365	1	0.000	-1.707	-0.635
	[政策满意度得分 = 4]	-0.766	0.285	7.213	1	0.007	-1.325	-0.207
	[政策满意度得分 = 5]	0a	.	.	0	.	.	.
	[征地态度得分 = 0]	-0.193	0.136	2.014	1	0.156	-0.460	0.074

续表

		估测值	标准误	Wald检验	自由度	显著性	95%置信区间	
							下限	上限
位置	[征地态度得分=1]	0a	.	.	0	.	.	.

注：连接函数：序次逻辑回归。

a. 该参数因冗余被定义为0。

表7.28　政策变量与幸福感关系模型2分析结果

		估测值	标准误	Wald检验	自由度	显著性	95%置信区间	
							下限	上限
阈值	[幸福感得分=1]	-4.526	0.496	83.248	1	0.000	-5.498	-3.554
	[幸福感得分=2]	-2.432	0.458	28.151	1	0.000	-3.331	-1.534
	[幸福感得分=3]	-0.585	0.452	1.672	1	0.196	-1.470	0.301
	[幸福感得分=4]	1.186	0.454	6.821	1	0.009	0.296	2.077
位置	[政策满意度得分=1]	-0.736	0.399	3.397	1	0.065	-1.519	0.047
	[政策满意度得分=2]	-1.155	0.300	14.808	1	0.000	-1.743	-0.567
	[政策满意度得分=3]	-1.186	0.277	18.344	1	0.000	-1.729	-0.643
	[政策满意度得分=4]	-0.798	0.289	7.653	1	0.006	-1.364	-0.233
	[政策满意度得分=5]	0a	.	.	0	.	.	.

续表

		估测值	标准误	Wald 检验	自由度	显著性	95%置信区间	
							下限	上限
位置	[征地态度得分=0]	-0.198	0.138	2.052	1	0.152	-0.469	0.073
	[征地态度得分=1]	0a	.	.	0	.	.	.
	[年龄=1]	-0.305	0.337	0.818	1	0.366	-0.966	0.356
	[年龄=2]	0.074	0.275	0.072	1	0.788	-0.466	0.614
	[年龄=3]	0.429	0.274	2.455	1	0.117	-0.108	0.967
	[年龄=4]	0.246	0.286	0.735	1	0.391	-0.316	0.807
	[年龄=5]	0a	.	.	0	.	.	.
	[性别分组=0]	-0.051	0.130	0.152	1	0.696	-0.305	0.204
	[性别分组=1]	0a	.	.	0	.	.	.
	[婚姻状况=0]	0.282	0.222	1.620	1	0.203	-0.152	0.717
	[婚姻状况=1]	0a	.	.	0	.	.	.
	[职业状况得分=0]	0.061	0.144	0.177	1	0.674	-0.222	0.343
	[职业状况得分=1]	0a	.	.	0	.	.	.
	[家庭收入=1]	0.209	0.312	0.448	1	0.503	-0.402	0.819
	[家庭收入=2]	-0.184	0.302	0.372	1	0.542	-0.776	0.408
	[家庭收入=3]	-0.029	0.326	0.008	1	0.929	-0.668	0.610
	[家庭收入=4]	0a	.	.	0	.	.	.

注：连接函数：序次逻辑回归。

a. 该参数因冗余被定义为0。

综合比较模型1、模型2和前文第七章第一节中的结果，土地征收态度变量与幸福感之间关系不能完全被确定，其显著性检验结果均不理想；而土地征收安置政策满意度与幸福感关系基本上呈现负向变动的特点，其显著性也较强。因此，在最终的幸福感函数构建中，将剔除土地征收态度变量。

值得一提的是，本书中得到的土地安置政策变量与幸福感关系结果虽与经验水平存在一定差异,但作为学术探讨,仍具有一定的意义。

第三节 失地农民幸福感函数确定

在前文幸福感函数初步确定的基础上,经过各影响因子的检验——主要剔除了组织性会员关系资本、土地征收政策态度两个自变量,最终得到下述的幸福感函数。

表 7.29　　　　　　回归模型拟合的似然比检验表

模型	-2 Log Likelihood	χ^2 分布	自由度	显著性
截距检验	2260.818			
最终检验	1435.564	825.254	27	0.000

注:连接函数:序次逻辑回归。

表 7.30　　　　　　　拟合优度检验表

	χ^2 分布	自由度	显著性
皮尔逊检验	3415.099	3261	0.030
变异度	1,435.564	3,261	1.000

注:连接函数:序次逻辑回归。

从上述表 7.29 总模型的似然比检验结果可见,最终模型和只含有常数项的无效模型相比,离差从 2260.818 下降到 1435.564,似然比卡方检验结果 P=0.000<0.05,模型有意义。表 7.30 拟合优度检验结果显示,Pearson 检验 P=0.03 有效,离差检验结果 P=1.000 也有效。

表 7.31　　　　　　幸福感函数参数估测表

		估测值	标准误	Wald 检验	自由度	显著性	95% 置信区间	
							下限	上限
阈值	[幸福感得分=1]	14.167	1.109	163.316	1	0.000	11.994	16.340
	[幸福感得分=2]	17.935	1.162	238.208	1	0.000	15.657	20.212

续表

		估测值	标准误	Wald检验	自由度	显著性	95%置信区间	
							下限	上限
阈值	[幸福感得分=3]	21.673	1.259	296.550	1	0.000	19.206	24.140
	[幸福感得分=4]	24.573	1.320	346.740	1	0.000	21.987	27.159
位置	信任感得分	0.058	0.016	12.883	1	0.000	0.026	0.090
	心理健康	0.527	0.025	441.309	1	0.000	0.478	0.577
	[志愿性会员关系得分=0]	0.400	0.152	6.943	1	0.008	0.102	0.698
	[志愿性会员关系得分=1]	0a	.	.	0	.	.	.
	[动植物灭绝得分=0]	-0.039	0.193	0.040	1	0.842	-0.416	0.339
	[动植物灭绝得分=1]	0a	.	.	0	.	.	.
	[臭氧层破坏得分=0]	0.110	0.176	0.387	1	0.534	-0.235	0.454
	[臭氧层破坏得分=1]	0a	.	.	0	.	.	.
	[自评身体健康=0]	0.415	0.168	6.090	1	0.014	0.085	0.744
	[自评身体健康=1]	0	.	.	0	.	.	.
	[文化变量=1]	0.384	0.316	1.479	1	0.224	-0.235	1.003
	[文化变量=2]	0.306	0.261	1.377	1	0.241	-0.205	0.817
	[文化变量=3]	0.244	0.255	0.915	1	0.339	-0.256	0.743
	[文化变量=4]	0a	.	.	0	.	.	.

续表

		估测值	标准误	Wald检验	自由度	显著性	95%置信区间	
							下限	上限
阈值	[政策满意度得分=1]	-0.502	0.466	1.160	1	0.281	-1.414	0.411
	[政策满意度得分=2]	-0.431	0.350	1.517	1	0.218	-1.118	0.255
	[政策满意度得分=3]	-0.378	0.325	1.357	1	0.244	-1.015	0.258
	[政策满意度得分=4]	0.109	0.342	0.102	1	0.750	-0.561	0.779
	[政策满意度得分=5]	0a	.	.	0	.	.	.
	[年龄=1]	0.991	0.421	5.547	1	0.019	0.166	1.815
	[年龄=2]	0.654	0.353	3.424	1	0.064	-0.039	1.346
	[年龄=3]	0.917	0.336	7.453	1	0.006	0.259	1.575
	[年龄=4]	0.355	0.337	1.111	1	0.292	-0.305	1.016
	[年龄=5]	0a	.	.	0	.	.	.
	[性别分组=0]	-0.101	0.149	0.453	1	0.501	-0.393	0.192
	[性别分组=1]	0a	.	.	0	.	.	.
	[婚姻状况=0]	-0.158	0.253	0.388	1	0.533	-0.654	0.339
	[婚姻状况=1]	0a	.	.	0	.	.	.
	[职业状况得分=0]	0.148	0.166	0.799	1	0.371	-0.177	0.473
	[职业状况得分=1]	0a	.	.	0	.	.	.
	[家庭收入=1]	-0.078	0.361	0.047	1	0.829	-0.785	0.629
	[家庭收入=2]	-0.349	0.343	1.039	1	0.308	-1.021	0.323
	[家庭收入=3]	-0.244	0.367	0.441	1	0.507	-0.964	0.476

续表

		估测值	标准误	Wald 检验	自由度	显著性	95% 置信区间	
							下限	上限
阈值	[家庭收入=4]	0a	.	.	0	.	.	.
	[宗教信仰=0]	-0.395	0.157	6.358	1	0.012	-0.702	-0.088
	[宗教信仰=1]	0a	.	.	0	.	.	.
	[受教育程度=1]	0.464	0.283	2.684	1	0.101	-0.091	1.019
	[受教育程度=2]	0.352	0.254	1.919	1	0.166	-0.146	0.851
	[受教育程度=3]	0.301	0.255	1.393	1	0.238	-0.199	0.802
	[受教育程度=4]	0a	.	.	0	.	.	.

注：连接函数：序次逻辑回归。

a. 该参数因冗余被定义为 0。

依据表 7.31 的幸福感参数估测分析结果，失地农民幸福感函数最终可确定如下：

$$(1)\ Logit\frac{Happiness_1}{Happiness_5} = 14.167 + 0.400S_2 + 0.058S_3 + 0.415H_1 +$$

$$0.527H_2 - 0.039E_1 + 0.110E_2 + \begin{bmatrix} -0.502P_{11} \\ -0.431P_{12} \\ -0.378P_{13} \\ 0.109P_{14} \end{bmatrix} + \begin{bmatrix} 0.991Age_1 \\ 0.654Age_2 \\ 0.917Age_3 \\ 0.335Age_4 \end{bmatrix} +$$

$$\begin{bmatrix} 0.384C_1 \\ 0.306C_2 \\ 0.244C_3 \end{bmatrix} - 0.101Gen. - 0.158Mar. + 0.148Job + \begin{bmatrix} -0.078Inc._1 \\ -0.349Inc._2 \\ -0.244Inc._3 \end{bmatrix} -$$

$$0.395Reg. + \begin{bmatrix} 0.464Edu._1 \\ 0.352Edu._2 \\ 0.301Edu._3 \end{bmatrix}$$

$$(2)\ Logit\frac{Happiness_2}{Happiness_5} = 17.935 + 0.400S_2 + 0.058S_3 + 0.415H_1 +$$

$$0.527H_2 - 0.039E_1 + 0.110E_2 + \begin{bmatrix} -0.502P_{11} \\ -0.431P_{12} \\ -0.378P_{13} \\ 0.109P_{14} \end{bmatrix} + \begin{bmatrix} 0.991Age_1 \\ 0.654Age_2 \\ 0.917Age_3 \\ 0.335Age_4 \end{bmatrix} +$$

$$\begin{bmatrix} 0.384C_1 \\ 0.306C_2 \\ 0.244C_3 \end{bmatrix} - 0.101Gen. - 0.158Mar. + 0.148Job + \begin{bmatrix} -0.078Inc._1 \\ -0.349Inc._2 \\ -0.244Inc._3 \end{bmatrix} -$$

$$0.395Reg. + \begin{bmatrix} 0.464Edu._1 \\ 0.352Edu._2 \\ 0.301Edu._3 \end{bmatrix}$$

$$(3)\ Logit\frac{Happiness_3}{Happiness_5} = 21.673 + 0.400S_2 + 0.058S_3 + 0.415H_1 +$$

$$0.527H_2 - 0.039E_1 + 0.110E_2 + \begin{bmatrix} -0.502P_{11} \\ -0.431P_{12} \\ -0.378P_{13} \\ 0.109P_{14} \end{bmatrix} + \begin{bmatrix} 0.991Age_1 \\ 0.654Age_2 \\ 0.917Age_3 \\ 0.335Age_4 \end{bmatrix} +$$

$$\begin{bmatrix} 0.384C_1 \\ 0.306C_2 \\ 0.244C_3 \end{bmatrix} - 0.101Gen. - 0.158Mar. + 0.148Job + \begin{bmatrix} -0.078Inc._1 \\ -0.349Inc._2 \\ -0.244Inc._3 \end{bmatrix} -$$

$$0.395Reg. + \begin{bmatrix} 0.464Edu._1 \\ 0.352Edu._2 \\ 0.301Edu._3 \end{bmatrix}$$

$$(4)\ Logit\frac{Happiness_4}{Happiness_5} = 24.573 + 0.400S_2 + 0.058S_3 + 0.415H_1 +$$

$$0.527H_2 - 0.039E_1 + 0.110E_2 + \begin{bmatrix} -0.502P_{11} \\ -0.431P_{12} \\ -0.378P_{13} \\ 0.109P_{14} \end{bmatrix} + \begin{bmatrix} 0.991Age_1 \\ 0.654Age_2 \\ 0.917Age_3 \\ 0.335Age_4 \end{bmatrix} +$$

$$\begin{bmatrix} 0.384C_1 \\ 0.306C_2 \\ 0.244C_3 \end{bmatrix} - 0.101\text{Gen.} - 0.158\text{Mar.} + 0.148\text{Job} + \begin{bmatrix} -0.078Inc._1 \\ -0.349Inc._2 \\ -0.244Inc._3 \end{bmatrix} -$$

$$0.395\text{Reg.} + \begin{bmatrix} 0.464Edu._1 \\ 0.352Edu._2 \\ 0.301Edu._3 \end{bmatrix}$$

第四节 本章小结

本章主要内容是构建失地农民幸福感函数。在函数构建过程中，通过对各自变量的检验，最终确定将信任关系资本、志愿性会员关系资本、健康因子、环境态度变量、文化变量、土地征收政策满意度、性别、年龄、职业状况、教育程度、家庭收入、宗教信仰、婚姻状况等作为确定的自变量，并以此为基础构建最终的失地农民幸福感函数。

在幸福感与各自变量关系分析中，人与人之间的信任感越强，幸福感水平越高；加入了志愿性会员关系的失地农民比未加入的个体幸福感高的概率要大；自评身体健康水平和心理健康水平与幸福感呈现正向变动的特点；对臭氧层被破坏关心的人幸福感要强于不关心的人；对动植物灭绝关心的人幸福感要弱于不关心的人；对征地安置政策满意的人群幸福感程度普遍高于其他人群的水平；老年人比其他年龄段的人幸福感水平要高；表现出对城市文化适应的人群幸福感水平要高于其他类型人群；女性幸福感高于男性；未婚人群高于已婚、离异或分居人群；非雇佣型的人群幸福感水平要高于雇佣型人群；家庭收入高的人群幸福感水平不一定高；受教育水平越高，幸福感越强；有宗教信仰的人群幸福感不一定强于无宗教信仰人群。（值得注意的是，某些自变量无法通过统计显著性检验，但这并不妨碍其对因变量的影响作用，解决的方法可通过追加样本数量等来进行控制和调节。）

综合研究结果可见，我国东、中、西部的失地农民幸福感水平受到各外界影响因素的作用基本符合国内外已有的相关研究成果（具体参考第二章文献综述部分），其从一定程度上证明了幸福感及其变化具有普遍性，无论是在区域内，还是区域外，还是国家间、种族间，其受外界影响因素的作用而产生的差异基本不大，若存在差异和变化，也仅仅只是在局部区域、特殊环境的作用下而产生，不具备大规模的普遍性。因此，在我国构建失地农民幸福感函数及分析失地农民幸福感的影响因素，从很大程度上也受到特定的自然环境、经济环境和社会环境的影响，其表现形式相对而言更加复杂多样。

第八章　失地农民幸福感变迁的社会生态学论证

前文第四章中对失地农民幸福感研究的社会生态学视角进行了理论论证；第五、第六章中则研究了不同区域失地农民幸福感及其变化情况；第七章则对幸福感函数及其影响因素进行探讨；本章则是在前文各项研究的基础上，对失地农民幸福感变迁进行理论思考和实践论证，主题仍基于社会生态学。

第一节　失地农民幸福感变迁的社会生态理论思考

心理学家勒温采用生态学的原理与方法研究心理的问题，提出了人类行为是个人与环境的函数，其后，美国心理学家布朗芬布伦纳又系统地将生态学的隐喻引入人类行为的研究，同时，扎斯特罗又发现个体不是被动地对环境做出反应，而是主动地与这些环境相互作用，从而使得个体的心理与生理之间产生相互影响。

在上述社会生态系统理论的基础上探讨失地农民幸福感的变迁，有着十分合理的理论依据。幸福感作为个体的内在心理体验，通过其与外界环境的交互关系，从而影响到个体的行为变化，这正是社会生态学研究的理论视角。因此，对于失地农民而言，无论其相对征地前提高，或是下降，或是不变，从社会生态学的角度来看，都是一种系统向另一种系统演变的阶段状态，它的变动属于系统内部要素的变动，遵循渐变、突变规律，并存在系统的自组织作用和适应过程，同时，系统也会对此进行反馈，并需要一定的调控手段来应对系统的反馈作用。

作为社会生态系统中的一员——人类也同样具备和动植物生态一样的

生态位，其是人对环境的需求以及环境对人的作用程度和方式的总称。具体将环境可划分为：居住地的社会因子、物理因子、化学因子、生物因子等。同时，人类还需要更为重要的信息输入，即信息生态位。它是人类对文化发展、文化娱乐和其他广义美的享受和追求。

即便如此，每一个物种（包括人类）对其资源的需要均存在一个最适合的范围（生态因子阈），所有最适生态阈的综合称之为该物种的生态适宜度。人类的个体、家族都时时刻刻地有意识地寻求其生态位适宜度，并由低向高生态位适宜度迁移，这就是趋适宜效应。人口迁移的模式是"生态适宜度低→势（差值）→生态适宜度高"。如：乡村→势（差值）→城市，还有不同的地区、国家的迁移等。人类在人文生态环境中是最为重要的生态要素，其最高的生态位决定了其在人文生态系统中的主导地位。

征地前，农民所居住生活的农村社区（主要指农村地域）有着其特定的社区特点：（1）在一定地域范围内，农民集体有组织地结合在一起；（2）彼此生活在一个共生性的相互依存关系中，主要包括其与自然生态环境的和谐共处，其所扮演的社会角色、所遵守的社会规范及所适应的文化特征等（主要是社会生态环境的体现）；（3）对所处地域内的资源展开竞争，主要是对自然资源与社会资源的竞争。这样特定的社区结构使得农村社区内人与环境、人与人之间保持着一种相对均衡的关系。

当土地征收行为发生时，对于原有的农村社区（系统）而言，相当于作用了一个系统的外力，而这一外力将使得原系统内的物质流、能量流和信息流演化过程变得更为复杂，同时也使系统的自我组织、自我调整的机制发生演化。鉴于生态系统总是以稳定作为发展的顶点，因此，系统具有一定的抗干扰能力（或称为回归作用），而且结构愈稳定，抗干扰能力愈强。但这一稳定状态并不意味着绝对不变，它只是表明破坏原结构的涨落力量不足以引起结构的变化。当系统涨落作用大于回归作用时，必然产生系统的演化，但演化的途径却并非唯一，究竟出现哪一种取决于系统内各种相互作用、内外涨落作用的结果。而土地征收行为是政府强制力的体现，这一外在的干扰力足以使得农村社区（系统）的涨落作用大于回归作用，使得系统朝着新的平衡状态演化，即由农村社区向城市社区转变；同时，因社会生态系统演化过程的主体是人与人组成的社会，能够不断地利用预见迅速做出反应，故而其演化的速度远远超过自然生态系统的遗传进化速度，即农村社区转变为城市社区过程在自然生态层面的速度要远远大于社会生态层面，亦即农村景观变化城市景观的速度快于其社会文化特征转变的速度。

同时这一演化的过程却是一个渐变、突变和序变综合作用的过程。所谓渐变，即新结构逐步取代原结构；所谓突变，即原结构顷刻瓦解，新结构随之替代。渐变与突变的结果是使得生态系统的结构发生变化，而系统的结构是系统要素的秩序，因此结构的变化意味着序变。系统中各层次结构都经历着产生、发展和灭亡的过程，即系统从无序到有序，又从有序到无序的过程，但就整体而言，生态系统是由混沌状态逐步演化到自我调节、自组织和具有一定思维能力的过程，是有序性不断提高的过程。因此，土地被征收后从农村社区（系统）转变为城市社区（系统）的过程也遵循这样的渐变、突变与序变的过程，具体体现在原系统的各要素结构（特别是文化层面的内容）不可能一蹴而就地转变为新系统的结构类型，即农民向市民的转变是一个渐进的过程，特别是心理（幸福感）、行为、习惯、角色、规范、文化特征等内容的转变——下文中将后者统称为"文化适应"。而当这种渐变的过程积累到一定程度，就会发生质的突变，具体表现为农民完成向市民转变的过程，系统也随之进入新的平衡状态，即城市社区（系统）。

其中，系统由一状态演变到另一状态的过程也是一个反馈机制和自组织的综合作用过程，其演化的动力来自于系统的"合目的性"。由于社会生态系统包括了具有强烈意识的人，人们可以能动地利用反馈机制使社会系统迅速地朝着人们所期望的轨道发展，需要注意的是对反馈控制的时间和强调的把握，因为会存在反馈过时现象和反馈不足或过度现象；同时，自组织过程与系统结构是相互作用的，即自组织过程不可避免地导致结构的形成及演化，反过来结构又规定了自组织过程的界限；生态系统的演化是通过各子系统间的相互作用，以及各子系统对环境变化的相互调整，保持或增加有序整体中的负熵因素，从而达到系统适应环境这一目标。因此，农民失地的过程可看作更大的社会生态系统（包括农村和城市社区的整个社会生态系统）由于合目的性而进行的反馈和自组织的过程，具体在整个人类社会生态系统中，农村社会生态系统和城市社会生态系统是其子系统，通过决策的作用（主要指国家的土地征收政策），将农村社生态子系统调整为城市社会生态子系统；而在此调整过程中引起了创新（自组织过程），包括对自然景观的创新和主体的各种文化适应内容；同时，反馈控制手段的实施有利于更好地保障系统的演化过程，具体包括各种针对征地过程中所出现问题的调控手段等，其能保证被控系统根据过去与现在的运行结果去调整被控系统未来的行为，即调整失地农民幸福感水平朝着提高的方向变化。

因此，农民失去土地的过程可看作社会生态系统的演变过程，其具备一切系统及其演变的特点，包括物质的运动、生物的运动以及人的运动等各项内容及特点。而其中人的运动又是决定整个系统协同发展的关键，因此农村社会生态系统演化为城市社会生态系统的演化主体之一——失地农民，在此过程中的作用异常关键，其如果能完美地适应系统演化的进程，将可促进系统良好地向着更高级的形态进化；反之，则将阻碍或者延缓系统演化的进程。而失地农民适应这一系统演化的过程又可通过其幸福感水平的变化来表现，因为幸福感可看作所有外界因素作用于主体人上的综合体现（包括社会、经济、人口、环境、心理、健康、社会资本等因素的作用），通过其变化特点可间接判断农村社会生态系统转变为城市社会生态系统过程优劣程度。换句话说，即系统演变过程的各环节都会影响失地农民的幸福感水平，同时，失地农民幸福感的变化又是农村社会生态系统向城市社会生态系统转变的重要内容之一。

除此之外，失地农民社会生态的变化也体现在空间的转移上，不仅有系统内部动力的变化，外部的空间分异特征也会影响整个失地农民的社会生态位。失地农民由农村向城市聚集转移的过程中，地理空间发生了变化，同时所蕴含的社会空间也发生了变化，其生态位势由低向高变迁，在此过程中，对失地农民群体的心理影响（这里特指幸福感体验）会映射出一定的空间烙印。

综上所述，从社会生态学角度来论证失地农民的幸福感变化，重点是要把握社会生态系统演变过程中各系统要素与幸福感变化的关系和作用。鉴于本书的具体内容，特选取系统演变的动力、自组织过程、反馈机制、渐变突变等来解释失地农民的幸福感变化（对系统仿真未考虑）。相对应的内容见表8.1所示。

表 8.1　　　　社会生态学对幸福感变化研究的理论框架

系统演变环节	现实体现	对解释幸福感变化的作用
演变动力	土地征收系列政策	前提条件
渐变、突变	冲突演变	间接判断指标
自组织过程	适应机制	内在工具
反馈机制	调控手段	外部手段

对表 8.1 内容的具体理解如下：农村社会生态系统向城市社会生态系统演变最直接的主动力——政府的土地征收政策（使农民的幸福感发生非正常演变具备一定的可能，是前提条件）；系统的渐变突变——失地农民所面临的冲突演变（能间接判断失地农民幸福感水平变化的指标）；系统的自组织过程——失地农民的文化适应（使失地农民自身幸福感水平得到提高的重要内在工具）；系统的反馈机制——土地征收后的各种调控手段（是调节和引导失地农民幸福感水平变化的重要外部手段）。

下文将从实证研究的角度对失地农民幸福感的变化进行社会生态学探讨。

第二节　失地农民幸福感变迁的社会生态实证研究

本文以社会生态学理论为前提来进行失地农民幸福感变化的实证研究，具体是通过社会生态学理论中的系统演变分析方法和生态适应理论来进行研究，主要内容包括：幸福感变化的动力系统分析、冲突演变分析、适应机制分析及系统调控手段探析。

一　失地农民幸福感变化的动力系统分析

幸福感作为个体内在的心理感受有着非常复杂的特点，不同的人幸福的体验差异显著，即便是同一种客观条件下，个体的心理体验也可能不同，因为个体的特征也存在差异。对于幸福感问题的研究，不同学者尝试着应用各种不同的手段去探讨，而笔者的研究视角则是通过探讨在外部环境变化的前提下个体内在自评幸福感的变化情况，试图找到外部要素对个体内在心理影响的实证案例。通过对失地农民幸福感的研究发现，其变迁的动力大多数还是来自于系统外部的环境变化，如果没有相应政策的变化，农民个体本身幸福感的自然变迁是微乎其微，而且很缓慢的。

在针对失地农民幸福感的实证研究过程中，笔者发现，农民在丧失土地的过程中，倘若其幸福感发生变化，最主要的原因还在于所受外力作用而引起的生存环境和状态的改变，进而导致与之相关的一系列心理感受的变化。而这一外力则是来自于政府的强制力——土地征收政策及其安置补偿政策的实施。笔者通过对比分析不同研究区域的土地征收政策发现，失地农民的幸福感水平与政策的合理性、实施的有效性和深度有着很大的相关性。如果政策制定合理，实施到位，并且当地政府能通过特定的文化辅助等手段，逐步引导失地农民向市民平稳转变，充分满足失地农民在心理上转变的需求，则能对失地农民幸福感产生正面影响，农民在失去土地后，幸福感水平能有相对意义上的提升。反之，则严重影响失地农民心理幸福感的体验，出现幸福感严重下降，甚至各种类型更加负面的社会群体性事件。这一切都是外部环境要素在内部心理上的映射，也是影响失地农民幸福感演变的最大动力要素。

同时，应用社会生态系统中生态位势的理论角度来思考，土地征收后农民向着市民的转变也符合"生态适宜度低→势（差值）→生态适宜度高"变化的规律。这种位势理论在分析很多社会现象时有着很强的解释力，从一定程度上来看，失地农民生态位势的提升对其幸福感水平也将起着正向的引导作用，这也是一种外部动力的影响体现。因此，应用社会生态学的理论视角进行失地农民幸福感的研究有着十分合理的理论基础，下文中笔者将针对失地农民外部动力之一的安置模式来探讨其于幸福感之间的相互关系，具体已有的相关研究成果见表 8.2。①

而笔者在研究中发现，所选取的三大典型区域内失地农民的安置方式分别如下：杭州市主要采用重新择业安置、入股安置、住房安置、社会保险安置等相结合的方式；南昌市主要采用住房安置、入股安置等方式；荔波县主要采用一次性货币补偿和异地移民安置的方式。比较这三个典型调查区域的安置方式可发现，杭州市针对失地农民的安置方式多样，可选择

---

① 廖小军：《中国失地农民研究》，社会科学文献出版社 2005 年版。

性较大，相对有效性高，具有典型经济发达地区失地农民安置特点；南昌市失地农民安置方式也较为有效，但可选择性不如杭州市那般丰富；荔波县的安置方式相对落后，但与其过去相比，失地农民的生活状况仍得到很大程度上的提高。

以此为基础，结合前文中对不同区域内失地农民的幸福感变化情况（见表6.5）分析结果：失地农民幸福感水平提高比例最大的是南昌市，其次为杭州市，荔波县最低；幸福感水平不变的比例是荔波县最高，杭州市居中，南昌市最低；幸福感水平降低比例最高的是荔波县，杭州市居中，南昌市最低。

比较二者之间关系可发现：在安置方式相对前沿和有效的杭州市和南昌市，失地农民幸福感基本不下降，其中，幸福感提高的比例大于不变的比例；而在安置方式相对落后的荔波县，失地农民幸福感水平下降比例最高，说明土地征收安置方式的选择对失地农民的幸福感变化有着十分重大的影响。由此可见，外力的作用是失地农民幸福感变化的重要动力之一。

这一外在政策变动的影响以及政策制定的有效程度和失地农民幸福感之间的实证研究充分验证了前文笔者的理论假设。当然，失地农民幸福感的变化的动力因素还有很多，但在笔者的理论假设中，社会生态系统中环境和个体心理行为的关系的确是客观存在的，二者关系密切，在很多情况下，失地农民的行为选择模式也会因为心理因素的变化而受到影响，这些内容将是笔者下一步的研究方向。

表8.2　　　　　　　　不同类型的失地农民安置模式

安置方式	内容	优点	缺点
重新择业安置	失地农民被用地单位或者政府通过以二、三产业的形式来安排工作进行安置	失地农民能及时就业，有相对稳定的收入	仅适用于经济发达地区
一次性货币补偿	主要包括土地补偿费、安置补助费以及地上附着物和青苗补助费等，一次性终结权责关系	操作简易、标准明确、权责清晰	长远考虑欠缺，无法解决失地农民的后顾之忧

续表

安置方式	内容	优点	缺点
入股安置	将补偿费集中统一进行投资、发展集体经济,以征地后土地使用权的合作方式参与利润分配	补偿收益高、可持续受益	市场运作风险大
划地安置	划出一定面积的土地,为失地农民留出生存和发展空间	农民长久享受土地增值收益	仅适宜于人均耕地相对充沛的区域,且可能延缓当地的城市化进程
住房安置	以现代化小区为标准,在城乡接合区域为农民建多层住宅用以自用或出租	解决失地农民的安居生活问题,加快其向市民的转变	
社会保险安置	失地农民"农转非",进入社会养老保险体系,按月领取一定数量的养老金	长久地解决失地农民生活保障	涉及养老保险制度的体系的不健全和不统一
商业保险安置	由村集体统一进行投保,本金归村集体所有,以分红来支付养老金	发挥商业保险公司的专业特色,提高管理的效率和服务水平,同时提高基金的效益	缺乏相关的监督体制,不能保证其长期地有效运行
异地移民安置	将因水库建设等大型项目而产生的失地农民重新迁移至环境容量许可的地区	能缓解移民原住地的环境压力,改善当地生产生活条件,同时也为接受移民地区注入活力	由于后备资源缺乏,无法给移民提供足够数量和质量的土地,安置移民难度较大

二 失地农民幸福感变化的冲突演变分析

失地农民幸福感变化的冲突演变分析,实质上是对社会生态系统中渐变、突变规律的论证,其可间接判断社会生态系统的发展水平。从此角度出发,可分别从失地农民的角色冲突演变、规范冲突演变以及文化冲突演变等三方面内容来进行探讨，原因在于失地农民幸福感水平的变化程度及幅度受到上述三种冲突类型的影响，而这样的冲突又存在着一个由渐变到突变的过程，由此导致了幸福感水平的渐变突变过程。

（一）角色冲突演变分析

角色冲突是指个体在社会角色的扮演中，在角色之间或角色内部发生了矛盾、对立和抵触。角色冲突表现在两个方面——角色之间的冲突和角色内部冲突。角色间冲突是指不同角色承担者之间的冲突，失地农民与城市管理者之间的冲突就属于这种角色冲突；角色内部冲突，指的是因多种社会地位或角色集中于一人身上而使其自身心理状态产生矛盾和冲突。

从角色间冲突来看，随着城市化进程的不断深入，部分已经完全实现意识形态转变的"失地农民"必然希望像城市居民一样工作和生活，一样地享受社会保障。但城市管理者却认为给了他们城镇户口和一些社会保障待遇已经足够，他们自己还要依靠自己来解决其生存和工作问题，由此便引发了大量的社会问题，具体表现是失地农民往往会采取非常激烈的手段来反抗政府制定政策及其实施，如拆迁中新市民通过种种暴力手段来维护自己的合法权益。

与此同时，那些从意识形态上还未完全成为市民的"失地农民"，认为自己还是农民或者离城里人仍存在一定差距，这类人群会存在典型的角色内部的冲突。他们刚刚从形式上由农民转化成市民，在他们身上还不可避免地保留着农民的生活习惯、消费习惯；另一方面，他们的居住地由农村变成了城市，他们也渴望像城市居民一样享受现代城市生活和现代文明，但受到自身文化水平低、缺少技术等条件的限制，在城市中也只能从事二、三产业中的脏、累、苦等工作，而且工作的稳定性差，收入与城市居民也相差甚远，即使他们有一定的物质补偿和社会保障，但由于其后续生活来源的不确定性，使得其生活质量并没有得到实质上的提高。这样便形成巨大的心理落差，继而会产生困惑、恐惧和焦虑等负面情绪，积累到一定程度，便会对城市化产生强烈的不满和抵制。

而上述集中在失地农民身上的种种角色冲突又是其幸福感水平的重要影响因素，在很大程度上决定了失地农民的幸福感受。基于各区域的问卷调查结果，从农民失地后的职业类型、社会保障水平等方面进行与幸福感水平变化情况进行对比分析，结果发现失地农民幸福感水平的变化与其征地前后的角色转变适应性密切相关，具体论证如下。

表 8.3 是失地农民职业类型、社会保障情况统计情况。

表 8.3　　典型区域失地农民职业类型、社会保障情况　　　　单位：%

职业类型	杭州	南昌	荔波	社会保障	杭州	南昌	荔波
务农或以务农为主	12.00	2.94	55.00	有医疗保险	78.28	91.18	0.00
外出打工（有固定工作）	40.28	13.73	45.00	有养老保险	74.83	19.61	0.00
流动劳动者（无固定工作）	16.97	35.29		有失业保险	47.30	1.96	0.00
个体商户	6.34	5.88		有最低生活保障	51.04	28.43	0.00
村医生	0.55	0.00					
民办教师	4.28	0.98					
无工作（含学生）	10.48	36.27					
其他	9.10	4.90					

表 8.3 中内容显示：杭州市和南昌市所调查的大部分失地农民都是外出打工和流动劳动者，其所从事的都是城市里相对底层的工作类型，其中也有部分从事个体经营事业的；荔波县的失地农民比较特殊，绝大多数人还是从事农业，其特殊的地理区位和环境决定了他们仍以农业为主，即便如此，仍有约半数的人选择外出打工。

在社会保障项目中，杭州市的各项保障政策都相对完善，南昌市医疗保障这一项做得比较好，而最低生活保障和养老保险相对差一些，荔波县则基本无社会保障内容。

结合幸福感变化分析结果发现，在社会保障相对完善的区域，失地农民幸福感水平提高的比例要高；在社会保障不完善或基本无社会保障区域，失地农民幸福感水平下降比例高。

表 8.4 是失地农民对政策公平性的判断。从表中数据可知，失地农民

对各种政策公平性的判断与其幸福感水平之间也存在一定的联系：整体上，南昌市被调查的失地农民对各种政策公平性的判断中，认为公平的比例均高于杭州市，而其幸福感水平评价中，认为"幸福"及其以上的比例也要高于杭州市，这二者之间呈现显著的正向变动关系。

表8.4　　　　　　　失地农民对政策公平性判断　　　　　　单位:%

收入分配政策公平性	非常不公平	不公平	公平	非常公平
杭州	3.32	38.73	53.39	4.56
南昌	0.00	31.37	68.63	0.00
住房政策公平性				
杭州	4.01	34.99	56.15	4.98
南昌	0.00	40.20	59.80	0.00
就业机会公平性				
杭州	5.26	32.50	56.02	6.22
南昌	0.00	20.59	79.41	0.00
医疗保障公平性				
杭州	3.18	25.45	62.38	8.99
南昌	0.00	22.55	77.45	0.00
教育机会公平性				
杭州	2.90	15.77	43.98	13.55
南昌	0.00	27.45	71.57	0.98

（二）规范冲突演变分析

所谓规范，是指社会中的个体所必须遵守的行为准则。在城市化以前，失地农民还是农民，他们以村庄为单位生活在一起，其邻里之间的关系、社会结构和社会关系相对简单。城市化后，特别是各地加快了"城中村"改造以后，许多在原来农村时代不必遵守的规范现在必须遵守，而由于失地农民长期形成的风俗习惯、价值观念等具有一定的保守性和惯性，使得其对新的城市规范并不能很快适应，产生一种规范性的文化滞后现象，结果导致他们经常会和城市原住居民发生冲突，或者是受到城管人员的处罚。这便是两种不同规范冲突的结果。

此外，在社会组织形态由农村范式转变为城市范式过程中，失地农民还表现出市场意识、法制意识和民主意识的淡薄等。费孝通在《乡土中国》中提到："乡土社会的信用并不是对契约的重视，而是发生于对于一种行为的规矩熟悉到不假思索的可靠性。"[①] 在这种特殊的熟人社会体系下，有些地方的宗派主义、小团体主义盛行，而市民中这一"农村规范"却并不盛行，他们普遍遵从法律和市场经济的规范，由此使得市民与失地农民之间产生隔阂，认为失地农民是"愚昧"和"落后"的，甚至还希望通过文化的差异来显示其与失地农民的不同；而另一方面，失地农民在"市民化"过程的初期则更倾向于寻求"按照旧的方式反应"，不愿和"傲慢""无情"的城市人接触，由此便阻碍了农村文化的变迁和市民文化的传播，并且使得这两种规范之间产生了暂时无法消解的抗衡力。

城市化的每一个进程都伴随着这样的规范冲突，理论上，其随着城市化水平的提高而日益消解，因为文化变迁的趋势总是由高一级的文化类型吸收、整合低一级的文化类型；同时，规范冲突又在某种程度上决定着失地农民幸福感水平的高低。下文将对各区域问卷调查的结果进行分析，探寻失地农民幸福感变化与规范冲突的程度强弱是否有着某种联系，以证实其理论上的假设是否成立。具体的分析主要从失地农民的生活习惯等内容及其对治安状况、价值选择等的判断角度入手，如表 8.5 所示。

首先，考察失地农民的生活习惯：题目 1 中招待客人的方式，将"在家做饭"看作一种农村的生活习惯，"外出吃饭"可看作城市生活习惯，从这一角度来看，杭州市的被调查失地农民较能适应城市生活习惯，而南昌市的被调查失地农民仍大部分保持农村生活习惯；题目 2 中休闲方式，将"闲聊""打麻将扑克"归类为城市休闲方式，其他作为非城市休闲方式，可见，南昌市的失地农民比杭州市的失地农民选择"非城市休闲方式"的比例要高；题目 3 中居住方式，对小区式集中居住持"比较同意"及"非常同意"人群比例南昌市要高于杭州市，在此将小区式居住方式定义为"城市居住方式"；题目 4 中垃圾处理方式，将乱扔垃圾定义为农村生活方式，在调查人群中，南昌市的垃圾规范处理比例高于杭州

[①] 费孝通：《乡土中国》，生活·读书·新知三联书店 1985 年版。

市；题目5中对待物业费用态度，认为应该交物业费用的被认为是城市生活方式，其比例为南昌市高于杭州市；题目6中对待环境态度，爱护环境的人被看作是具有城市生活素质，这一比例亦是南昌市高于杭州市。

其次，考察土地征收后的社会治安状况，认为社会治安状况在征地后得到改善的人群比例，杭州市高于南昌市；认为治安状况变差的比例，杭州市远低于南昌市；认为治安状况保持不变的比例，杭州市高于南昌市；对社会治安状况变化不太清楚的比例，杭州市高于南昌市。

在此基础上，比较其与失地农民幸福感水平变化之间关系可知：幸福感水平提高的比例较大的南昌市，其生活习惯中有4项倾向于城市型，2项倾向于农村型，但其总体的社会治安水平要低于杭州市。由此可见，在几者之间必定存在某种联系，使得其受到相互的影响。

表8.5　　　　　不同区域失地农民行为规范比较　　　　　单位:%

题目	选项	杭州	南昌
1. 家里来了客人，一般会选择怎样的方式招待	宁愿在家做饭	38.34	81.37
	宁愿花钱出去吃	61.66	18.63
2. 我在闲暇的时候	闲聊	14.03	38.24
	打麻将扑克	44.86	69.61
	看电视或看报纸	61.07	58.82
	逛商场（街）	19.17	22.55
	听音乐唱歌	9.88	21.57
	业余学习	7.91	9.80
	健身活动	20.95	21.57
	种花养草	22.13	2.94
	旅游	10.47	15.69
	其他	6.32	24.51
3. 我已经适应了小区式的集中居住	非常不同意	2.77	0.00
	不太同意	29.84	14.71
	一般	35.38	44.12

续表

题目	选项	杭州	南昌
3. 我已经适应了小区式的集中居住	比较同意	24.51	32.35
	非常同意	7.51	8.82
4. 我所住小区，哪些人将生活垃圾按规定放置	全部是	4.35	10.78
	大部分是	41.11	67.65
	少部分是	49.60	21.57
	大家都乱扔	4.94	0.00
5. 物业费用	不应该交，自己的事情自己处理就好	27.08	4.90
	应该按时交	72.13	95.10
6. 我讨厌不爱护社区环境的人	是	33.40	70.59
	不是	40.51	0.00
	无所谓	25.89	29.41
7. 征地后的治安状况	比以前改善	33.61	21.57
	没有改变	40.53	12.75
	变差了	13.00	60.78
	不清楚	12.86	4.90

（三）文化冲突演变分析

文化冲突，是指两种或两种以上的文化相互接触所产生的竞争和对抗状态。当不同模式的文化遭遇时，文化主体往往把与自己相异的文化视为不合理，会试图抑制或消除对方，这样就会造成所谓的"文化冲突"。文化冲突的表现形式有很多种，包括价值取向冲突、政治文化冲突和宗教信仰冲突。即（1）价值取向冲突是指在不同文化中的人们，价值取向往往存在很大差异。如中国传统伦理总体取向是重义轻利，提倡义利发生矛盾时，应当舍生取义，重道德修养、轻外在事功的价值取向；而在西方的文化价值观念中，总体是以个人为本位，所追求的价值目标是个人利益的实现，并且认为它们是神圣不可侵犯的，是与生俱来的，是天赋的，因此，在现实生活中，西方人表现出求新奇、好创新、重功利的人格精神，这也是西方社会重理性而轻情感，长于说理而短于谈情，善于逻辑思维而疏于直观感受。这便是中西方价值观念冲突的主要表现内容。(2) 政治文化冲突则是指在不同社会体制中,由文化传统和社会制度的不同所共同决定的政治文化差异,使它们在互相交流、吸收的过程中存在广泛的碰撞和冲突,比如在人权问题上,中美两国基于不同的文化背景就存在较大的分歧和冲突。美国人权观源于自然法理论,强调人权的普遍性和个人人权,着眼于个人的政治权利;中国人权观源于马克思主义伦理和儒家伦理传统,既强调个人人权,又强调集体人权,认为人权既包含政治权利,也包含生存发展权、社会文化权等多种要素。因此,除了意识形态上的因素之外,在人权问题上的纷争也是文化冲突的反映。(3) 宗教信仰冲突。宗教是人类把握世界的方式之一,是文化的重要组成部分,因此,宗教信仰冲突应该是文化冲突中最普遍的内容,且不同宗教有着不同的宗旨,就算基于同一种宗教宗旨,如惩恶扬善、净化人性,因教义、教规等方面的差异,也常常会带来难以消解的文化冲突。正如卡西尔所说:"它(宗教)鼓励我们与自然的交往,与人交往、与超自然的力量和诸神本身交往,然而它的结果却恰恰相反:在它的具体表现中,它成了人们之间最深的纠纷和激烈斗争之源泉。"

而在这里的失地农民文化冲突演变,主要是"狭义"的文化冲突,特指文化价值取向的冲突,主要表现为农村传统文化与城市主流文化价值取向之间的冲突。我国农村传统文化价值观念中存在着典型的小农意识,如崇尚平均主义、保守主义、小富则安等。而城市文化则是一种积极进取、不断创新的融合精神。这样两种不同价值取向的文化在一定的地理空间上会产生巨大的冲突,集中体现的区域为初级城市化的新型农村社区,这些区域内的文化冲突尤其明显,虽然失地农民在极短的时间内实现了"形式上"的市民化,成为城市人,但大多数人仍旧会保留农村的传统意识,对自身身份的认同还停留在原来的农村文化基础上,再加上许多人还处于失业和半失业状态,或靠房租维持生活,或还未来得及有正式的工作,靠着打零工或散工过生活,这与之前完全依靠土地生活的状态截然不同,巨大心理安全感的丧失带来了很多问题,从而使得两种不同的文化类型经常发生冲突和摩擦。失地农民位于这两种文化类型冲突的夹缝中,常常会感到无所适从,这是一种典型的"文化滞后"现象。这样的"文化滞后"现象常常在一些经济欠发达区域表现得更为激烈，这些区域内的城市化过程往往存在大量侵害失地农民自身利益的行为，而与此同时，经济欠发达区域内的失地农民本身在教育程度、个人技能等方面相对较弱，导致他们在城市竞争中处于劣势，从而表现出强烈的不适应，他们中的一些人会听天由命、接受与城市居民贫富差距的现象，得过且过；而另一些人则可能会将这些不适应完全归咎于政府的不作为，对城市化过程中侵害他们权益的行为采取暴力对抗，或者出现反社会的行为。笔者通过研究发现，在征地过程中出现的一些群体性事件，很多都是源自于文化冲突。

此外，文化冲突中的农村贫困亚文化与城市主流文化间的冲突也不容小觑，这样的文化冲突是一种极难根除的冲突类型。研究发现，长期处于贫困中的人不仅只是物质贫乏，精神也常处于一种消极状态，这样的消极状态使得他们不易融入新的生活状态，通常都是被动地去接受新事物，一旦不适应便迅速折回原有生活状态。而我国农村特定的居住方式及贫困状态较易形成贫困文化，当这部分人转变为城市居民后，这种文化类型仍然会保留，很多失地农民在得到土地补偿费及安置费后会出现一系列短视行为（如建豪宅、赌博、随意挥霍等），最终导致连最基本的生活都无法保障，这种现象都是一种贫困亚文化的表现。在我国快速城市化的过程中，如果不能及时引导失地农民迅速地融入城市文化体系，脱离这种贫困亚文化的影响，将会产生一系列阻碍城市化进程的力量，大大降低我国城市化进程效率。

此外，这种征地过程中所产生的文化冲突与失地农民的幸福感变化也密切相关。对于失地农民幸福感研究而言，我们不仅要考虑其在土地征收前后的心理状况的影响，还要考虑农村文化向城市文化演变过程中的文化冲突和对抗，以及失地农民本身对群体亚文化特征的遵从和影响的延续性。上述这些内容都会影响失地农民幸福感水平的变化轨迹。

三　失地农民幸福感变化的适应特征分析

适应（Adaption），从其定义上可理解为机体对环境的顺应，个体依据环境条件的变化来改变自身并达到与环境平衡的过程；也可理解为感觉的适应，即生理学中刺激物的持续作用使得感觉发生明显的适应现象，但速度和变化程度却不尽相同；也可理解为主体对环境作用和环境对主体作用的均衡。

我国学者库少雄也对适应性进行了专门的论述,他认为适应是生态学模式的重要概念,指的是人根据环境做出调整的能力。由于人们经常生活在变化和压力中,因此人们需要有灵活的适应能力。适应的过程也是人与社会环境和物质环境之间持续地进行信息、能量和其他资源交换的过程。人类和环境之间是通过漫长的进化过程而相互作用的、相互影响的;就人类个体来说,人在其一生当中从未停止过与环境之间的交流和作用。然而人的需要和目标是不断变化的,适应也是不断变化的。在所有的这些变化中,我们适应的正是我们自己生活环境创造出来的变化。

从上述适应的内容可看出,失地农民幸福感的变化实质上也是一种适应过程,其适应机制完全符合相关内涵。农民在失地前后幸福感水平发生变化或是不发生变化,从本质上来说都是一种适应过程,是农民个体对于外部环境的一种适应,原因在于其所处的社会系统环境发生了变化,作为系统要素之一的幸福感也必然发生变化(不变是变化的相对状态),当这种变化是提高或降低时,是一种主动适应的过程;而当其表现为不变时,则是一种被动适应。而适应是社会生态系统自组织过程的重要组成因素,其是农村社会生态系统转变为城市社会生态系统最重要的过程之一。

笔者对失地农民幸福感变化的适应机制分析,是基于失地后的角色描述、角色适应性、人与人交往方式比较、文化特征及无法适应的文化类型等内容来进行,试图探讨失地农民在其所处的社会生态系统变动后适应机制如何启动。

表8.6是失地农民具体的适应情况分析。

表8.6　　　　　　　失地农民适应情况分析　　　　　　　单位:%

题目	选项	杭州	南昌	荔波
1. 征地后角色描述	城市人	23.07	8.57	0.00
	还是农民	35.64	74.29	10.00
	离城市人有差距,但也不是农民	24.59	17.14	30.00
	不太清楚	16.71	0.00	60.00

续表

题目	选项	杭州	南昌	荔波
2. 是否适应角色转变	非常适应	11.67	0.98	0.00
	比较适应	41.53	56.86	20.00
	不太适应	35.14	32.35	80.00
	完全不适应	11.67	9.80	0.00
3. 人与人交往	比以前冷漠	13.31	11.76	30.00
	和以前一样	69.35	79.41	20.00
	不太清楚	17.34	8.82	50.00
4. 适应的文化特征	城市文化	47.96	19.61	0.00
	农村文化	52.04	80.39	100.00
5. 哪些城市文化特征不太适应	不像以前的人情社会	24.31	12.75	10.00
	开放的男女关系	39.64	6.86	70.00
	流动性强不稳定	35.50	50.98	50.00
	激烈的竞争关系	26.24	45.10	50.00%
	城市生活方式	27.07	18.63	0.00%
	其他	0.97	0.00	0.00

题目1中，对失地后的角色描述中，认为自己"已经是城市人"的比例，杭州市最多，南昌市居中，荔波县最低；认为自己"还是农民"的比例，南昌市最高，荔波县居中，杭州市最低；认为自己"离城市人有差距，但已不是农民"的比例，荔波县最高，杭州市其次，南昌市最低；"不太清楚"的比例荔波县最高。题目2中，对自己的角色转变"比较适应"和"非常适应"的比例，杭州市和南昌市较高且接近；"不太适应"的比例荔波县最高，杭州市居中，南昌市最低。题目3中，人与人交往方式，认为"比以前冷漠"的人群比例，荔波县最高，杭州市居中，南昌市最低。题目4中，适应城市文化特征比例最高的是杭州市，适应农村文化特征比例最高的是荔波县，但总体上，失地农民文化适应特征比例是农村文化高于城市文化。题目5中，对城市文化不太适应的类型中，杭州市的失地农民对"开放的男女关系""流动性强不稳定"等较为敏感，南昌市的失地农民对"流动性强不稳定""激烈的竞争关系"较为敏感，

荔波县对"开放的男女关系""流动性强不稳定""激烈的竞争关系"等均较为敏感。

比较其与失地农民幸福感水平变动之间关系发现：在文化角色定位及适应方面，杭州市的失地农民将自己定位为城市人的比例远高于南昌市、荔波县，但其所占比例仍较小，大部分的失地农民认为自己还是农民，或者既不是农民也不是城市人；南昌市的被调查失地农民中，大多数的失地农民都认为自己还是农民；荔波县的被调查者大部分表示不太清楚角色定位。在上述角色定位的基础上，南昌市失地农民适应失地后角色转变的比例最高，杭州市其次，荔波县最低，这与幸福感提高比例排序成一致对应关系，说明对文化的适应程度直接影响失地农民的幸福感水平，同时考察与幸福感下降比例的关系可得出，失地农民对文化角色定位及适应程度差的荔波县，幸福感水平也下降最多。

在人与人交往关系的变动上，南昌市和杭州市的失地农民大部分认为和以前一样（南昌市比例高于杭州市），这与征地后所采取的集中整体安置方式相关，因交往的邻居大多数仍是以前村庄的人，生活的社会环境变化不大。即便如此，调查中仍然有部分比例的人群认为人与人交往变冷漠了，其原因可能在于随着生活条件的改善，大家开始注重各自的利益，人与人之间关系不似以前一样淳朴。对比幸福感水平的变动特征可发现，认为人与人之间关系不变比例最高的是南昌市，认为人与人之间关系变冷漠了的比例最低的也是南昌市，而其幸福感水平提高程度也最多，由此可见，人与人交往关系影响着幸福感水平的变动，特别是在中国这样一个极具传统文化特色的国家。

再从文化特征适应的角度来考察，杭州市的被调查失地农民大多数表现为适应农村文化特征，其幸福感水平提高的比例低于下降和不变的总和；南昌市的大多数失地农民也表现为适应农村文化特征，幸福感提高的比例高达80%以上；荔波县失地农民全部表现为适应农村文化特征，幸福感提高的比例低于下降和不变的总和。由此可见，杭州市和荔波县表现为适应农村文化特征的失地农民，其幸福感提高的水平比例不占优势，即对城市文化的适应性差的失地农民倾向于幸福感不变或者下降；而南昌市被调查群体则相反，其适应农村文化特征的群体，幸福感提高比例反而大，形成上述现象的原因可能在于南昌市所选择的样本数量太少，不能完全反映客观实际情况,或者是受到调查个体特征的影响等。在排除上述各因素影响的前提下,理论上来讲,农民土地被征收后,重新安置或进入城市生活后,对城市文化适应能力强的其幸福感程度会相应高,其适应能力越强,幸福感越强。

在无法适应的城市文化特征中,"开放的男女关系""流动性强不稳定""激烈的竞争关系""不像以前的人情社会"等几项占比例较大,其他内容包括"城市生活方式""其他"等相对占比例较少。分析其实质可发现,在文化特征中,精神层面的内容较难改变。这样的不适应性导致了失地农民幸福感体验的变化,也从另一侧面证实了文化适应性与幸福感变动之间所存在的内在联系。

上述的实证研究结果表明,在探讨失地农民的适应机制之前,考虑到其心理状况的变化是极有必要的。失地农民幸福感的变化情况直接反映出其适应状况:幸福感越高,适应能力越强;幸福感越低,适应能力越弱。如果要提升失地农民群体的适应能力,建立一套主动适应机制,则必须要考虑到失地农民幸福感的变化,他们需要的不仅仅只是简单经济政策方面的保障,在心理辅导、文化熏陶、技能培训、社会保障等方面的内容都不可或缺。

此外,文化适应性与幸福感之间的关系还可从人类生态位理论的角度来进行探讨。作为社会生态系统,其各要素的生态位确定如下:农村(低生态位)→势(差值)→城市(高生态位),进而使得文化特征由农村向城市变动,发生文化变迁,其间主要通过文化适应来实现,而幸福感水平正是这一适应过程中最重要的精神产物之一。

四 失地农民幸福感变化的系统调控手段

从社会生态系统的角度来看,土地征收导致农民的幸福感发生变化后,系统会作出相应的反馈,即通过一定的系统调控手段,尽可能地引导变化朝着良好的方向发展,以期达到系统的良性运转。而在实际操作过程中,系统的调控手段解决的不仅仅是主体幸福感方面的内容,还涉及土地征收过程中其他系列的相关问题,在此,笔者主要设计了几点针对系统调控的手段:

（一）推进城乡一体化，加快全民社会保障步伐

推进城乡一体化，加快全民社会保障步伐可通过区域模式、范围模式和内容模式来进行，在不同模式试验的前提下，选择最合适的途径来协调失地所产生的各种问题。其中，失地农民幸福感水平及其总体的生活体验等内容又属于更高层次上的，在加快实现全民社会保障的过程中，这一内容将会得到很大程度的提高，其也正好符合和体现了我国"以人为本"的社会发展理念。

而随着我国城乡一体化进程的深入推进，城乡二元户籍制度差异逐渐取消、社会保险的全社会覆盖以及跨省转移支付等措施的实施，极大地推动了失地农民市民化的进程。在此过程中，制度设计保证是一个基础，而真正让失地农民幸福感提升的有效手段还是文化的传播和推动。

（二）积极推动经济建设，拓宽就业渠道

研究的结果显示，在经济情况相对好的地方，就业难度相对小，社会稳定系数也较大，即便是失地农民未能实现原来意义上的就业，其心理状况也表现得相对稳定，因为他们有更多的机会从其他渠道获取一定的收入。而在经济相对落后的区域，更易出现"征地钉子户"等各种社会冲突问题，究其原因还在于农民对于土地的情感依赖，因为害怕失去土地之后就失去了有效生活来源，即便是有了一定的土地征收补偿款，对农民而言，仍然没有足够的安全感可言，钱很快就会被花光或者因通货膨胀而贬值等原因，他们仍认为土地永远是最忠实的依靠。因此，加快经济建设，拓宽就业渠道，让农民有更多的情感安全保障，是解决失地农民问题的重要内容。通过解决好失地农民外在的生存问题，亦能从一定程度上解决其心理及精神上的需求，即便是这种影响程度并不能被完全确定。对于不同区域，经济这一外在因素对失地农民内在幸福感的影响作用大小也不一样。通常在经济欠发达地区，经济上的稳定能极大地促进失地农民幸福感的提升，而在经济相对发达的区域，这一手段带来的失地农民幸福感水平的提升并不显著。

（三）增强就业培训的战略性，提高就业培训的科学性

加强就业技能培养，是解决失地农民问题的有效措施之一，但需进行科学的规划：一是培训内容要有实用性和可接受性；二是对农民的培训应该具有战略眼光，要结合具体的城市化问题。最直接的做法就是将就业培

训与失地农民后续的发展结合起来,如就业培训的对象主要定位在城市(镇)附近的农民,增加非农技能的培训同时,为城市化以后的失地农民就业做准备。此外,失地农民具备一定的就业技能后,对其心理的稳定也会起到一定的作用,这符合中国人沿袭的"一技之长傍身"的观念。

(四)发挥社区的沟通作用,加快失地农民市民化进程

再建的城市社区是失地农民的日常生活环境,这些外部环境是对失地农民发生引导、示范作用的第一场景,也是最能体现失地农民对于土地空间象征意义的反馈。重新被安置的失地农民社区,要迅速地融入城市,营造社区文化氛围,改变存在的刻板印象。而原有的城市社区也要逐渐消除对失地农民的歧视,推动社区之间的互动,使失地农民能够充分分享城市的文化生活、精神生活和政治生活,有效提高生活质量。这样的融合沟通,能够提升失地农民的归属感,对失地农民的心理幸福感的提升也将起到积极的影响。同时,积极鼓励社区第三部门的发展,如老年协会、私企联合工会等群众组织的发展,为失地农民角色转换与文化适应提供公共舞台。在社会主义文化大发展大繁荣的时期,增强公共文化的服务功能,将极大地促进资源分配的空间均衡性,加快失地农民市民化进程。

(五)有效利用各种途径,营造城市文化氛围

在征地后农民幸福感降低的区域,很大程度上表现为不能适应城市文化特征,进而产生心理上的落差致使幸福感水平降低。针对这一点,调控手段必须是充分有效地利用各种途径来营造城市文化氛围,使失地农民尽快适应。具体包括:发挥大众媒体的影响作用,充分重视教育的带动作用以及提升城市规划中的文化含量。

首先,大众传媒作为现代社会的重要组成内容,可充分利用传媒系统,通过新闻、舆论、生活娱乐等方式引导和促进农民向现代市民转变,尤其是要通过积极宣传各方面的典型,向人们传播新的城市文化理念,以增强"新市民"对社会文化变迁的适应性。

其次,充分发挥教育的作用,有效地促进个体的内化进程,其将对城郊农民群体角色转变起到十分重要的作用。对失地农民的教育,应致力于明确其人生的价值,根据社会现实确立生活目标和社会理想,学会协调生活理想与社会现实之间的矛盾与冲突,并通过各种知识、技能的培训满足其适应现代生活的需要,并充实其闲暇时间,脱离以前相对低俗和单一的

兴趣，从根本上提高都市的文明程度。

最后，大力普及城市文化，营造城市文化氛围。我国目前城郊接合部文化设施普遍缺失，土地征用重建后的社区许多都成为"文化荒漠"。因此，必须在规划之初就考虑到城市培养社区的文化空间以及精神内涵，如道路的联结、城区的改造、广场和公园的设计以及文化资源的把握和引导等；完善城乡接合部的文化设施，建设好文化的硬件设施，如图书室、文化娱乐室、活动广场等，以丰富人们的精神生活、陶冶情操，使"新市民"在安全和谐的居住环境中受到更多现代城市文明的熏染。

在上述各调控手段的基础上，再结合本书的内容，可发现特定的城市发展定位决定了其针对失地农民幸福感变化的各种调控手段的特殊性：杭州市政府以打造"生活品质之都"为目标，其各项政策的设计均以此为中心，而其中针对失地农民的政策中，政府提倡在保障失地农民物质生活的前提下，重点推进其向市民的转变，进一步实现精神生活和体验的满足，总体上体现出对失地农民精神和心理状况等方面的关注；南昌市政府也比较关注失地农民的心理、精神状况方面的内容，其针对失地农民的政策制定也相对充分地考虑了这些因素，但总体上不如杭州市政府那样重视和力度大；荔波县政府对失地农民的关照还处于满足其基本的生活保障上，对心理体验、幸福感等内容的关注基本没有，由此也导致了失地农民在失地后幸福感下降幅度最高。

第三节 本章小结

本章从社会生态学的角度构建失地农民幸福感变化的理论框架，具体包括从社会生态系统论及生态位势理论的角度来论证，通过系统演变的动力（土地征收政策及安置政策）、渐变突变（冲突演变）、自组织过程（失地农民的文化适应特征）、反馈机制（各种调控手段）等来论述其对幸福感变化的影响作用，并结合研究调查的区域实际情况进行分析，结果呈现如下特点：在征地安置方式相对前沿和有效的杭州市、南昌市，失地农民幸福感基本没有下降，而征地安置方式相对落后的荔波县，失地农民幸福感下降比例最高；在失地冲突的演变中，角色转变冲突、规范冲突演变、文化冲突演变是三种主要的类型；失地农民的文化适应特征中，对城市文化适应性差的失地农民幸福感未变或下降；各种调控手段在协调解决失地农民各种问题的同时，将在很大程度上关注其幸福感水平的变化情况，并进行有目的的引导和调节，具体调控方向包括增强区域整体经济实力、提升失地农民个体适应能力（主要指再就业能力、非农技能获得能力）、拓宽区域文化适应渠道、营造文化氛围以及提升失地农民社会生态适应性等。

第九章 失地农民幸福感研究的未来发展

第一节 本书基本结论

本书在当前失地农民研究的理论和现实背景分析下，通过文献综述法，梳理和总结了失地农民幸福感的相关概念、内涵和理论；同时，以社会生态学的理论框架对失地农民幸福感的变迁特征进行时间和空间的对比分析。笔者在对典型国家（地区）总体幸福感水平研究的基础上提出了本研究的切入点，主要以问卷调查的方法，对杭州市、南昌市和贵州省荔波县等三个不同研究区域内的失地农民进行调查，以自评幸福感程度、总体生活满意度和生活质量指数等指标来评价失地农民的幸福感程度及其变化，并最终确定以自评幸福感水平作为幸福感函数研究的因变量，通过对自变量，包括经济、社会、人口、社会资本、环境态度、健康、文化特征、政策特征等的判断，构建失地农民幸福感函数。最后，笔者从社会生态学的视角探讨了失地农民的幸福感变化，包括运用社会生态学分析失地农民幸福感的理论基础探讨，以及社会生态学研究失地农民幸福感的系统动力、冲突演变类型、适应机制等，并探讨失地农民幸福感变迁的时空演变特征。

本书的主要研究结论如下：

1. 在总体幸福感显示的失地农民幸福感水平上，呈现东部区域 > 中部区域 > 西部区域的特征；在生活满意度水平上，则为中部区域 > 东部区域 > 西部区域；生活质量指数则为东部区域 > 中部区域。

2. 考察失地农民的幸福感水平变化发现，东部经济发达区（杭州市）失地农民幸福感水平在征地后普遍提高或持平；中部经济区（南昌市）失地农民幸福感水平在征地后有所提高；西部经济欠发达区（荔波县）

的失地农民幸福感水平大部分持平或有所提高。

3. 失地农民幸福感函数因变量与其自变量的关系如下：人与人之间的信任感越强，幸福感水平越高；加入了志愿性会员关系的失地农民比未加入的个体幸福感高的概率要大；自评身体健康水平和心理健康水平与幸福感呈现正向变动的特点；对臭氧层被破坏关心的人幸福感要强于不关心的人；对动植物灭绝关心的人幸福感要弱于不关心的人；对征地安置政策满意的人群幸福感程度普遍高于其他水平的人群；老年人比其他年龄段的人幸福感水平要高；表现出对城市文化适应的人群幸福感水平要高于其他类型人群；女性幸福感高于男性；未婚人群高于已婚、离异或分居人群；非雇佣型的人群幸福感水平要高于雇佣型人群；家庭收入高的人群幸福感水平不一定高；受教育水平越高，幸福感越强；有宗教信仰的人群幸福感不一定强于无宗教信仰人群。

4. 不同区域失地农民幸福感的变化能较好地从社会生态学的角度进行论证，具体在系统演变的动力（土地征收政策及安置政策）、渐变突变（冲突演变）、自组织过程（文化适应）、反馈机制（调控手段）等理论框架指导下，能够对失地农民幸福感变化进行深刻的剖析，其分析结果也较符合实际情况。

5. 应用社会生态学理论分析杭州市、南昌市及贵州省荔波县失地农民幸福感变化呈现如下特点：在征地安置方式相对前沿并有效的杭州市、南昌市，失地农民幸福感基本持平，而征地安置方式相对落后的荔波县，失地农民幸福感下降比例最高；在失地冲突的演变中，角色转变冲突、规范冲突演变、文化冲突演变是三种主要的类型；失地农民的文化适应特征中，对城市文化适应性差的失地农民的幸福感持平或下降；各种调控手段在协调解决失地农民各种问题的同时，从很大程度上关注其幸福感水平的变化情况，并进行有目的的引导和调节。

综合而言，本书是从一个新的角度对失地农民问题进行相关研究，其实证研究的结果具有一定程度的现实代表性，这也从另一侧面反映了我国今后在对待失地农民问题上需要更加谨慎，不仅要考虑到经济因素对其的影响，他们的心理、精神感受层面的内容也必须日益关注。

本书虽选择了不同区域、不同类型的失地农民作为研究调查对象，但仍存在如下几点不足之处有待进一步的改进和深入：

1. 本书虽分别选取了杭州市、南昌市和荔波县作为典型研究区域，但整体上样本数量偏少、样本类型不齐全，包括研究区域类型单一和研究样本内容不全面，导致分析结果可能与实际情况有所出入；同时，研究结果是否能完全代表我国东、中、西三大区域的实际情况尚待斟酌，尤其是对失地农民失地前后幸福感的变化情况下结论时要更加慎重。

2. 在进行问卷的信度、效度检验时，部分问卷在文献综述法的基础上直接参考已有的问卷内容，未进行相关的检验，可能导致研究的数据出现一定偏差，由此使得结果也与实际情况有所出入。而构建失地农民幸福感函数时，对各自变量间的交互影响未考虑，构建出的幸福感函数有待讨论和进一步完善，同时，对研究结果成因的解释欠缺。

3. 以社会生态学的理论进行失地农民幸福感函数的变化分析，仅从社会生态系统论和生态位势理论的角度进行了简单分析，内容上稍显单薄，研究深度还有望加强。

第二节 下一步研究展望

随着人民物质生活水平的提高，人们会更加重视幸福感和生活质量等方面的提高，本书以社会生态学的视角分析了失地农民的幸福感函数及其变化，并对相关的影响因素进行了初步分析，研究结论基本显示了失地农民幸福感的高低受到区域经济发展水平、后期补偿制度设计等方面的影响，且与失地农民个体本身差异也具有一定的相关性。在研究过程中，笔者深刻体会到失地农民幸福感问题的研究视角还存在一定的局限，研究的方法也有待进一步改进。今后的研究可从如下角度进行深化：

1. 更大范围地进行研究样本的选择，丰富样本类型，以期能在研究的基础上，挖掘涉及失地农民精神、心理层面的更多研究内容，为现有的失地农民研究提供一个新的研究视角，为政府解决失地农民问题提供更多的参考性意见。

2. 进一步完善对失地农民幸福感函数的构建，选取典型区域对幸福感函数进行实证研究，使得其能重复应用在其他区域，为评价区域内失地农民幸福感水平提供一定的参考。同时，对幸福感与经济发展水平梯度之间的相关性特征进一步分析。

3. 进一步深化社会生态学理论分析失地农民幸福感及其变化的理论框架。社会生态学的理论流派非常多，对于心理幸福感问题的研究属于其中的一种，二者的结合不仅能很好地体现跨学科交叉研究的价值，而且能探讨构建一整套系统规范的理论体系，为该研究领域内理论的发展作出一定的贡献。

4. 深入研究失地农民居住空间差异的心理影响，探讨农民失地前后不同居住空间选择模式对其心理幸福感的影响，如原地安置住房、重新购买商品房等不同的居住选择可能带来的社会身份认知差异，进而对其心理状况产生影响。

5. 基于社会生态视角，进一步探讨土地空间象征意义对失地农民文化适应特性的影响，选择具体的案例和研究区域进行实证研究，试图论证农民失去土地后在行为和心理上的变化。

参考文献

[1] А. В. 卡楚拉：《生态学的基础知识及定律》，科学出版社 1980 年版，第 153 页。

[2] С. Н. 索洛明娜：《社会与自然的相互作用》，思想出版社 1982 年版，第 166 页。

[3] С. С. 施瓦茨：《人类生态学问题》，《哲学问题》1984 年第 9 期，第 103 页。

[4] Н. М. 马梅多夫：《生物生态学、全球生态学和社会生态学》，科学出版社 1983 年版，第 307—310 页。

[5] Н. П. 费多连科、Н. ф. 赖莫尔斯：《全球生态的哲学问题》，科学出版社 1983 年版，第 232—233 页。

[6] P. 雅诺夫斯基·K.：《评马尔科维奇的〈社会生态学〉》，舍林、由之译，《国外社会科学》1997 年第 5 期，第 67—71 页。

[7] ю. г. 马尔科夫：《社会生态学》，雒启珂、刘志明、张耀平译，中国环境科学出版社 1989 年版。

[8] 包永江、于静涛：《建立以税收为调节手段的征地制度探索》，《税务研究》2003 年第 10 期，第 32—37 页。

[9] 白岩岩、王裕明、蔡玫珠：《上海市老年人生活幸福感及影响因素》，《中国老年学杂志》2015 年第 35 期，第 1670—1671 页。

[10] 白中军：《互动·自主·演化——对区域农村教育发展的社会生态学思考》，《职业技术教育（教科版）》2005 年第 452 期，第 61—63 页。

[11] 边燕杰、肖阳：《中英居民主观幸福感比较研究》，《社会学研究》2014 年第 2 期，第 22—42 页。

[12] 蔡禾主编：《城市社会学：理论与视野》，中山大学出版社 2003 年版。

[13] 蔡娟：《失地农民的生活保障问题初探》，《河北法学》2005 年第 23（4）期，第 2—5 页。

[14] 蔡炜：《经济学快乐原则的哲学思考》，《江西师范大学学报（哲学社会科学版）》2006 年第 39（6）期，第 8—14 页。

[15] 曹顺仙、王国聘：《自然、经济和社会协同共进的新模式及其可持续战略——南京市江宁区社会生态调查》，《南京林业大学学报》（人文社会科学版）2005 年第 5（2）期，第 74—79 页。

[16] 曹小明：《以土地换社保——浙江嘉兴失地农民社会保障体系建设的探索、实践与发展思考》，《党政干部论坛》2004 年第 10 期，第 23—25 页。

[17] 常绍舜：《系统科学方法概论》，中国政法大学出版社 2004 年版。

[18] 陈传锋等：《被征地农民的社会心理与市民化研究》，中国农业出版社 2005 年版。

[19] 陈惠雄：《快乐最大化：对经济人概念的终结性修正》，《财经科学》1999 年第 6 期，第 79—83 页。

[20] 陈惠雄：《快乐福利人本主义——与黄有光院士的有关讨论》，《财经论丛》2000 年第 84（5）期，第 1—7 页。

[21] 陈惠雄：《快乐思想的发展与科学意义》，《浙江学刊》2001 年第 3 期，第 132—136 页。

[22] 陈惠雄、刘国珍：《快乐指数研究综述》，《财经论丛》2005 年第 116（3）期，第 29—36 页。

[23] 陈惠雄：《"快乐"的概念演绎与度量理论》，《哲学研究》2005 年第 9 期，第 81—87 页。

[24] 陈惠雄、吴丽民：《浙江高校教师苦乐源调查与分析》，《高等教育研究》2005 年第 26（8）期，第 73—78 页。

[25] 陈惠雄、吴丽民：《国民快乐指数调查量表设计的理论机理、结构与测量学特性分析》，《财经论丛》2006 年第 125（5）期，第 1—7 页。

[26] 陈惠雄：《中国区域发展梯度约束与和谐社会战略构局》，《中国工业经济》2006 年第 222（9）期，第 5—13 页。

[27] 陈坚：《对失地农民补偿安置政策的思考——以重庆市失地农民的养老制度为例》，《云南行政学院学报》2006 年第 1 期，第 133—134 页。

[28] 陈刚、李树：《政府如何能够让人幸福？——政府质量影响居民幸福感的实证研究》，《管理世界》2012 年第 8 期，第 55—67 页。

[29] 陈世伟、王志雄：《郊区被动型城市化中失地农民就业保障问题的实证研究——以 J 市近郊 JX 村为个案》，《商场现代化》2005 年第 10 期，第 12—13 页。

[30] 陈世伟：《反社会排斥：失地农民和谐就业的社会政策选择》，《三农问题研究》2007 年第 3 期，第 92—94 页。

[31] 陈西国：《对征地农民养老保险政策对比分析》，《宁夏社会科学》2004 年第 4 期，第 63—64 页。

[32] 陈新英：《GDP 增长与幸福指数》，《科学管理研究》2006 年第 24（4）期，第 42—45 期。

[33] 陈运遂：《失地农民的社会心理对社会稳定的影响及对策》，《农村经济》2007 年第 9 期，第 109—112 页。

[34] 崔维：《中国城乡社会生态环境二元化对公务员制度的影响》，《山东行政学院、山东省经济管理干部学院学报》2007 年第 1 期，第 63—65 页。

[35] 车文博：《西方心理学史》，浙江教育出版社 1998 年，第 466—472、556—559、473—476 页。

[36] 杜红梅：《杭州市城郊失地农民社会认同状况调查》，《中共杭州市委党校学报》2007 年第 4 期，第 35—39 页。

[37] 段建华：《总体幸福感量表在我国大学生中的试用结果与分析》，《中国临床心理学杂志》1996 年第 4（1）期，第 56—57 页。

[38] 董冠华：《城市化进程中失地农民社会保障制度设计研究》，硕士学位论文，西北大学，2005 年。

[39] 丁鸿富、虞富洋、陈平：《社会生态学》，浙江教育出版社 1987 年版。

［40］符策慧：《舞钢模式：全民医保的现实主义路径》，《中国医疗前沿》2006年第5期，第35—38页。

［41］傅红春、罗文英：《上海居民收入满足度的测定与分析》，《管理世界》2004年第11期，第62—67页。

［42］付景远：《建立失地农民社会保障的路径研究》，《农业经济》2006年第7期，第40—41页。

［43］付娆：《失地农民利益保障问题的现实分析和政策思考》，《三农问题研究》2006年第4期，第48—51页。

［44］范红梅：《城镇弱势群体医疗保障法律问题研究》，硕士学位论文，哈尔滨工程大学，2005年。

［45］范红忠、范阳：《住房消费的攀比性与主观幸福感》，《武汉理工大学学报》（社会科学版）2015年第28（3）期，第416—420页。

［46］范明明：《关注城市边缘区的失地农民》，《城乡建设》2007年第6期，第57—58页。

［47］范为桥：《心理福利的概念与范畴——关于福利的心理学思考》，《社会科学》2000年第2期，第56—59页。

［48］费孝通：《乡土中国》，生活·读书·新知三联书店1985年版。

［49］冯远骧：《合理补偿与妥善安置：保障失地农民利益的政策选择——四川甘孜州失地农民问题调查与思考》，《农村经济》2006年第2期，第69—70页。

［50］顾丽丽、吴祁：《浅析失地农民的文化变迁》，《内蒙古农业科技》2007年第4期，第20—22页。

［51］谷鹏飞：《西方经济美学思想发展的四个阶段》，《文史哲》2006年第297（6）期，第155—162页。

［52］关宏超：《如何构建失地农民创业的金融支持体系》，《浙江金融》2007年第7期，第55—56页。

［53］高红莉、张东、许传新：《住房与城市居民主观幸福感实证研究》，《调研世界》2014年第11期，第18—24页。

［54］高进云、乔荣锋、张安录：《农地城市流转前后农户福利变化的模糊评价》，《管理世界》2007年第6期，第45—55页。

［55］高军成：《我国农村社会保障制度的现状、问题及对策》，硕士

学位论文，天津大学，2005年。

［56］管在高：《从城市文化特征角度分析失地农民的文化适应》，《四川行政学院学报》2005年第6期，第62—64页。

［57］郭大力：《快速城市化地区农民的居住与生活——对苏南农民居住生活变迁的调查》，《北京建筑工程学院学报》2006年第22（1）期，第48—51页。

［58］郭强、陈斌：《农民工犯罪：一种社会生态理论的解读》，《学理论》2011年第4期，第118—121页。

［59］国虹：《城市化进程中失地农民的文化滞后现象分析》，《中共青岛市委党校、青岛行政学院学报》2007年第4期，第54—74页。

［60］桂河清：《跨省流动就业人口主观幸福感影响因素实证研究——以重庆户籍人口为例》，《天津财经大学学报》2015年第4期，第71—80页。

［61］何瑛：《重庆大学生主观幸福感状况及其影响因素》，《重庆师范学院》（哲社版）2000年第19（2）期，第35—38页。

［62］何睿：《失地农民的生活保障问题初探》，《学海》2003年第6期，第173—175页。

［63］贺豪振、陶志琼：《城市化进程中被征地老年农民的幸福度和抑郁水平的比较研究》，《宁波大学学报（教育科学版）》2004年第26（6）期，第51—54页。

［64］胡海军：《收入和幸福指数：基于经济学角度的思考》，《理论新探》2007年第245（9）期，第22—23页。

［65］胡洁、姬天舒、冯凤莲：《父母教养方式与大学生总体幸福感的相关研究》，《健康心理学杂志》2002年第10（1）期，第16—17页。

［66］胡仕胜、宗和、黄有光等：《GDP与幸福总值谁更可贵》，《江苏经济报》2004年第5期，第28页。

［67］胡苗、刘徽翰：《欠发达地区失地农民幸福感研究》，《淮海工学院学报（人文社会科学版）》2013年第8期，第93—95页。

［68］郝身永：《家庭功能、居住模式变迁与中老年人生活幸福感——基于中国综合社会调查的经验分析》，《湖北经济学院学报》2015年第13（1）期，第5—13页。

[69] 韩俊、秦中春、崔传义：《和谐社会与农村社会保障制度》，《理论视野》2007年第1期，第14—16页。

[70] 韩士专：《幸福经济学之"收入观"新解》，《江西社会科学》2007年第3期，第13—17页。

[71] 韩莹莹、张强：《推动行政文化变革的社会生态环境分析》，《行政论坛》2000年第1期，第13—15页。

[72] 侯凤友：《社会生态系统论心理发展观述评》，《辽宁教育行政学院学报》2005年第22（12）期，第40—41页。

[73] 黄宝忠：《中国近代民营出版业成长的社会生态分析》，《浙江大学学报（人文社会科学版）》2013年第43（5）期，第103—120页。

[74] 黄嘉文：《教育程度、收入水平与中国城市居民幸福感——一项基于CGSS2005的实证分析》，《社会》2013年第33（5）期，第181—203页。

[75] 黄嘉文：《流动人口主观幸福感及其代际差异》，《华南农业大学学报（社会科学版）》2015年第14（2）期，第122—133页。

[76] 黄立清、邢占军：《幸福指数量表在我国内地城市居民中的初步试用研究》，《中国行为医学科学》2005年第14（5）期，第464—465页。

[77] 黄立清、邢占军：《国外有关主观幸福感影响因素的研究》，《国外社会科学》2005年第3期，第29—33页。

[78] 黄雅戈：《社会生态市场经济——德国的选择》，《中国党政干部论坛》1999年第1期，第35、39页。

[79] 黄有光：《福利经济学》，中国友谊出版社1991年版。

[80] 黄有光：《快乐福利人本主义——回应陈惠雄博士》，《财经论丛》2000年第84（5）期，第8页。

[81] 黄有光：《谈效用、福利与快乐——关于"三人对谈录"的一点感想》，《浙江社会科学》2003年第2期，第39—41页。

[82] 季秋萍：《城镇化过程中失地农民的社会保障问题研究》，硕士学位论文，苏州大学，2007年。

[83] 嘉蓉梅、李燕琼：《失地农民医疗社会保障的实证研究及创新路径》，《经济问题探索》2006年第12期，第61—65页。

[84] 贾小峰:《如何保障失地农民的根本利益》,《河北大学成人教育学院学报》2005年第6(1)期,第58—60页。

[85] 贾康、张立承:《农村社会保障制度建设:"低保"的进展及相关重要事项》,《审计与理财》2007年第9期。

[86] 金盛华:《人际空间与人际交往——微观社会生态学导引》,《社会学研究》1997年第1期,第118—122页。

[87] 金玲玲:《主观幸福感与心理幸福感关系研究》,硕士学位论文,河海大学,2007年。

[88] 景淑华、张积家:《大学生主观幸福感的研究》,《青年研究》1997年第1期,第21—26页。

[89] 江道源:《社会生态差异:〈中英现代化起动快慢的内因〉》,《厦门特区党校学报》2000年第6期,第12—15页。

[90] 姜奇平:《国民幸福指数的测度——如何量化"人民满意不满意"程度》,《互联网周刊》2005年第3期,第54—56页。

[91] 姜元胜:《运用资本运营手段保障失地农民利益》,《中国经济周刊》2004年第43期,第24页。

[92] 姜超、胡墨依、赵华朋:《浅谈和谐社会中失地农民社会保障问题》,《新西部(下半月)》2007年第6期,第19、27页。

[93] 蒋金红:《实施五大保障,维护农民利益——金华市区完善征地补偿安置的探索》,《浙江省国土资源》2004年第12期,第17—18页。

[94] 孔令强、严虹霞、乔祥利:《构建失地农民社会保障机制的思考》,《农村经济》2007年第8期,第80—83页。

[95] 李宝元:《组织学习论——组织行为在社会生态学意义上的一个解说》,《财经问题研究》2005年第1期,第87—91页。

[96] 李宝梁、王欢:《基于社会生态视域的私营企业主总体性特征分析》,《天津工程师范学院学报》2010年第3期,第38—41页。

[97] 李宝梁:《社会生态分析方法在阶层研究中的应用——以民营企业家研究为例》,《天津工程师范学院学报》2009年第3期,第1—5页。

[98] 李兵:《社会生态问题引论》,《云南大学人文社会科学学报》2000年第4期,第48—51页。

[99] 李鹤鸣：《三峡库区移民社会生态类型初探》，《社会学研究》1994年第3期，第100—103页。

[100] 李科生、罗旭、邓巍：《社会生态视野下留守儿童暴力行为产生原因解读》，《陕西青年职业学院学报》2013年第3期，第57—60页。

[101] 李桂芹：《社会生态视阈下的虚假广告研究》，《学理论》2010年第11期，第172—173页。

[102] 李晶：《中日公务员考试社会生态环境的比较分析——基于里格斯行政生态学》，《改革与开放》2011年第3期，第138页。

[103] 李胜男：《失地农民幸福感状况研究——基于苏南苏北的调查与分析》，《才智》2012年第8期，第194页。

[104] 李建新、骆为祥：《社会、个体比较中的老年人口生活满意度研究》，《中国人口科学》2007年第4期，第65—73页。

[105] 李钦辉：《社会医疗保障体系全民覆盖的制度构想与政策设计》，硕士学位论文，厦门大学，2006年。

[106] 李小文、黄彩霞：《社会比较理论视域下的农村居民生活幸福感影响因素研究》，《贵州财经大学学报》2015年第3期，第94—101页。

[107] 李苏：《我国失地农民问题研究述评》，《哈尔滨商业大学学报》（社会科学版）2011年第5期，第97—100页。

[108] 李万古：《论社会生态意识》，《齐鲁学刊》1997年第2期，第61—64页。

[109] 李向军：《论失地农民的身份认同危机》，《西北农林科技大学学报》（社会科学版）2007年第3期，第17—20页。

[110] 李一平：《城市化进程中杭州市近郊失地农民生存境况的实证调查和分析》，《中共杭州市委党校学报》2004年第2期，第36—40页。

[111] 李一平：《加强非正式制度建设推进城郊失地农民市民化进程》，《中共杭州市委党校学报》2005年第5期，第52—55页。

[112] 李燕琼、吕维平：《我国不同地区失地农民的住房安置状况及政策实施效果评析》，《农业经济问题》2007年第10期，第83—87页。

[113] 李幼穗、吉楠：《主观幸福感研究的新进展》，《天津师范大学学报》（社会科学版）2006年第2期，第70—74页。

[114] 李银萍、庞庆军：《影响大学生主观幸福感的社会学分析》，

《中国健康心理学杂志》2007年第1期，第68—71年。

[115] 李靖、赵郁金：《Campbell 幸福感量表用于中国大学生的试测报告》，《中国临床心理学杂志》2000年第4期，第225—227页。

[116] 李伟芳、杨晓平、任丽燕：《宁波失地农民的社会保障现状与政策建议》，《宁波大学学报》（人文科学版）2007年第4期，第16—19页。

[117] ［英］理查德·莱亚德：《幸福是什么？我们是否越来越幸福？》，庞娟译，《经济社会体制比较》2007年第4期，第11—18页。

[118] 陆桂生等：《论现阶段广西社会保障发展模式及其改革思路》，《广西大学学报》（哲学社会科学版）2007年第1期，第24—32页。

[119] 陆辉：《南通市农村社会保障的财政管理模式探讨》，《市场周刊（理论研究）》2006年第10期，第6—7页。

[120] 吕斐宜：《论农民幸福指数应纳入农村发展指标体系》，《社会科学论坛》2006年第8期，第49—51页。

[121] 吕洁华、刘飞、夏彩云等：《城乡居民生活幸福感指数的对比分析》，《统计与决策》2015年第5期，第92—95页。

[122] 吕维平：《失地农民住房安置模式探讨》，《城市问题》2007年第5期，第57—60页。

[123] 兰林火、徐延辉：《社会资本与青年群体的幸福感》，《当代青年研究》2015年第4期，第57—64页。

[124] 林洪、李玉萍：《国民幸福总值（GNH）的企业与国民幸福研究》，《当代财经》2007年第5期，第14—17页。

[125] 林惠玲：《构筑失地农民社会保障机制的实践探索》，《现代农业科技（上半月刊）》2006年第12期，第180—182页。

[126] 林添福：《失地农民社会保障问题研究》，硕士学位论文，福建师范大学，2006年。

[127] 廖红丰：《发达国家解决失地农民问题的借鉴与我国的政策建议》，《当代经济管理》2006年第1期，第121—125页。

[128] 廖小军：《中国失地农民研究》，社会科学文献出版社2005年版。

[129] 罗楚亮：《绝对收入、相对收入与主观幸福感——来自中国城

乡住户调查数据的经验分析》，《财经研究》2009年第11期，第79—91页。

[130] 罗桂华、吴大国、范明：《温江区失地农民、失业居民的现状及对策》，《成都行政学院学报》2004年第4期，第32—33页。

[131] 罗俊明：《国际社会生态法学若干问题探要》，《宁波大学学报》（人文科学版）1999年第4期，第106—111、120页。

[132] 罗康隆：《文化适应与文化制衡——基于人类文化生态的思考》，北京民族出版社2007年版。

[133] 罗拾平：《失地失业的富农群体就业研究——关于农村城市化进程中失地农民的调查报告》，《中国人口资源问题》2007年第2期，第17—21页。

[134] 罗遐：《论构建发展型的失地农民社会保障政策》，《三农问题研究》2006年第10期，第35—37页。

[135] 骆正清、童义俊、陈正光：《合肥市与常州市失地农民补偿安置和社会保障政策比较分析》，《经济研究导刊》2007年第6期，第41—43页。

[136] 练庆伟、林楠：《国家与社会关系视阈下思想政治教育社会生态的探析》，《河南理工大学学报（社会科学版）》2012年第1期，第23—27页。

[137] 梁平、滕琦、董宇翔：《统筹城乡社会保障的制约因素探讨——基于社会生态环境视角》，《乡镇经济》2008年第5期，第105—109页。

[138] 刘和平：《城市化过程中失地农民的权益损失及其保障》，《调研世界》2005年第6期，第20—23页。

[139] 刘红梅、王克强：《实现由土地基本生活保障向社会保险过渡的紧迫性和可行性》，《软科学》2006年第1期，第99—104页。

[140] 刘鲁生、季新民、黄国军：《解决济平干渠工程征地拆迁失地农民问题的成功探索》，《南水北调与水利科技》2006年第4期，第3—5页。

[141] 刘军强、熊谋林、苏阳：《经济增长时期的国民幸福感——基于CGSS数据的追踪研究》，《中国社会科学》2012年第12期，第81—

102 页。

[142] 刘江军：《社会生态视角下统筹城乡社会保障的制约因素分析》，《中小企业管理与科技（上旬刊）》2012 年第 1 期，第 181—182 页。

[143] 刘仁刚、龚耀先：《老年人主观幸福感与应激水平的相关研究》，《中国心理卫生杂志》2001 年第 1 期，第 28—30 页。

[144] 刘同山、孔祥智：《经济状况、社会阶层与居民幸福感——基于 CGSS2010 的实证分析》2015 年第 9 期，第 1—14 页。

[145] 刘文：《现代生物学理论和社会生态学理论述评》，《大连理工大学学报（社会科学版）》2001 年第 1 期，第 8—13 页。

[146] 刘晓霞、邢占军：《城市女性群体主观幸福感研究》，《山东师范大学学报》（人文社会科学版）2007 年第 3 期，第 136—139 页。

[147] 刘源超、潘素昆：《社会资本因素对失地农民市民化的影响分析》，《经济经纬》2007 年第 5 期，第 118—121 页。

[148] 刘远新、张文秀：《失地农民社会保障制度构建及实施探讨——以成都市为例》，《甘肃农业》2006 年第 11 期，第 78 页。

[149] 刘永法、王世斌：《改善失地农民和进城农民社会保障的初步设想》，《山东劳动保障》2005 年第 6 期，第 23 页。

[150] 刘志雄：《转型时期主导意识形态认同流失的社会生态分析》，《重庆社会科学》2001 年第 2 期，第 68—70 页。

[151] 柳兰芳：《自然生态、人文生态和社会生态的辩证统一——〈1844 年经济学哲学手稿〉的生态伦理思想》，《社会科学家》2013 年第 7 期，第 16—20 页。

[152] 马道明、李海强：《社会生态系统与自然生态系统的相似性与差异性探析》，《东岳论丛》2011 年第 11 期，第 131—134 页。

[153] 马元兴：《分析"幸福方程式"给人们的启示》，《商场现代化》2006 年第 10 期，第 359 页。

[154] 马颖竹、张红静：《影响老年人主观幸福感的相关因素分析》，《中国老年学杂志》2002 年第 6 期，第 428—430 页。

[155] [美] 默里·布克金：《社会生态学导论》，郇庆治、周娜译，《南京林业大学学报》（人文社会科学版）2007 年第 1 期，第 5—17 页。

[156] 毛蒋兴、郑雄彬：《社会生态平衡：新时期城乡规划调整思

考》，《规划师》2012年第12期，第10—14页。

[157] 梅锦荣：《老人主观幸福感的社会性因素》，《中国心理卫生杂志》1999年第2期，第85—87页。

[158] 缪平：《寿险业服务于新农村建设大有作为》，《中国保险》2007年第4期，第23—26页。

[159] 苗元江：《心理学视野中的幸福感》，南京师范大学出版社2003年版。

[160] 苗元江：《跨越与发展——主观幸福感的过去、现在与未来》，《华南师范大学学报（社会科学版）》2011年第5期，第122—127页。

[161] 孟宏斌：《陕西小城镇社会保障制度创新》，《长安大学学报（社会科学版）》2006年第2期，第19—22页。

[162] 孟令尧、张岱平、张丽珍等：《石家庄城市社会生态环境问题研究》，《地理学与国土研究》1999年第3期，第56—59、81页。

[163] 孟祥斐：《社会赋权对居民幸福感影响的实证研究——基于深圳与厦门的数据考察》，《淮阴工学院学报》2015年第4期，第10—15页。

[164] 聂洪辉：《失地农民面临的各种冲突及其调适》，《中共太原市委党校学报》2006年第6期，第53—55页。

[165] 聂洪辉：《城市化过程中的失地农民问题——以江西省F市为例》，《社会学》2006年第1期，第38—48页。

[166] 朴商道：《中韩两国农村失地农民政策比较分析》，《上海行政学院学报》2007年第2期，第78—83页。

[167] 欧阳小炜：《失地农民社会保障体系的构建研究》，硕士学位论文，南昌大学，2005年。

[168] 潘峰、毛锦凤：《不同地区失地农民社会保障探析及政策建议——以甘肃省为例》，《发展月刊》2006年第6期，第22—24页。

[169] 潘光辉：《失地农民的生活保障和就业出路思考》，《经济研究参考》2007年第24期，第37页。

[170] 潘明：《失地农民集中居住后生活状况的调查》，《学理论》2009年第8期，第125—127页。

[171] 裴晓明：《工作场所健康促进的社会生态学》，《中国健康教

育》2002年第60期，第388—390页。

[172] 齐建：《社会生态系统理论视角下中国本土医务社会工作研究》，《山西高等学校社会科学学报》2011年第6期，第47—49页。

[173] [日] 秋道智弥、市川光雄、大冢柳太郎：《生态人类学》，范广荣、尹绍亭译，云南大学出版社2006年版。

[174] 乔明睿：《失地农民不同群体养老保障问题探析及政策建议——以淄博市为例》，《人口与经济》2005年第5期，第69—73页。

[175] 任建萍、徐玮：《失地农民医疗保障现状调查研究探索与创新——浙江省劳动保障理论研究论文选集》，2005年。

[176] 任建萍、徐玮：《失地农民医疗保障现况调查研究》，《中国卫生事业管理》2006年第5期，第266—267、278页。

[177] [美] 斯图亚特·T. A. 彼克特、杰弗里·L. 巴克利、苏杰·S. 考沙尔等：《人文都市里的社会生态学》，《城市观察》2012年第6期，第46—66页。

[178] 孙晓杰、(Clas Rehnberg)、孟庆跃：《社会资本与健康公平关系的实证研究》，《中国卫生经济》2008年第6期，第8—11页。

[179] 孙俐：《社会角色转换看农民市民化》，《江南论坛》2004年第4期，第19—20页。

[180] 孙奎立、时涛、范立军：《农村隔代留守家庭社会生态系统与社会工作介入探析》，《社会福利》（理论版）2013年第3期，第20—22页。

[181] 孙作林：《失地农民社会保障构建及实施中的制度制约》，硕士学位论文，河海大学，2005年。

[182] 孙自胜：《城市化进程中失地农民的心理适应问题》，《淮南师范学院学报》2010年第6期，第10—14页。

[183] 孙远太：《城市农民工福利获得及对幸福感的影响——基于河南省875份问卷的分析》，《调研世界》2015年第2期，第46—49页。

[184] 隋华杰、冷皓凡：《失地农民与一般农民的主观幸福感对比调查研究》，《农业考古》2011年第3期，第95—97页。

[185] 宋斌文：《城市化进程中的社会保险制度何去何从》，《社会》2004年第5期，第30页。

[186] 宋振韶、詹朝杰:《学业不良研究的生态学取向:教育社会生态学模式的提出》,《赣南师范学院学报》2000 年第 5 期,第 65—69 页。

[187] 史先锋、陈运遂:《对失地农民融入城市文化问题的理性思考》,《边疆经济与文化》2007 年第 2 期,第 28—29 页。

[188] 石富覃:《商业保险参与甘肃农村社会保障体系建设的思考》,《甘肃金融》2007 年第 12 期,第 48—50 页。

[189] 石宏伟:《论我国城乡二元化社会保障制度的改革》,《江苏大学学报》(社会科学版)2006 年第 6 期,第 81—86 页。

[190] 舒娟:《城郊中老年失地农民主观幸福感及其影响因素研究》,《第十一届全国心理学学术会议论文摘要》,2007 年。

[191] 邵金平:《试论弱势群体的社会保障》,《科技创业月刊》2006 年第 7 期,第 145—146 页。

[192] 邵雅利、傅晓华:《新生代农民工的社会支持与主观幸福感研究》,《四川理工学院学报》(社会科学版)2014 年第 4 期,第 8—15 页。

[193] 邵志东、王建民:《中国农村转移人力资源开发体系构建研究——以社会生态系统理论为视角》,《湖南科技大学学报》(社会科学版)2013 年第 4 期,第 82—85 页。

[194] 沈清基、石岩:《生态住区社会生态关系思考》,《城市规划汇刊》2003 年第 3 期,第 11—16 页。

[195] 谈小燕:《对城市化进程中重庆失地农民角色适应进行调查研究》,硕士学位论文,西南大学,2007 年。

[196] 谭江涛、章仁俊、王群:《奥斯特罗姆的社会生态系统可持续发展总体分析框架述评》,《科技进步与对策》2010 年第 22 期,第 42—47 页。

[197] 唐侠、陈娥英、孟宏斌:《农村弱势群体医疗保障制度研究——以陕西省为例》,《农业现代化研究》2007 年第 4 期,第 421—424 页。

[198] 唐魁玉:《失地农民医疗保障的政府责任与社会承诺》,《中国劳动保障》2005 年第 8 期,第 49 页。

[199] 陶恩前:《构建和谐社会过程中农村若干问题及解决办法探析》,《安徽农学通报》2006 年第 4 期,第 10—11 页。

［200］陶菁：《构建失地农民社会综合保障体系的思考》，《求实》2005年第2期，第83—84页。

［201］吴鼎福：《老年社会生态探骊》，《南京师大学报（社会科学版）》2000年第1期，第70—75页。

［202］吴国庆等：《六大对策加速农民市民化》，《浙江经济》2003年第9期，第28—29页。

［203］吴丽民、陈惠雄：《农村居民与城市居民主要苦乐源的比较——以浙江省为例》，《经济学家》2005年第4期，第72—77页。

［204］吴明霞：《30年来西方关于SWB的理论发展》，《心理学动态》2000年第4期，第23—28页。

［205］吴淑凤：《多元视野中幸福理论及其对主观生活质量研究的现实意义》，《武汉大学学报》（哲学社会科学版）2004年第5期，第588—593页。

［206］吴少里：《社会生态环境对我国"80后、90后"心理机制的影响》，《南通纺织职业技术学院学报》（综合版）2012年第2期，第55—57页。

［207］吴玉兰：《关于失地农民的住房问题》，《中国城市经济》2005年第2期，第19—20页。

［208］邬昕珏、陆建军：《南京市农村社会保障的财政管理模式探讨》，《科技信息》（学术版）2006年第10期，第34—35页。

［209］武娇艳、杨苹：《基于因子分析法的城镇居民幸福感研究》，《公共管理》2015年第5期，第69页。

［210］武婕：《农村征地状况调查——基于2011年17个地区土地权益调查数据》，《调研世界》2011年第11期，第27—30页。

［211］温雅：《从城中村演化机制看农民住房政策的缺失》，《建材与装饰》（下旬刊）2007年第9期，第25—28页。

［212］文军：《农民市民化：从农民到市民的角色转型》，《华东师范大学学报》（哲社版）2004年第3期，第55—61页。

［213］汪丁丁：《幸福与情感》，《IT经理世界》2007年第15期，第107页。

［214］汪丁丁、罗卫东、叶航：《偏好、效用与经济学基础范式的创

新——汪丁丁、罗卫东、叶航三人对话录》,《浙江社会科学》2003年第2期,第33—39页。

[215] 王定祥、李伶俐:《城镇化、农地非农化与失地农民利益保护研究——一个整体性视角与政策组合》,《农业经济导刊》2007年第1期,第30—40页。

[216] 王丰龙、王冬根:《主观幸福感度量研究进展及其对智慧城市建设的启示》,《地理科学进展》2015年第4期,第482—493页。

[217] 王琦妍:《社会—生态系统概念性框架研究综述》,《中国人口·资源与环境》2011年第3期,第440—443页。

[218] 王国林:《失地农民调查》,北京新华出版社2006年版。

[219] 王纲:《社会生态与自然生态的尺度对称性》,《甘肃科技》2004年第5期,第149—154页。

[220] 王绘建:《城市化进程中失地农民的就业安置政策分析》,《农业》2006年第12期,第38—39页。

[221] 王娟、陈涛:《论幸福感及其相关因素》,《开发研究》2007年第3期,第156—158页。

[222] 王冀盛、丁新华:《初中生主观幸福感与生活事件的关系研究》,《心理与行为研究》2003年第2期,第96—99页。

[223] 王建革:《资源限制与发展停滞:传统社会的生态学分析》,《生态学杂志》1997年第1期,第69—73页。

[224] 王琳:《农民隐形利益受损问题的成因及对策》,《山西青年管理干部学院学报》2007年第1期。

[225] 王兰川、阮红:《人文生态学》,北京国防工业出版社2006年版。

[226] 王曙光:《幸福的和不幸福的经济学》,《中国纺织》2007年第3期,第168—171页。

[227] 王文衡:《失地农民的社会保障体系研究》,硕士学位论文,吉林大学,2007年。

[228] 王晓莹:《关于失地农民医疗保障制度的思考》,《中国发展》2007年第2期,第84—87页。

[229] 王政、祝士苓:《失地农民社会保障状况的调查与分析》,《世

界农业》2006年第3期,第10—13页。

[230] 王正平:《社会生态学的环境哲学理念及其启示》,《上海师范大学学报》(哲学社会科学版)2004年第6期,第1—8页。

[231] 王宇红、吴迪茵:《社会工作视角下的公益性儿童托管服务项目之社会生态系统分析》,《南京理工大学学报》(社会科学版)2013年第3期,第80—86页。

[232] 奚恺元、张国华、张岩:《从经济学到幸福学》,《上海管理科学》2003年第3期,第3—5页。

[233] 奚恺元:《幸福的学问——经济学发展的新方向》,《管理与财富》2006年第11期,第8—11页。

[234] 习裕军、宋国春:《社会生态视阈中的中国社会管理创新》,《实事求是》2012年第2期,第59—61页。

[235] 许宁、张兵:《以金融支持为杠杆建设社会主义新农村》,《社会科学家》2006年第3期,第106—109页。

[236] 许淑莲等:《成年人心理幸福感的年龄差异研究》,《中国心理卫生杂志》2003年第3期。

[237] 徐成华:《苏州城市化失地农民的角色转换研究》,硕士学位论文,苏州大学,2004年。

[238] 徐兰等:《老年公寓和社区丧偶老人心理状态的对照研究》,《中国临床康复》2002年第11期,第321页。

[239] 徐飞亮:《社会生态系统理论视域下的低碳经济探微》,《世纪桥》2011年第5期,第72—73页。

[240] 徐琴:《论失地农民的再就业困难》,《南京工业大学学报》(社会科学版)2006年第2期,第70—75页。

[241] 徐小军:《城郊接合部失地农民权益保障问题的探讨》,《三农问题研究》2004年第12期,第102—105页。

[242] 徐晓波、黄洪雷:《老年人主观幸福感与心理幸福感的关系:代际因素的影响》,《老龄科学研究》2015年第8期,第73—80页。

[243] 徐映梅、夏伦:《中国居民主观幸福感影响因素分析——一个综合分析框架》,《中南财经政法大学学报》2014年第2期,第12—19页。

[244] 徐璞、祁元、齐红超等:《社会生态系统框架(SES)下区域生态系统适应能力建模研究》,《中国沙漠》2010 年第 5 期,第 1174—1181 页。

[245] 徐玮、叶志钿、徐林山:《失地农民医疗保险制度建设的实践与思考——以杭州经济开发区为例》,《中国卫生经济》2007 年第 7 期,第 47—49 页。

[246] 徐越倩:《和谐发展型农村社会保障体系的构建》,《中共宁波市委党校学报》2006 年第 2 期,第 44—48 页。

[247] 夏伦:《流动人口主观幸福感的城乡差异分析》,《统计与决策》2015 年第 9 期,第 110—115 页。

[248] 谢芳、谢全彪:《关于幸福指数的社会调查方法的探讨》,《产业与科技论坛》2007 年第 2 期,第 126—127 页。

[249] 解琪、郑林科:《心理幸福感研究概述》,《社会研究》2015 年第 17 期,第 46—47 页。

[250] 肖陆军:《论社会生态平衡及启示》,《重庆文理学院学报》(社会科学版)2008 年第 1 期,第 109—112 页。

[251] 薛新东、宫舒文:《居民主观幸福感的评价体系及影响因素分析》,《统计与决策》2015 年第 7 期,第 95—97 页。

[252] 邢月梅:《城市化进程中失地农民再就业问题探讨》,《山西财经大学学报》2006 年第 1 期,第 27—28 页。

[253] 邢占军、王宪昭、焦丽萍:《几种常用自陈主观幸福感量表在我国城市居民中的试用报告》,《健康心理学杂志》2002 年第 5 期,第 325—326 页。

[254] 邢占军、张友谊、唐正风:《国有大中型企业职工满意感研究》,《心理科学》2001 年第 2 期,第 191—193 页。

[255] 邢占军:《主观幸福感研究:对幸福的实证探索》,《理论学刊》2002 年第 9 期,第 57—60 页。

[256] 邢占军:《主观幸福感测量研究综述》,《心理科学》2002 年第 3 期,第 336—339 页。

[257] 邢占军、金瑜:《城市居民婚姻状况与主观幸福感关系的初步研究》,《心理科学》2003 年第 6 期,第 1056—1059 页。

[258] 邢占军：《中国城市居民主观幸福感量表在老年群体中的应用》，《中国老年学杂志》2003年第10期，第648—651页。

[259] 邢占军、黄立清：《西方哲学史上的两种主要幸福观与当代主观幸福感研究》，《理论探讨》2004年第1期，第32—35页。

[260] 邢占军、黄立清：《Ryff心理幸福感量表在我国城市居民中的试用研究》，《健康心理学杂志》2004年第3期，第231—233页。

[261] 邢占军：《城乡居民主观幸福感初步比较研究》，《第十届全国心理学学术大会论文摘要集》，2005年。

[262] 邢占军：《幸福指数的指标体系构建与追踪研究》，《数据》2006年第8期，第10—12页。

[263] 邢占军：《城乡居民主观生活质量比较研究初探》，《社会》2006年第1期，第130—141页。

[264] 邢占军、黄立清：《当前主要社会群体主观生活质量研究——以沿海某省调查为例》，《南京社会科学》2007年第1期，第83—97页。

[265] 邢占军：《国民幸福：执政理念与评价指标》，《中共杭州市委党校学报》2007年第3期，第4—6页。

[266] 邢占军、张羽：《社会支持与主观幸福感关系研究》，《社会科学研究》2007年第6期，第9—14页。

[267] 邢占军：《我国居民收入与幸福感关系的研究》，《社会学研究》2011年第1期，第196—219页。

[268] 邢忠：《优化社会生态位——适应时代发展的城市规划理念探析》，《重庆建筑大学学报（社科版）》2001年第1期，第11—14页。

[269] 相子国：《国民幸福指数的K线图计算》，《韶关学院学报》2005年第11期，第41—44页。

[270] 项明生：《北苑街道：努力为失地农民提供有力保障》，《政策瞭望》2006年第2期，第45—46页。

[271] 熊晓正、夏思永：《中国和希腊古代幸福观念的比较》，《体育科学》2006年第5期，第83—87页。

[272] 熊絮茸：《和谐社会：中国政治制度适应社会生态环境变迁的目标》，《江汉大学学报（社会科学版）》2005年第3期，第5—8页。

[273] 亚诺夫斯基、希林、黄德兴译：《社会生态学是社会学的一个

分支》，《社会学杂志》1997年第1期，第7—10页。

[274] 叶继红：《南京城郊失地农民生活满意度调查与思考》，《江苏广播电视大学学报》2007年第18期，第70—73页。

[275] 叶峻：《从自然生态学到社会生态学》，《西安交通大学学报》2006年第3期。

[276] 叶峻：《社会生态学的研究对象、内容、任务与意义》，《太原师范学院学报》（社会科学版）2013年第1期，第1—5页。

[277] 叶峻：《社会生态系统：结构功能分析》，《烟台大学学报》（哲学社会科学版）1998年第4期，第13—19、55页。

[278] 叶峻：《社会生态学的基本概念和基本范畴》，《烟台大学学报》（哲学社会科学版）2001年第3期，第250—258页。

[279] 叶峻：《关于人类社会的社会生态下系统分析》，《烟台大学学报（哲学社会科学版）》2004年第2期，第143—148页。

[280] 叶平：《新世纪协同进化的社会生态学》，《济南大学学报》2003年第2期，第10—15页。

[281] 叶进、王郡：《高校行政管理社会生态定位和祛魅化论辩》，《商业时代》2012年第11期，第108—109页。

[282] 叶晓玲：《完善重庆市失地农民社会保障制度的几点建议》，《农业经济》2007年第10期，第33—34页。

[283] 叶初升、冯贺霞：《幸福问题的经济学研究：进展与启示》，《华中农业大学学报（社会科学版）》2014年第3期，第125—129页。

[284] 余中元：《开发区土地集约节约利用驱动因素及评价——基于社会生态系统视角》，《国土资源科技管理》2013年第4期，第15—21页。

[285] 于飞、王会强：《河北省农村居民幸福感影响因素的调查与统计分析》，《河北软件职业技术学院学报》2014年第4期，第5—7、27页。

[286] 严标宾等：《大学生主观幸福感的影响因素研究》，《华南师范大学学报》（自然科学版）2003年第2期，第137—142页。

[287] 严标宾等：《大学生主观幸福感的跨文化研究：来自48个国家和地区的调查报告》，《心理科学》2003年第5期，第851—855页。

[288] 闵文义、戴正、才让加：《民族地区生态文化与社会生态经济系统互动关系研究》，《湖北民族学院学报》（哲学社会科学版）2005 年第 10 期，第 36—42 页。

[289] 姚世斌、于代松：《关注农地征用中存在的七大问题》，《国土资源科技管理》2005 年第 4 期，第 38—41 页。

[290] 殷宪宇：《财政支持农村社会保障体系建设研究——以济宁市为例》，《地方财政研究》2007 年第 6 期，第 15—18 页。

[291] 约翰·克拉克：《社会生态学》，林桦译，《哈尔滨师专学报》1997 年第 1 期，第 23—26 页。

[292] 尹佳骏、吴建平：《基于自我构建的幸福感研究述评》，《赣南师范学院学报》2015 年第 4 期，第 1—4 页。

[293] 杨复兴：《中国农村养老保障制度创新研究》，《中共云南省委党校学报》2006 年第 3 期，第 106—109 页。

[294] 杨宏飞等：《小学教师主观幸福感与心理健康的相关研究》，《中国行为医学科学》2002 年第 3 期，第 316—317 页。

[295] 杨宏飞：《301 名小学教师主观幸福感与自我概念测评》，《中国心理卫生杂志》2002 年第 5 期，第 322、330 页。

[296] 杨红梅、邱道持：《保障失地农民生活水平不降低解析》，《重庆国土资源》2006 年第 8 期，第 16—21 页。

[297] 杨华：《西安市失地农民社会保障研究》，《安徽农业科学》2007 年第 14 期，第 4345—4346 页。

[298] 杨恢武：《农村居住空间分异与社会生态》，《安徽农业科学》2012 年第 5 期，第 2841—2843 页。

[299] 杨婷婷、董冠良：《论社会生态对地方政府行政文化的影响》，《兰州学刊》2013 年第 4 期，第 211—213 页。

[300] 杨志安、汤旖趑、姚明明：《分税制背景下中国居民主观幸福感研究——基于 DID 和 ordered probit 分析方法》，《贵州财经大学学报》2015 年第 1 期，第 1—12 页。

[301] 曾晓安：《失地农民出路问题的成因分析及制度求解——结合台湾的土地政策进行分析》，《珠江经济》2005 年第 7 期，第 56—61 页。

［302］朱厚泽：《民营企业发展与社会生态环境》，《中国民营科技与经济》2001 年第 11 期，第 4—7 页。

［303］朱文奇：《农村居民幸福感问题研究述评》，《中国市场》2013 年第 16 期，第 87—88 页。

［304］朱玉坤：《江河源地区"生态难民"问题的社会生态学分析》，《攀登》2002 年第 118 期，第 85—90 页。

［305］赵奉军：《收入与幸福关系的经济学考察》，《财经研究》2004 年第 5 期，第 75—84 页。

［306］赵理富：《社会生态环境变迁与政党文化创新》，《科学社会主义》2007 年第 5 期，第 31—34 页。

［307］赵志凌、黄贤金：《为经济建设和失地农民权益找寻平衡点——海门市农村集体建设用地的调查和思考》，《改革》2003 年第 6 期，第 60—64 页。

［308］翟敬朋、齐麟、彭华民：《四城市老人幸福感与三维度社区社会参与关系研究——基于中国适度普惠社会福利数据库的分析》，《东岳论丛》2015 年第 7 期，第 24—28 页。

［309］郑卫、范凌云、郑立琼：《城市社会生态系统与社区规划》，《规划师》2012 年第 12 期，第 20—23 页。

［310］周良发：《当代中国知识分子社会生态环境初探》，《榆林学院学报》2013 年第 5 期，第 6—10 页。

［311］周长城、饶权：《生活质量测量方法研究》，《数量经济技术经济研究》2001 年第 10 期，第 74—77 页。

［312］周旭霞：《生活品质的经济学解析》，《中共杭州市委党校学报》2007 年第 3 期，第 10—13 页。

［313］张本效：《优化农民工社会生态，构建城市和谐社会》，《城市社会》2006 年第 3 期，第 107—111 页。

［314］张大超：《论中西文化传统与社会生态的差异与整合》，《莆田学院学报》2008 年第 1 期，第 28—31 页。

［315］张德书：《社会安全阀机制对失地农民的重要作用》，《农业科技与信息》2007 年第 9 期，第 4—5 页。

［316］张桂娟：《我国城郊社区失地农民安置政策引发的问题浅析》，

《商业现代化》2007年第3期，第19—20页。

[317] 张鸿巍、黎定锋：《西方社会生态犯罪学的新近发展》，《广西政法管理干部学院学报》2005年第3期，第77—80页。

[318] 张鸿巍、顾青：《西方社会生态犯罪学探究》，《山东警察学院学报》2005年第2期，第67—75页。

[319] 张河川：《中年教师心理健康与主观幸福感相关分析》，《中国健康教育》1998年第3期，第13—16页。

[320] 张连国：《论社会主义和谐社会之生态文明内涵及历史定位》，《山东省青年管理干部学院学报》2005年第3期，第8—11页。

[321] 张全洲、李平：《农村社会保障制度的构建思路》，《决策与信息（财经观察）》2006年第4期，第50—51页。

[322] 张明等：《影响失地农民角色转换的因素》，《社会》2004年第9期，第8—9页。

[323] 张晨燕、胡伟艳：《失地农民的主观幸福感变化与影响因素调查——以杭州市郊区为例》，《调研世界》2012年第8期，第28—32页。

[324] 张明军、孙美平、周立华：《对生态经济学若干问题的思考》，《国土与自然资源研究》2006年第2期，第49—50页。

[325] 张树成、张才影：《让失地农民不失业、不失利和不失财——昆山市18个无地村的经济情况调查》，《上海农村经济》2004年第2期，第31—34页。

[326] 张雪梅：《论环境保护与人们的幸福感》，《经济论坛》2007年第16期，第15—17页。

[327] 张玉玲：《"幸福"视角下循环经济的经济学理解》，《理论月刊》2007年第6期，第37—41页。

[328] 张羽、邢占军：《社会支持与主观幸福感关系研究综述》，《心理科学》2007年第6期，第1436—1438页。

[329] 张忠伦：《对社会生态系统仿真研究的思考》，《自然辩证法研究》1996年第8期，第27—29页。

[330] 张忠伦：《社会生态系统的矛盾运动及其调控》，《中国科技信息》2005年第11期，第160—191页。

[331] 章明明、张积家：《心理冲突与应激水平、主观幸福感关系研

究》,《华中师范大学学报》(人文社会科学版) 2005 年第 4 期,第 116—119 页。

[332] 章剑谷、王新宝:《失地农民就业出路的政策选择》,《中国劳动》2003 年第 10 期,第 32—34 页。

[333] 钟贞山、姚萍:《论"社会生态人"的生态之维》,《福州大学学报(哲学社会科学版)》2013 年第 4 期,第 62—65 页。

[334] 郑宏志、陈功香:《314 名城市老年居民主观幸福感与社会支持的相关性研究》,《中国行为医学科学》2005 年第 9 期,第 820—821 页。

[335] 郑风田、孙谨:《从生存到发展——论我国失地农民创业支持体系的构建》,《经济学家》2006 年第 1 期,第 54—61 页。

[336] 郑也夫:《社会生态学的腐败与社会转轨期的腐败》,《战略与管理》1994 年第 3 期,第 100—103 页。

[337] 中共都江堰市委党校课题组:《完善政策积极实践妥善解决失地农民问题——关于四川省都江堰市失地农民生活情况的调查》,《农村经济》2006 年第 9 期,第 32—35 页。

[338] 国家统计局课题组:《中国农民工生活质量指数评价研究》,《统计研究》2007 年第 2 期,第 3 页。

[339] Ada Ferrer–i–Carbonella, "Income and Well–being: An Empirical Analysis of the Comparison Income Effect", *Journal of Public Economics*, 2005, (89): 997–1019.

[340] Ada Ferrer–i–Carbonella, John M. Gowdy, "Environmental Degradation and Happiness", *Ecological Economics*, 2007 (60): 509–516.

[341] Aleksander Zidansek, "Sustainable Development and Happiness in Nations", *Energy* 2007, (32): 891–897.

[342] Alesina, A., Di Tella, R., MacCulloch, R., "Inequality and Happiness: Are Europeans and Americans Different?" *National Bureau of Economic Research*, 2001, Working Paper 8198.

[343] Alihan, M. A., "Social Ecology: A critical analysis", *New York: Cooper Square*, 1938.

[344] Alois Stutzer, "The Role of Income Aspiration in Individual Hap-

piness", *Journal of Economic Behavior & Organization*, 2004, (54): 89 –109.

[345] Amado Peir' O, "Happiness, Satisfaction and Socio – economic Conditions: Some International Evidence", *The Journal of Socio – Economics*, 2006, (35): 348 –365.

[346] Andrew Eggers, Clifford Gaddy, Carol Graham, "Well – being and Unemployment in Russia in the 1990s: Can Society's Suffering be Individuals' solace?", *The Journal of Socio – Economics*, 2006, (35): 209 –242.

[347] Amato P. R., "The Effects of Urbanizationg on Interpersonal Behavior: Field Studies in PaPua NewGuinea", *Joumal of Cross – Cultural Psyehology*, 1983, 14 (3).

[348] Andrew M. Jones, John Wildman, "Health, Income and Relative Deprivation: Evidence from the BHPS", *Journal of Health Economics*, 2008, (27): 308 –324.

[349] Anthony J. Marsella, Lennartlevi, Solvig Ekblad, "The Importance of Including Quality – of – life Indices in International Social and Economic Development Activities", *Applied & Preventive Psychology*, 1997, (6): 55 –67.

[350] Andres W. Falkenberg, "Quality of Life: Efficiency, Equity and Freedom in the United States and Scandinavia", *Journal of Socio – Economics*, 1998, 27 (1): 1 –27.

[351] Andrew N. Christopher, "Materialism and Affective Well – being: The Role of Social Support", *Personality and Individual Differences*, 2004, (37): 463 –470.

[352] Andrew F. M., Withey S. B., "Social Indicators of Well – being", *New York: Plenum*, 1976.

[353] Argyle, M., Martin, M., Crossland, J., "Happiness as a Function of Personality and Social Encounters". In J. P. Forgas & J. M. Innes (Eds.). "Recent Advances in Social Psychology: An International Perspective", *North Holland: Elsevier Science Publishers*, 1989, 189 –203.

[354] Argyle, M., Lu, L., "Happiness and Social Skills", *Personality and Individual Differences*, 1990, (11): 1255 –1261.

[355] Argyle, M., "Causes and Correlates of Happiness", In D. Kahneman, E. Diener, & N. Schwarz (Eds.). "Well-being: The Foundations of Hedonic Psychology", *New York: Russell Sage*, 1999, 353-373.

[356] Argyle, M., "The Psychology of Happiness (2nd ed.)", *New York: Routledge*, 2001.

[357] Babette Pouwels, Jacques Siegers, Jan Dirk Vlasblom, "Income, Working Hours, and Happiness", *Economics Letters*, 2007.

[358] Barro, R. J., McCleary, R. M., "Religion, Economy, and Society in an International Panel", *Prepared for Religion-Factor Research: Personal and Social Transformation Symposium at University of Pennsylvania*, 2001.

[359] Beck, Y. et al., "An Inventory for Measuring Depression", *Achieves of General Psychiatry*, 1961, (7): 158-216.

[360] Berkman, L. F., Glass, T., "Social Integration, Social Networks, Social Support, and Health", "In L. F. Berkman, I. Kawachi (Eds.)", "Social Epidemiology Oxford", *New York: Oxford University Press*, 2000, 137-173.

[361] Bernd Hayo, Wolfgang Seifert, "Subjective Economic Well-being in Eastern Europe", *Journal of Economic Psychology*, 2003, (24): 329-348.

[362] Bernd Hayo, "Happiness in Transition: An Empirical Study on Eastern Europe", *Economic System*, 2007, (31): 204-201.

[363] Bertrand, M., Mullainathan, S., "Do People Mean What They Say? Implications for Subjective Survey Data", *American Economic Review*, 2001, (91): 67-72.

[364] Blanchflower, D. G., Oswald, A., "Unemployment, Well-being and Wage Curves in Eastern Europe", *Mimeo, Dartmouth College and University of Warwick*, 1998.

[365] Bjornskov, C., "The Happy Few: Cross-country Evidence on Social Capital and Life Satisfaction", *Kyklos*, 2003, 56 (1): 3-16.

[366] Blanchflower, D. G., Oswald, A., "Well-being Over Time in Britain and the USA", *NEBR Working Paper*, 2000, 7487.

[367] Bo-sin Tang, Siu-wai Wong, Milton Chi-hong Lau, "Social Impact Assessment and Public Participation in China: A Case Study of Land Requisition in Guangzhou", *Environmental Impact Assessment Review*, 2008, (28): 57-72.

[368] Bustra, J. O., Bosma, H. A., Jackson S., "The Relationship Between Social Skills and Psycho-social Functioning in Early Adolescence", *Personality and Individual Differences*, 1994, (16): 767-776.

[369] Campbell, Angus, "The Sense of Well-Being in America", *New York McGraw-Hill*, 1981.

[370] Carol Graham, Andrew Eggers, Sandip Sukhtankar, "Does Happiness Pay? An Exploration Based on Panel Data from Russia", *Journal of Economic Behavior & Organization*, 2004, (55): 319-342.

[371] Charles, S. T., Reynolds, C. A., Gatz, M., "Age-related Differences and Change in Positive and Negative Affect Over 23 Years", *Journal of Personality and Social Psychology*, 2001, 80 (1): 136-151.

[372] Chris Segrin, Melissa Taylor, "Positive Interpersonal Relationships Mediate the Association Between Social Skills and Psychological Well-being", *Personality and Individual Differences*, 2007, (43): 637-646.

[373] Christian Bjornskov et al., "On Decentralization and Life Satisfaction", *Economics Letters*, 2007.

[374] Christopher Alan Lewis, John Maltby, Liz Day, "Religious Orientation, Religious Coping and Happiness Among UK Adults", *Personality and Individual Differences*, 2005, (38): 1193-1202.

[375] Christopher K. Hsee, Judy Ningyu Tang, "Sun and Water: On a Modulus-Based Measurement of Happiness", *Emotion*, 2007, 7 (1): 213-218.

[376] Clark, A. E., Oswald, A. J., "Unhappiness and Unemployment", *The Economic Journal*, 1994, (104): 648-659.

[377] Clark, A. E., "Are Wages Habit-forming? Evidence from Micro data", *Journal of Economic Behavior & Organization*, 1999, (39): 179-200.

[378] Clark, A., "Your Money or Your Life: Changing Job Quality in

OECD Countries", *British Journal of Industrial Relations*, 2005, (43): 337 - 400.

[379] Cummins, R. A. , et al. , "Developing a National Index of Subjective Wellbeing: The Australian Unity Wellbeing Index", *Social Indicators Research*, 2003, (64): 159 - 190.

[380] Daniela Jopp, Christoph Rott, "Adaptation in Very Old Age: Exploring the Role of Resources, Beliefs, and Attitudes for Centenarians' Happiness", *Psychology and Aging*, 2006, 21 (2): 266 - 280.

[381] David G. Blanchflowera, Andrew J. Oswald, "Well - being Over Time in Britain and the USA", *Journal of Public Economics*, 2004, (88):1359 - 1386.

[382] David Gilbert, Junaida Abdullah, "Holiday Taking and the Sense of Well - being", *Annals of Tourism Research*, 2004, 31 (1): 103 - 121.

[383] David E. Kaun, "Income and Happiness: Earning and Spending as Sources of Discontent", *The Journal of Socio - Economics*, 2005, (34): 161 - 177.

[384] Diener, E. , "Subjective Well being", *Psychological Bulletin*, 1984, (95): 542 - 575.

[385] Diener, E. , Diener, M. , Diener, C. , "Factors Predicting the Subjective Well - being of Nations", *Journal of Personality and Social Psychology*, 1993, (69): 851 - 864.

[386] Diener, E. , Sandvik, E. , Seidlitz, L. , Diener, M. , "The Relationship Between Income and Subjective Well - being: Relative or Absolute?", *Social Indicators Research*, 1993, (28): 195 - 223.

[387] Diener, E. D. Suh, E. , "Measuring Quality of Life: Economic, Social and Subjective Indicators", *Social Indicators Research*, 1997, (40): 189 - 216.

[388] Diener, E. D. et al. , "Subjective Well - being: Three Decades of Progress", *Psychological Bulletin*, 1999, (125): 276 - 302.

[389] Diener, E. , Biswas - Diener, R. , "New Directions in Subjective Well - being Research: The Cutting Edge", *Indian Journal of Clinical Psychology*, 2000, (27): 21 - 33.

[390] Di Tella, R., MacCulloch, R., Oswald, A., "Preferences Over Inflation and Unemployment: Evidence from Surveys of Happiness", *American Economic Review*, 2001, (91): 335-341.

[391] Di Tella, R., MacCulloch, R., Oswald, A., "The Macroeconomics of Happiness", *Review of Economics and Statistics*, 2003, (85): 809-827.

[392] Diener, E., Eunkook, S., Oishi, S., "Recent Findings on Subjective Well-being", *Indian Journal of Clinical Psychology*, 1997, (24): 25-41.

[393] Diener, E., Seligman, M. E. P., "Beyond Money: Toward an Economy of Well-being", *Psychological Science in the Public Interest*, 2004, 5(1): 1-31.

[394] Douthitt, R. A., MacDonald, M., Mullis, R., "The Relationship Between Measures of Subjective and Economic Well-being: A New Look", *Social Indicators Research*, 1992, (26): 407-422.

[395] Duncan, O., "Social Organization and the Ecosystem, in R. Fairs (ed)", *Handbook of Modern Sociology*, Chicago: Rand McNally, 1964.

[396] Easterlin, R. A., "Does Economic Growth Improve the Human Lot? Some Empirical Evidence", In: David, P. A., Reder M. W, (Eds.). "Nations and Households in Economic Growth: Essays in Honor of Moses Abramovitz", "Academic Press", *New York and London*, 1974, 89-125.

[397] Easterlin, R. A., "Birth and Fortune: The Impact of Numbers on Personal Welfare (2nd ed.)", Chicago: University of Chicago Press, 1987.

[398] Easterlin, R. A., "Will Raising the Incomes of All Increase The Happiness of All?", *Jounal of Economic Behavior & Organization*, 1995, (27): 35-47.

[399] Easterlin, R. A., "Income and Happiness: Towards a Unified Theory", *The Economic Journal*, 2001, (111): 465-484.

[400] Easterlin, R. A., "Explaining Happiness", *Proc. Natl. Acad. Sci*,

2003, (100): 11176-11183.

[401] Easterlin. R. A, "Life Cycle Happiness and Its Sources Intersections of Psychology, Economics, and Demography", *Journal of Economic Psychology*, 2006, (27): 463-482.

[402] Ed Diener, Richard E. Lucas, Christie Napa Scollon, "Beyond the Hedonic Treadmill: Revising the Adaptation Theory of Well-Being", *American Psychologist*, 2006, 61 (4): 305-314.

[403] Ferrer-i-Carbonella, A., Frijters, P., "How Important is Methodology for the Estimates of the Determinants of Happiness?", *The Economic Journal*, 2004, (114): 641-659.

[404] Flamholtz, E. G.. Das, T. K., Tsui, "Toward an Integrative Framework of Organizational Control", *Accounting, Organizations and Society*, 1985, (10): 35-50.

[405] Francis, L. J., Stubbs, M. T., "Measuring Attitudes Towards Christianity: From Childhood to Adulthood", *Personality and Individual Differences*, 1987, (8): 741-743.

[406] Frey, B. S., Stutzer, A., "Happiness, Economy and Institutions", *The Economic Journal*, 2000, (110): 918-938.

[407] Firey, W., "Sentiment and Symbolism as Ecological Variables", *American Sociological Review*, 1945, (10).

[408] Ferrer-i-Carbonell, A., Frijters, P., "How Important Methodology for the Estimates of the Determinants of Happiness?", *The Economic Journal*, 2004, 114 (497): 640-659.

[409] Finbarr Brereton, J. Peter Clinch, Susana Ferreira, "Happiness, Geography and the Environment", *Ecological Economics*, 2007.

[410] Geeta Gandhi Kingdon, John Knight, "Community, Comparisons and Subjective Well-being in a Divided Society", *Jounal of Economic Behavior & Organization*, 2007, (64): 69-90.

[411] Ghazi-Walid Falah, "Dynamics and Patterns of the Shrinking of Arab Lands in Palestine", *Political Geography*, 2003, (22): 179-209.

[412] Gorana Krstic', Peter Sanfey, "Mobility, Poverty and Well-be-

ing Among the Informally Employed in Bosnia and Herzegovina", *Economic Systems*, 2007, (31): 311 – 335.

[413] G. S. Ra, et al., "Study to Assess Quality of Life (Morale and Happiness) in Two Continuing Care Facilities – a Comparative Study in the UK and The Netherlands", *Archives of Gerontology and Geriatrics*, 1995, (20): 249 – 253.

[414] Guiso, L., Sapienza, P., Zingales, L., "People's Opium? Religion and Economic Attitudes", *Journal of Monetary Economics*, 2003, 50 (1): 225 – 282.

[415] Gundelach, P., Kreiner, S., "Happiness and Life Satisfaction in Advanced European Countries", *Cross – Cultural Research*, 2004, 38 (4): 359 – 386.

[416] Haas, B. K., "A Multidisciplinary Concept Analysis of Quality of Life", *Western Journal of Nursing Research*, 1999, (21): 728 – 742.

[417] Heinz Welsch, "Environment and Happiness: Valuation of Air Pollution Using Life Satisfaction Data", *Ecological Economics*, 2006, (58): 801 – 813.

[418] Heinz Welsch, Udo Bonn, "Economic Convergence and Life Satisfaction in the European Union", *The Journal of Socio – Economics*, 2007, (634): 1 – 15.

[419] Heinz Welsch, "Environmental Welfare Analysis: A Life Satisfaction Approach", *Ecological Economics*, 2007, (62): 544 – 551.

[420] Ioannis Tsaousis et al., "Do the Core Self – evaluations Moderate the Relationship Between Subjective Well – being and Physical and Psychological Health?", *Personality and Individual Differences*, 2007, (42): 1441 – 1452

[421] Inge Seiffge – Krenke, Tim Gelhaar, "Does Successful Attainment of Developmental Tasks Lead to Happiness and Success in Later Developmental Tasks? A Test of Havighurst's (1948) Theses", *Journal of Adolescence*, 2007.

[422] Iannaccone, L. R., Finke, R., Stark, R., "Deregulating religion: The Economics of Church and State", *Economic Inquiry*, 1997, (35): 350 – 364.

[423] Javier A. Birchenall, "Income Distribution, Human Capital and Economic Growth in Colombia", *Journal of Development Economics*, 2001, (66): 271 -287.

[424] James Konow, Joseph Earley, "The Hedonistic Paradox: Is Homo Economicus Happier?", *Journal of Public Economics*, 2007, (92): 1 -33.

[425] James W. Dean, "National Welfare and Individual Happiness: Income Distribution and Beyond", *Journal of Policy Modeling*, 2005, (29): 567 -575.

[426] Jenille M. Narvaez, Elizabeth W. Twamley. Christine. "Subjective and Objective Quality of Life in Schizophrenia", *Schizophrenia Research*, 2008, (98): 201 -208.

[427] Jonathan Gardner, Andrew J. Oswald, "Money and Mental Well-being: A Longitudinal Study of Medium - sized Lottery Wins", *Journal of Health Economics*, 2007, (26) 49 -60.

[428] John Gowdy, "Toward a New Welfare Economics for Sustainability", *Ecological Economics*, 2005, (53): 211 -222.

[429] Joop Hartog, Hessel Oosterbeek, "Health, Wealth and Happiness: Why Pursue a Higher Education?", *Economics of Education Review*, 1998, 17 (3): 245 -256.

[430] Joji Onishi et al., "The Pleasurable Recreational Activities Among Community - dwelling Older Adults, *Archives of Gerontology and Geriatrics*, 2006, (43): 147 -155.

[431] Joseph Ciarrochi et al., "The Impact of Hope, Self - esteem, and Attributional Style on Adolescents' School Grades and Emotional Well - being: A Longitudinal Study", *Journal of Research in Personality*, 2007.

[432] Judge, T. A. et al., "Emotional Stability, Core Self - evaluations, and Job Outcomes: A Review of the Evidence and an Agenda for Future Research", *Human Performance*, 2004, (17): 327 -347.

[433] Kahneman, D., Tversky, A., "Prospect Theory: An Analysis of Decision Under Risk", *Econometrica*, 1979, (47): 263 -291.

[434] Kahneman, D. Wakker, P. P., Sarin, R., "Back to Bentham? Explorations of Experienced Utility", *Quarterly Journal of Economics*, 1997, (112): 375 – 405.

[435] Kahneman, D., Diener, E., Schwarz, N. (Eds.). "Well – Being: The Foundation of Hedonic Psychology", *Russell Sage Foundatio*, New York, 1999.

[436] Kahneman, D., Tversky, A., "Experienced Utility and Objective Happiness: A Moment – based Approach", *Cambrige University Press and the RussellSage Foundation*, 2000.

[437] Kahneman, D. et al., "A Survey Method for Characterizing Daily Life Experience: The Day Reconstruction Method (DRM)", *Science*, 2004, (306): 1776 – 1780.

[438] Kamisasa, H., "An Analysis of Socio – psychological Impact of Urbanization: A Case Study of Tsukuba New Town for Education and Scientific Research", *Japan Journal of Human Ergology*, 1983.

[439] Kawachi, I. et al., "Commentary: Reconciling the Three Accounts of Social Capital", *International Journal of Epidemiology*, 2004, 33 (4): 682 – 690.

[440] Katrin Rehdanz, David Maddison, "Climate and Happiness", *Ecological Economics*, 2005, (52): 111 – 125.

[441] Kraut, R., "Two Conceptions of Happiness", *Philosophical Review*, 1979, (88): 167 – 197.

[442] Lachman, M. E., Weaver, S. L., "The Sense of Control As a Moderator of Social Class Differences in Health and Well – being", *Journal of Personality and Social Psychology*, 1997, (74): 763 – 773.

[443] Layard, R., "Happiness: Has Social Science Got a Clue?", *Lionel Robbins Memorial Lecture Series. London School of Economics*, 2003, March 3, 4 and 5.

[444] Levy, B. R et al., "Longevity Increased by Positive Self – perception of Aging", *Journal of Personality and Social Psychology*, 2002, (83): 261 – 270.

[445] Lonnie Golden, Barbara Wiens – Tuers, "To Your Happiness? Extra Hours of Labor Supply and Worker Well – being", *The Journal of Socio – Economics*, 2006, (35): 386 – 397.

[446] Luo Lu, Yu Yi Lin, "Family Roles and Happiness in Adulthood", *Personality and Individual Differences*, 1998, (25): 195 – 207.

[447] Lyubomirsky, S., Lepper, H. S., "A Measure of Subjective Happiness: Preliminary Reliability and Construct Validation", *Social Indicators Research*, 1999, (46): 137 – 155.

[448] Lu. Luo et al., "Personal and Environmental Correlates to Happiness", *Personal Individual Difference*, 1997, 23 (3): 453 – 462.

[449] Lane, R. E., "The Loss of Happiness in Market Economies", *Yale University Press*, London, 2000.

[450] Maarten C. M. Vendrik, Geert B. Woltjer, "Happiness and Loss Aversion: Is Utility Concave or Convex in Relative Income?", *Journal of Public Economics*, 2007, (91): 1423 – 1448.

[451] Maier, H., Smith, J., "Psychological Predictors of Mortality in Old Age", *Journal of Gerontology: Psychological Sciences*, 1999, (54): 44 – 54.

[452] Marsha A. Goetting et al., "The Economic Well – being of Commun-ity – dwelling Centenarians", *Journal of Aging Studies*, 1996, 10 (1): 43 – 55.

[453] Mathias Binswanger, "Why Does Income Growth Fail to Make Us Happier? Searching for the Treadmills Behind the Paradox of Happiness", *The Journal of Socio – Economics*, 2006, (35): 366 – 381.

[454] Merchant, K. A., "Control in Business Organizations", *Ballinger, Cambridge, Mass*, 1985. 1 – 12.

[455] Michael F. Steger et al., "The Meaningful Life in Japan and the United States: Levels and Correlates of Meaning in Life", *Journal of Research in Personality*, 2007.

[456] Michael McBride, "Relative – income Effects on Subjective Well – being in the Cross – section", *Journal of Economic Behavior & Organization*,

2005, (45): 251-278.

[457] Mroczek, D. K., Spiro, A., III, "Changes in Life Satisfaction During Adulthood: Findings From the Veterans Affairs Normative Aging Study", *Journal of Personality and Social Psychology*, 2005, 88 (1): 189-202.

[458] Murphy, G. C., Athanasou, J. A., "The Effect of Unemployment on Mental health", *Journal of Occupational and Organizational Psychology*, 1999, (72): 83-99.

[459] N. Burnay, P. Kiss, J. Malchaire, "Sociability, Life Satisfaction, and Mental Health According to Age and (un) Employment Status", *International Congress Series*, 2005, (1280): 347-352.

[460] Ng, Y. k., "A Case for Happiness, Cardinalism, and Interpersonal Comparability", *Economics Journal*, 1997, (107): 1848-1858.

[461] Nattavudh Powdthavee, "Putting a Price Tag on Friends, Relatives, and Neighbours: Using Surveys of Life Satisfaction to Value Social Relationships", *The Journal of Socio-Economics*, 2007.

[462] Oishi, S., Diener, E., "Culture and Well-being: The Cycle of Action, Evaluation, and Decision", *Personality and Social Psychology Bulletin*, 2003, (29): 939-949.

[463] Orsolya Lelkes, "Tasting Freedom: Happiness, Religion and Economic Transition", *Journal of Economic Behavior & Organization*, 2006, 59 (1): 173-194.

[464] Oswald, A. J, "Happiness and Economic Performance", *The Economic Journal*, 1997, (107): 1815-1831.

[465] Ostir, G. V. et al., "Emotional Well-being Predicts Subsequent Functional Independence and Survival", *Journal of the American Geriatrics Society*, 2000, (48): 473-478.

[466] Ouweneel, P., "Social Security and Wellbeing of the Unemployed in 42 Nations", *Journal of Happiness Studies*, 2002, (3): 167-192.

[467] Paul Anand, Andrew Clark, "Symposium Introduction: Life Satisfaction and Welfare Economics", *The Journal of Socio-Economics*, 2006,

(35): 77-179.

[468] Paul Crossa et al., "Comparative Assessment of Migrant Farm Worker Health in Conventional and Organic Horticultural Systems in the United Kingdom", *Science of the Total Environment*, 2007.

[469] Paul Dolan, Tessa Peasgood, Mathew White, "Do We Really Know What Makes Us Happy? A Review of the Economic Literature on the Factors Associated With Subjective Well-being", *Journal of Economic Psychology*, 2007.

[470] Pamela K. Adelmann, "Occupational Complexity, Control, and Personal Income: Their Relation to Psychological Well-Being in Men and Women", *Journal of Applied Psychology*, 1987, 72 (4): 529-537.

[471] Park, R. E., "Human Community", *The Free Press*, Glencoe Illinois, 1952.

[472] Pavot, W., Diener, E., "Review of the Satisfaction With Life Scale", *Psychological Assessment*, 1993, (5): 164-172.

[473] Pernilla Andersson, "Happiness and Health: Well-being Among the Self-employed", *The Journal of Socio-Economics*, 2007 (37): 213-236

[474] Peter Hills, Michael Argle, "The Oxford Happiness Questionnaire: A Compact Scale for the Measurement of Psychological Well-being", *Personality and Individual Differences*, 2002, (33): 1073-1082.

[475] Pollack, C. E., Von Dem Knesebeck, O., "Social Capital and Health Among the Aged: Comparisons Between the United States and Germany", *Health Place*, 2004, 10 (4), 383-391.

[476] Pressman, S. D., Cohen, S., "Does Positive Affect Influence Health?", *Psychological Bulletin*, 2005, (131): 925-971.

[477] Putnam R., "Making Democracy Work: Civic Traditions in Modern Ltaly", *Princeton N. J.: Princeton University Press*, 1993.

[478] Ranciman, W. G., "Relative Deprivation and Social Justice", *University of California Press*, Berkeley, 1966.

[479] Rajen Mookerjee, Krista Beron, "Gender, Religion and Happi-

ness", *The Journal of Socio - Economics*, 2005, (34): 674 - 685.

[480] Rangel, A., "Forward and Backward Generational Goods: Why is Social Security Good for the Environment?", *American Economic Review*, 2003, (93): 813 - 824.

[481] Rafael Di Tella, Robert Mac Culloch, "Gross National Happiness as an Answer to the Easterlin Paradox?", *Journal of Development Economics*, 2007.

[482] Ravallion, M., Lokshin, M., "Identifying Welfare Effects from Subjective Questions", *Economica*, 2001, (68): 335 - 357.

[483] Robin, M., "Psychology and Economics", *Journal of Economic Literature*, 1998, (36): 11 - 46.

[484] Robert Costanza, "Quality of Life: An Approach Integrating Opportunities, Human Needs, and Subjective Well - being", *Ecological Economics*, 2007, (61): 267 - 276.

[485] Richard E. Creel, "Scientific Studies of Happiness: How to go With The Flow", *New Ideas in Psychology*, 1995, 13 (1): 53 - 57.

[486] Richard E. Lucas. M. Brent Donnellan, "How Stable is Happiness? Using the STARTS Model to Estimate the Stability of Life Satisfaction", *Journal of Research in Personality*, 2007, (41): 1091 - 1098.

[487] Riggio, R. E., Throckmorton, B., DePaola, S., "Social Skills and Self - esteem", *Personality and Individual Differences*, 1990, (11): 799 - 804.

[488] Riggio, R. E., Watring, K. P., "Social Skills, Social Support, and Psychosocial Adjustment", *Personality and Individual Differences*, 1993, (15): 275 - 280.

[489] Ryff, C. D., "Happiness is Everything, or is it? Explorations on the Meaning of Psychological Well - being", *Journal of Personality and Social Psychology*, 1989, (57): 1069 - 1081.

[490] Ryff, C. D., Keyes, C. L. M., "The Structure of Psychological Well - being Revisited", *Journal of Personality and Social Psychology*, 1995, (69): 719 - 727.

［491］ Ryff, C. D. , "Psychological Well－being in Adult life", *Current Directions in Psychological Science*, 1999, (4): 99－104.

［492］ Ryff, C. D. , Singer, B. , "Interpersonal Flourishing: A Positive Health Agenda for the New Millennium", *Personality and Social Psychology Review*, 2000, (4): 30－44.

［493］ Ryff, C. D. et al. , "Status Inequalities, Perceived Discrimination, and Eudaimonic Well－being: Do the Challenges of Minority Life Hone Purpose and Growth?", *Journal of Health and Social Behavior*, 2003, (44): 275－291.

［494］ Schuessler, K. F. , Fisher, G. A. , "Quality of Life Research and Sociology ", *Annual Review of Sociology*, 1985, (11): 129－149.

［495］ Seidlitz, L. , Wyer, R. S. , Diener, E. , "Cognitive Correlates of Subjective Well－being: The Processing of Valenced Life Events by Happy and Unhappy Persons", *Journal of Research in Personality*, 1997, 31 (1): 240－256.

［496］ Sen, A. , "Capability and Well－being", "In: The Qual－ity of Life (Edited by Nussbaum, M. and Sen, A. , K.)", *Oxford: Clarendon Press*, 1993.

［497］ Shek, D. T. L. , "Meaning in Life and Psychological Well－being: An Empirical Study Using the Chinese Version of the Purpose in Life Questionnaire", *The Journal of Genetic Psychology*, 1992, (153): 185－200.

［498］ Simone S. Walker, Ulrich Schimmack, "Validity of a happiness Implicit Association Test as a Measure of Subjective Well－being", *Journal of Research in Personality*, 2007.

［499］ Slaski, M. , Cartwright, S. , "Emotional Intelligence Training and Its Implications for Stress, Health and Performance", *Stress and Health*, 2003, (19): 233－239.

［500］ Smith, Tom W. , "Happiness: Time Trends, Seasonal Variations, Intersurvey Differences, and Other Mysteries", *Social Psychology Quarterly*, 1979, 42 (1): 18－30.

［501］ Tellegen, A. et al. , "Personality Similarity in Twins Reared Apart and Together", *Journal of Personality and Social Psychology*, 1988, (54): 1031 – 1039.

[502] Todd B. Kashdan, "The Assessment of Subjective Well – being (Issues Raised by the Oxford Happiness Questionnaire)", *Personality and Individual Differences*, 2004, (36): 1225 – 1232.

[503] Tomi Ovaska, Ryo Takashima, "Economic Policy and the Level of Self – perceived Well – being: An International Comparison", *The Journal of Socio – Economics*, 2006, (35): 308 – 325.

[504] Ulrich, R., "View Through a Window May Influence Recovery From Surgery", *Science*, 1984, (27): 420.

[505] Ulf – G Gerdtham, Magnus Johannesson, "The Relationship Between Happiness, Health, and Socio – economic Factors: Results Based on Swedish Microdata", *Journal of Socio – Economics*, 2001, (30): 553 – 557.

[506] Van Praag, B. M. S., Baarsma, B. E., "The Shadow Price of Aircraft Noise Nuisance: A New Approach to the Internalization of Externalities", *Discussion Paper TI 2001 – 010/3, Tinbergen Institute, Amsterdam*, 2001.

[507] Vancil, R. F., "Decentralization : Managerial Ambiguity by Design", *Accounting Review*, 1981, (56): 244.

[508] Veenhoven, R., "Happiness in Nations: Subjective Appreciation of Life in 56 Nations 1946 – 1992 ", *Erasmus University Press, Rotterdam*, 1993.

[509] Wendy Johnson, Robert F. Krueger, "How Money Buys Happiness: Genetic and Environmental Processes Linking Finances and Life Satisfaction", *Journal of Personality and Social Psychology*, 2006, 90 (4): 680 – 691.

[510] Wilson, E. O., "Biophilia", *Harvard University Press, Cambridge, MA*, 1984.

[511] Welsch, H., "Preferences Over Prosperity and Pollution: Environmental Valuation Based on Happiness Surveys", *Kyklos*, 2002, 55 (4): 473 – 494.

[512] Welsch, H. , "Environment and Happiness: Valuation of Air Pollution Using Life Satisfaction Data", *Ecological Economics*, 2006, (58): 801-813.

[513] Winkelmann, L. , Winkelmann, R. , "Why are the Unemployed so Unhappy? Evidence from Panel Data", *Economica*, 1998, (65): 1-15.

[514] Winnie Yipa et al. , "Does Social Capital Enhance Health and Well-being? Evidence from Rural China", *Social Science & Medicine*, 2007, (64): 35-49.

[515] Yang Yang, "Long and Happy Living: Trends and Patterns of Happy Life Expectancy in the U.S. , 1970-2000", *Social Science Research*, 2007.

[516] Young, S. M. , "Individual Behavior: Performance Motivation and Control, Behavioral Accounting Research : A Critical Analysis", *Columbus: Century VII Publishing Co.* , 1988, 229.

[517] Zhang, L. et al. , "Social Capital and Farmer's Willingness-to-join a Newly Established Community-based Health Insurance in Rural China", *Health Policy*, 2006, 76 (2): 233-242.

附录　调查问卷

A 部分　个人基本情况调查

A1. 年龄____岁

A2. 征地前所属村_____村（社区）

A3. 性别（1）男　　（2）女

A4. 是否户主？（1）是　　（2）否

A5. 您的婚姻状况（1）未婚　　（2）已婚　　（3）丧偶　　（4）离异或分居

A6. 您的受教育程度_____年学校教育

A7. 想想过去一年中您的健康状况，和您同年纪的人相比，您认为自己目前的身体健康状况：

（1）很好　　（2）比较好　　（3）一般　　（4）差　　（5）非常差

A8. 您现在的职业状况：

（1）务农或以务农为主　　　　（2）外出打工（有相对固定工作）

（3）流动劳动者（无固定工作）（4）个体商户　　　（5）村医生

（6）民办教师　　　　　　　　（7）无工作（包括学生）

（8）其他_____（请填写）

A9. 是否村干部？　（1）是　　（2）否

A10. 土地征收时间_____年（如 2003 年）

A11. 征地前，您家庭的年收入大约为：

（1）1 万—5 万元　　（2）6 万—10 万元　　（3）11 万—15 万元

（4）15 万元以上

A12. 征地后，您家庭的年收入大约为：

（1）1 万—5 万元　　（2）6 万—10 万元　　（3）11 万—15 万元

（4）15 万元以上

A13. 征地后，您家庭每月食品等生活支出大约_____元

A14. 征地后，您家庭每月休闲文化支出大约_____元

A15. 您现在的住处：

（1）周围大多是原来的城市人

（2）周围多数是与我们一样被征地的农民

A16. 您信仰什么宗教？

（1）佛教　　　　　（2）基督教　　　　　（3）道教

（4）其他宗教　　　（5）基本无宗教信仰

A17. 您是否加入了组织性的会员关系？

（1）中国共产党或者共青团　　（2）其他党派　　（3）无

A18. 您是否加入了志愿性的会员关系（如民间组织、工会组织等）？

（1）是　　（2）否

B 部分　征地前后生活状况调查

B1. 您认为土地征收后，您的生活状况和以前相比：

（1）比以前变好了　　（2）比以前变差了　　（3）和以前一样

B2. 与征地前相比，您认为自己的幸福感水平：

（1）下降了　　　　（2）没有变化　　　（3）提高了

B3. 您现在每周工作大约多少天？_____（天）

B4. 您现在每天工作大约多少小时？_____（小时）

B5. 您对本村土地征收的态度？

（1）希望　　　　　（2）不希望　　　　（3）无所谓

B6. 您是否认为征地后自然景观被破坏了？

（1）是　　　　　　（2）否　　　　　　（3）不清楚

B7. 被征地后，您认为当地的空气质量是否下降了？

（1）是　　　　　　（2）否　　　　　　（3）不清楚

B8. 被征地后，您认为是否有更多的噪音污染？

（1）是　　　　　　（2）否　　　　　　（3）不清楚

B9. 征地后政府是否安排了就业培训？

（1）是，安排了　　（2）没有安排

B10. 您认为现在所住地方的社会治安情况怎样？

(1) 非常不好　　(2) 不太好　　(3) 比较好　　(4) 非常好

B11. 与征地前相比，治安状况的变化情况？

(1) 比以前改善了　　　(2) 和以前一样

(3) 治安变差了　　　　(4) 说不清楚

B12. 您现在是否经常会拜访邻居？

(1) 基本不拜访邻居　　(2) 偶尔拜访邻居　　(3) 经常拜访

B13. 您现在是否经常会和邻居聊天？

(1) 基本不聊天　　　　(2) 偶尔聊天　　　　(3) 经常聊天

B14. 您生病了的就医选择？

(1) 不看病不吃药　　　(2) 自己到药店买药

(3) 去个体诊所看病　　(4) 去正规医院看病

B15. 您征地后，有无医疗保险：

(1) 有　　　　　　　　(2) 无

B16. 您征地后，有无养老保险：

(1) 有　　　　　　　　(2) 无

B17. 您征地后，有无失业保险：

(1) 有　　　　　　　　(2) 无

B18. 您征地后，有无最低生活保障：

(1) 有　　　　　　　　(2) 无

B19. 您觉得当前收入分配政策是否公平：

(1) 非常不公平　　　　(2) 不公平

(3) 公平　　　　　　　(4) 非常公平

B20. 您觉得当前住房政策是否公平：

(1) 非常不公平　　　　(2) 不公平

(3) 公平　　　　　　　(4) 非常公平

B21. 您认为当前就业机会是否公平：

(1) 非常不公平　　　　(2) 不公平

(3) 公平　　　　　　　(4) 非常公平

B22. 您认为当前医疗保障是否公平：

(1) 非常不公平　　　　(2) 不公平

(3) 公平　　　　　　　　(4) 非常公平

B23. 您认为当前教育机会是否公平：

(1) 非常不公平　　　　　(2) 不公平

(3) 公平　　　　　　　　(4) 非常公平

B24. 您认为土地征收后，您的角色可描述为：

(1) 我已经成为城市人了　(2) 我认为自己还是农民

(3) 我好像离城市人有差距，但也不是以前的农民了

(4) 不太清楚

B25. 您是否适应征地后，自己的这种角色转变？

(1) 非常适应　　　　　　(2) 比较适应

(3) 不太适应　　　　　　(4) 完全不适应

B26. 您认为土地征收后，新建安置社区内，人与人的交往与以前相比：

(1) 比以前冷漠了　　　　(2) 和以前一样，没有什么变化

(3) 不太清楚

B27. 您适应现在这样的城市文化特征还是以前的农村文化特征？

(1) 城市文化　　　　　　(2) 农村文化

B28. 您认为土地征收后，哪些城市文化特征是您不能接受或适应的？（可多选）

(1) 不像以前的人情社会　(2) 开放的男女关系

(3) 流动性强，不稳定　　(4) 激烈的竞争关系

(5) 城市生活习惯

(6) 可补充填写其他您认为不能接受的内容_____

B29. 假如要您放弃现在的城市生活，重新回到农村生活方式去？您愿意接受多少钱的补偿？

(1) 0—0.5万元　　　(2) 0.5万—1万元　　　(3) 1万—2万元

(4) 2万—3万元　　　(5) 3万—4万元　　　(6) 4万—5万元

(7) 5万—6万元　　　(8) 6万—7万元　　　(9) 7万—8万元

(10) 8万—9万元　　 (11) 9万—10万元　　 (12) 10万—11万元

(13) 高于11万元自由填写____

B30. 假如您现在还是农村的生活方式，可以给您更好的城市生活方式，你愿意支付多少钱去获得？

(1) 0—0.5 万元　　(2) 0.5 万—1 万元　　(3) 1 万—2 万元
(4) 2 万—3 万元　　(5) 3 万—4 万元　　(6) 4 万—5 万元
(7) 5 万—6 万元　　(8) 6 万—7 万元　　(9) 7 万—8 万元
(10) 8 万—9 万元　　(11) 9 万—10 万元　　(12) 10 万—11 万元
(13) 高于 11 万可自由填写____

C 部分　幸福感的单项目评定

C1. 总的来说，现在您感觉自己：
(1) 很不幸福　　　　(2) 比较不幸福　　　(3) 一般
(4) 比较幸福　　　　(5) 非常幸福

C2. 您对自己目前总的生活状态：
(1) 很不满意　　　　(2) 不大满意　　　　(3) 一般
(4) 比较满意　　　　(5) 非常满意

C3. 您对自己现在家庭的收入水平：
(1) 很不满意　　　　(2) 不大满意　　　　(3) 一般
(4) 比较满意　　　　(5) 非常满意

C4. 您对自己的家庭生活：
(1) 很不满意　　　　(2) 不大满意　　　　(3) 一般
(4) 比较满意　　　　(5) 非常满意

C5. 您对您的休息时间是否满意？
(1) 很不满意　　　　(2) 不大满意　　　　(3) 一般
(4) 比较满意　　　　(5) 非常满意

C6. 您对自己与邻居等人际关系的交往：
(1) 很不满意　　　　(2) 不大满意　　　　(3) 一般
(4) 比较满意　　　　(5) 非常满意

C7. 您对现在工作的满意程度：
(1) 很不满意　　　　(2) 不大满意　　　　(3) 一般
(4) 比较满意　　　　(5) 非常满意

C8. 您对现在居住条件的满意程度：
(1) 很不满意　　　　(2) 不大满意　　　　(3) 一般
(4) 比较满意　　　　(5) 非常满意

C9. 描述您对许多动物和植物物种灭绝的关心程度:
(1) 极其关心　　　　　(2) 相当关心　　　　　(3) 不是很关心
(4) 一点也不关心　　　(5) 不太清楚

C10. 描述您对臭氧层破坏的关心程度:
(1) 极其关心　　　　　(2) 相当关心　　　　　(3) 不是很关心
(4) 一点也不关心　　　(5) 不太清楚

C11. 总体来说,您对政府的征地安置政策:
(1) 很不满意　　　　　(2) 不大满意　　　　　(3) 一般
(4) 比较满意　　　　　(5) 非常满意

D 部分　文化角色适应调查表

D1. 我认为做城市人比做农村人好:
(1) 非常不同意　　　　(2) 不太同意　　　　　(3) 一般
(4) 比较同意　　　　　(5) 非常同意

D2. 我已经是城市人了:
(1) 非常不同意　　　　(2) 不太同意　　　　　(3) 一般
(4) 比较同意　　　　　(5) 非常同意

D3. 与征地前相比,我变了很多(思想观念、生活习惯):
(1) 非常不同意　　　　(2) 不太同意　　　　　(3) 一般
(4) 比较同意　　　　　(5) 非常同意

D4. 既然在城市,就要适应城市的生活:
(1) 非常不同意　　　　(2) 不太同意　　　　　(3) 一般
(4) 比较同意　　　　　(5) 非常同意

D5. 我现在已经适应城市生活了:
(1) 非常不同意　　　　(2) 不太同意　　　　　(3) 一般
(4) 比较同意　　　　　(5) 非常同意

D6. 城里人能做的事我也能做:
(1) 非常不同意　　　　(2) 不太同意　　　　　(3) 一般
(4) 比较同意　　　　　(5) 非常同意

D7. 我愿意让人知道我是来自农村:
(1) 非常不同意　　　　(2) 不太同意　　　　　(3) 一般

(4) 比较同意　　　　　(5) 非常同意

D8. 我愿意与原来的城里人做好朋友：
(1) 非常不同意　　　(2) 不太同意　　　　(3) 一般
(4) 比较同意　　　　　(5) 非常同意

D9. 我很期望原来的城里人主动与我打交道：
(1) 非常不同意　　　(2) 不太同意　　　　(3) 一般
(4) 比较同意　　　　　(5) 非常同意

D10. 我愿意与原来的城里人一起工作：
(1) 非常不同意　　　(2) 不太同意　　　　(3) 一般
(4) 比较同意　　　　　(5) 非常同意

D11. 原来的城里人组织娱乐活动，我会主动参加：
(1) 非常不同意　　　(2) 不太同意　　　　(3) 一般
(4) 比较同意　　　　　(5) 非常同意

D12. 与征地前相比，我感觉现在生活很不安：
(1) 非常不同意　　　(2) 不太同意　　　　(3) 一般
(4) 比较同意　　　　　(5) 非常同意

D13. 与征地前相比，我现在做起事来感觉紧张：
(1) 非常不同意　　　(2) 不太同意　　　　(3) 一般
(4) 比较同意　　　　　(5) 非常同意

D14. 与征地前相比，我现在感觉烦躁：
(1) 非常不同意　　　(2) 不太同意　　　　(3) 一般
(4) 比较同意　　　　　(5) 非常同意

D15. 与征地前相比，我现在感觉孤独：
(1) 非常不同意　　　(2) 不太同意　　　　(3) 一般
(4) 比较同意　　　　　(5) 非常同意

D16. 我对未来的生活充满希望：
(1) 非常不同意　　　(2) 不太同意　　　　(3) 一般
(4) 比较同意　　　　　(5) 非常同意

D17. 我认为将来生活的好坏主要靠提高自己素质，努力工作：
(1) 非常不同意　　　(2) 不太同意　　　　(3) 一般
(4) 比较同意　　　　　(5) 非常同意

D18. 我希望政府能给予更多的保障支持:
（1） 非常不同意　　（2） 不太同意　　（3） 一般
（4） 比较同意　　（5） 非常同意

D19. 我将来打算买套更大的房子
（1） 非常不同意　　（2） 不太同意　　（3） 一般
（4） 比较同意　　（5） 非常同意

E 部分　文化行为适应调查表

E1. 被征地后，我是否有过有关工作的学习:
（1） 参加培训　　（2） 自学以及其他方式　　（3） 从来没有

E2. 我现在的生活主要靠（多选题）:
（1） 政府补贴　　（2） 工作收入
（3） 亲戚朋友支持　　（4） 其他_____（请填写）

E3. 我家早、中、晚三餐时间基本固定:
（1） 非常不符合　　（2） 不太符合　　（3） 一般
（4） 比较符合　　（5） 完全符合

E4. 就购物而言，我挑选的标准是:
（1） 价格便宜　　（2） 实用　　（3） 追求品位

E5. 在逛商场时，我会买下我喜欢的东西:
（1） 经常　　（2） 偶尔　　（3） 不到万不得已，不买

E6. 家里来了客人，一般会选择怎样的方式招待:
（1） 宁愿在家做饭　　（2） 宁愿花钱出去吃

E7. 我在闲暇的时候（选主要的 3 项）:
（1） 闲聊　　（2） 打麻将扑克　　（3） 看电视或看报纸
（4） 逛商场（街）　　（5） 听音乐唱歌　　（6） 业余学习
（7） 健身活动　　（8） 种花养草　　（9） 旅游　　（10） 其他

E8. 我已经适应了小区式的集中居住:
（1） 非常不同意　　（2） 不太同意　　（3） 一般
（4） 比较同意　　（6） 非常同意

E9. 我对所居住的小区环境:
（1） 非常不满意　　（2） 不太满意　　（3） 一般

(4) 比较满意　　　(5) 非常满意

E10. 我所住小区，哪些人将生活垃圾按规定放置：

(1) 全部是　　　　(2) 大部分是

(3) 少部分是　　　(4) 大家都乱扔

E11. 物业费用：

(1) 不应该交，自己的事情自己处理就好　　(2) 应该按时交

E12. 我讨厌不爱护社区环境的人：

(1) 是　　　　　　(2) 不是　　　　　(3) 无所谓

E13. 一般情况下主要与谁交往：

(1) 亲戚　　　　　(2) 同一社区的人

(3) 同事　　　　　(4) 其他_____（请填写）

E14. 我与原来居住在城市的人交往主要因为：

(1) 亲戚关系　　　(2) 家庭琐事

(3) 工作联系　　　(4) 其他_____（请填写）

E15. 在您家庭遇到困难，非找人帮忙不可时，您去找谁：

(1) 家人亲戚　　　(2) 邻居

(3) 单位同事、同学或其他朋友

(4) 政府　　　　　(5) 其他_____（请填写）

F 部分　心理健康特征评价表

F1. 我能集中注意力：

(1) 非常不同意　　(2) 不太同意　　　(3) 一般

(4) 比较同意　　　(5) 非常同意

F2. 我不会失眠：

(1) 非常不同意　　(2) 不太同意　　　(3) 一般

(4) 比较同意　　　(5) 非常同意

F3. 我认为自己非常重要：

(1) 非常不同意　　(2) 不太同意　　　(3) 一般

(4) 比较同意　　　(5) 非常同意

F4. 我能够自己做决定：

(1) 非常不同意　　(2) 不太同意　　　(3) 一般

（4）比较同意　　　　（5）非常同意

F5. 我并不常感到压力：
（1）非常不同意　　　（2）不太同意　　　（3）一般
（4）比较同意　　　　（5）非常同意

F6. 我目前没有需要克服的困难：
（1）非常不同意　　　（2）不太同意　　　（3）一般
（4）比较同意　　　　（5）非常同意

F7. 我非常享受每天的各种活动：
（1）非常不同意　　　（2）不太同意　　　（3）一般
（4）比较同意　　　　（5）非常同意

F8. 我能够去面对各种问题：
（1）非常不同意　　　（2）不太同意　　　（3）一般
（4）比较同意　　　　（5）非常同意

F9. 我不会失去信心：
（1）非常不同意　　　（2）不太同意　　　（3）一般
（4）比较同意　　　　（5）非常同意

F10. 我非常相信自己的价值：
（1）非常不同意　　　（2）不太同意　　　（3）一般
（4）比较同意　　　　（5）非常同意

G 部分　社会资本调查表

G1. 你认为村里人与人之间相互信任的水平在过去一些年内有变化吗？
（1）变差了　　　（2）没有变化　　　（3）变好了

G2. 你对下面关于村里大多数人的评论是否同意？

G2.（1）值得信任的：
①完全不同意　　　②不同意　　　③居于中间
④同意　　　　　　⑤完全同意

G2.（2）只关注于他们自身的利益（—）：
①完全不同意　　　②不同意　　　③居于中间
④同意　　　　　　⑤完全同意

G2.（3）非常害怕被人利用（—）：
①完全不同意　　　　②不同意　　　　　　③居于中间
④同意　　　　　　　⑤完全同意

G2.（4）愿意帮助村里有需要的人：
①完全不同意　　　　②不同意　　　　　　③居于中间
④同意　　　　　　　⑤完全同意

G2.（5）愿意归还村里人丢失的东西，如衣物等：
①完全不同意　　　　②不同意　　　　　　③居于中间
④同意　　　　　　　⑤完全同意

G2.（6）愿意归还村里人丢失的钱财：
①完全不同意　　　　②不同意　　　　　　③居于中间
④同意　　　　　　　⑤完全同意

G2.（7）信任村干部：
①完全不同意　　　　②不同意　　　　　　③居于中间
④同意　　　　　　　⑤完全同意

G2.（8）愿意借钱给生病的邻居：
①完全不同意　　　　②不同意　　　　　　③居于中间
④同意　　　　　　　⑤完全同意

G2.（9）感觉到自己是属于这个村的：
①完全不同意　　　　②不同意　　　　　　③居于中间
④同意　　　　　　　⑤完全同意

G2.（10）对大部分的邻居都是信任的：
①完全不同意　　　　②不同意　　　　　　③居于中间
④同意　　　　　　　⑤完全同意

G2.（11）愿意加入到对村里的有益的项目中去，而这种项目并不直接对个人有利：
①完全不同意　　　　②不同意　　　　　　③居于中间
④同意　　　　　　　⑤完全同意

注释：项目中标注有（—）的表示反向计分，总分加和就是对信任感的总体测量，高分值表示拥有高的信任感。